영어 교육의 원리와 경향

영어 교육의 원리와 경향

신규철

KOREA
UNIVERSITY
PRESS
고려대학교
출판문화원

머리말

국제화 시대의 영어 교육의 중요성은 아무리 강조해도 지나치지 않다. 영어는 이제 세계어로서 재론의 여지가 없다. 우리 사회의 많은 교육기관에서도 영어 교육이 이루어지고 있지만 아직은 미흡한 실정이다. 올바른 영어 교육의 방향 없이 다양한 교수법이 혼재하는 양상이다. 이는 영어 교육 철학의 부재와 영어 교수법에 대한 이해의 부재에서 연유한다고 볼 수 있다.

21세기의 영어 교육은 의사소통 중심의 교육으로 전환되고 있는 중이다. 그동안 존재했던 많은 교수법들은 그 나라, 그 사회의 목적과 필요에 의해 그 방향을 결정해 왔고 나름대로의 의의와 장점을 갖고 있었던 것이 사실이다. 그러나 이제는 변화가 필요할 때이다. 의사소통 능력 습득을 영어 교육의 목표라고 했을 때, 우리는 이것이 과연 무엇을 의미하는 것인가를 곰곰이 생각할 필요가 있다. 영어 교육론의 입장에서 보면 이것은 언어 습득(Language Acquisition)의 원리, 자동화(Automaticity) 원리, 유창성(Fluency) 원리 등과 맥을 같이한다. 아울러 현대 영어 교육에서는 언어의 4기능인 읽기 · 쓰기 · 말하기 · 듣기의 통합적 원리, 인본주의에 입각한 학습자 중심의 원리, 언어와 사고의 관계에 입각한 창의적 원리, 그리고 상호작용 등이 의사소통 중심의 영어 교육 원리를 의미한다고 볼 수 있다.

이 책을 통해 이런 맥락에서 영어 교육의 올바른 이해와 교수법 정립을 시도해 보고자 한다. 이를 위해 현대 영어 교육에서 지향하고 있는 교수법의 원리를 재조명하고, 그 속에 숨어 있는 교육 원리를 체계적으로 살펴볼 것이다. 또한 그동안 영어 교육을 주도해 왔던 영어 교수법도 일별해 볼 것이다.

아무쪼록 이 책이 영어 교육에 종사하는 많은 분들께 작은 도움이 되기를 바란다.

2016년 11월
지은이

차례

VII. 영어평가론

VIII. 통합적 영어 교육의 재조명

IX. 영어 교육의 흐름과 전망 • 281

Ⅰ. 서론

이 책의 집필 목적은 영어를 비롯한 제2언어 학습자들을 위해 지금까지의 영어 교육에 나타난 교수 방법들을 소개하고 어떻게 실제 수업에 적용되었는가를 보여 주는 데 있다. 아울러 현대 영어 교육에서 중요시 하는 영어 교육의 원리와 개념을 중심으로 현대 영어 교수법의 특징을 설명할 것이다.

또한 영어 교육을 담당하고 있는 교사 및 영어 교육가들에게 영어 교육의 원리를 생각하고, 올바른 영어 교육을 주도해 갈 수 있는 방향을 제시하고자 하였다. 각각의 영어 교수법은 학습자의 수준과 대상에 따라 교수 방법이 달라질 수 있지만, 본질적으로 영어 교육에 필요한 교육 철학을 정립할 수 있도록 상세히 교수법의 의의와 장단점을 논하게 될 것이다.

현대 영어 교수법이 언어의 4가지 영역인 읽기 · 쓰기 · 말하기 · 듣기를 통합해 가는 경향을 살펴보고, 그 의의를 영어 습득론 관점에서 다룰 것이다. 또한 올바른 영어 습득 원리를 제시하기 위해 비판적인 시각에서 각각의 교수 이론을 점검해 갈 것이다.

이 책에서는 교육 현장과 밀접한 영어 교육 접근법을 소개할 것이다. 이 접근법들은 그 특징과 의의를 파악하고 학습자의 수준을 고려하여 적용해야 할 것이다. 영어 교수법의 목적은 의사소통 능력을 함양하는 데 있다. 때문에 의사소통 능력의 본질을 우선 이해해야 한다.

Conale(1983)는 '의사소통 능력'의 본질을 다음과 같이 기술하고 있다.

첫째, 그것은 일종의 사회적 상호작용이므로 사회적 상호작용 속에서 습득되고 사용된다. 둘째, 그것은 상당한 불예측성과 메시지의 창조성을 수반한다. 셋째, 그것은 언어가 사용되는 담화(Discourse)나 사회 · 문화적 상황에서 이루어진다. 넷째, 그것은 실제성(Authentic) 자료를 사용해야 한다. 이러한 의사소통적 상황을 만들어 가는 것이 우리가 교실 현장에서 연구하고 고민해야 할 부분이다. 따라서 올바른 영어 교수법을 이루기 위해 어떻게 각각의 원리가 적용되어야 하는지를 우리는 생각해야 한다. 그리고 각각의 원리는 영어 습득적 차원에서 다음의 질문을 중심으로 살펴보고자 한다.

1. 이 교수법을 주도하는 교사의 목적은 무엇인가?
2. 교사와 학생의 역할은 무엇인가?
3. 교수 및 학습 과정의 특징은 무엇인가?
4. 학생과 교사, 학생과 학생의 상호작용의 본질은 무엇인가?
5. 학생들의 감정과 정의적 영역(Affective factors)은 어떻게 다루어지는가?
6. 언어적 요소 및 문화는 어떤 관점에서 다루어지는가?
7. 언어의 어떤 요소가 강조되며, 어떤 방식으로 접근되는가?
8. 학생의 모국어 역할은 무엇인가?
9. 평가는 어떻게 실시되는가?
10. 교사는 학생들의 오류에 어떻게 대처하는가?

이 질문들은 영어 교수법의 방향이 교사 중심의 교육에서 학습자 중심의 교육으로 전환되면서, 학습자의 개성과 창의적 능력을 강조한 교수법을 지향하고 있음을 전제하고 있는 질문들이다. 우리는 이러한 항목을 중요한 척도로 삼아 영어 교육이 바람직한 방향으로 가고 있는지를 판단하게 될 것이다.

영어 교수법은 수십 년에 걸쳐 최고의 교수법에 대한 해석과 방법이 분분한 채 개발되어 왔다. 심리학자 · 언어학자 · 교육학자 등 모두 저마다 최상의 교수법이라는 주장을 내놓았지만 시대와 더불어 계속해서 새로운 이론이 나오고 있다. 영어 교수법은 대개 25년 정도를 주기로 이론의 변화가 있어 왔다. 특히 청화식 교수법(Audiolingual Method)과 직접 교수법(Direct Method)은 전통적인 교수법으로 오랫동안 자리를 지켰던 문법 · 번역 교수법을 대치하는 획기적인 역할을 하기도 했다.

현대 영어 교육은 인본주의에 입각한 학습자 중심의 통합적(Integrative) 접근법이 주류를 이루고 있으며, 그 대표적인 교수법으로 전체 언어 교수법(Whole Language Approach), 의사소통 언어 교수법(Communicative Language Teaching), 자발적 다독법(Extensive Reading Approach) 등이 있다.

II. 제1언어 습득 이론

태어난 지 수년 이내에 모국어를 습득할 수 있는 놀라운 언어능력은 수세기 전부터 관심의 대상이 되어 오고 있다. 1980년대에 들어와 어린이의 언어를 체계적으로 분석하기 시작하였고, 인간이 의사소통이라는 대단히 복잡한 체계를 유창하게 통달할 수 있는 언어 심리 과정의 본질을 찾아내기 위한 작업을 시작했다. 그 결과 언어의 생성, 인지 이론 분야에서 특정 언어 습득의 기술 또는 언어 습득의 보편적 측면 탐구에 큰 진전이 있었다.

제1언어와 제2언어의 습득에는 많은 차이가 있다. 먼저 제1언어 학습의 본질을 일관성 있게 파악하는 것이 중요하다. 그것은 제2언어 습득 이론을 구축하는 데 있어서 중요한 참고가 될 것이다. 제1언어든 제2언어든 언어 습득의 원리를 찾는 것은 본질적으로 같은 맥락에서 출발해야 한다고 본다.

1. 행동주의적 접근법(Behavioristic Approach)

언어는 인간 행동의 기본이 되는 부분이다. 행동주의 학자들은 언어를 이러한 관점에서 검토하여 일관성 있게 제1언어 습득 이론을 설명했다. 행동주의 학자들은 언어 행동이란 자극에 대한 정확한 반응의 소산이라고 생각하고 있다.

러시아 심리학자 Pavlov의 고전적 조건화(Classical Conditioning)의 이론을 바탕으로 Watson이 행동주의라는 용어를 만들었다. 이 이론에서 언어는 자극(Stimulus)에 대한 정확한 반응(Response)의 소산으로 보며, 반응이 계속적으로 긍정적 강화(Reinforcement)를 받게 되면 습관화와 조건화가 된다고 본다. 따라서 학습은 자극과 반응의 계속적인 관계에 의해 이루어진다.

1) Skinner 이론(자극과 반응 이론)

Skinner의 언어 행동에 대한 이론은 조작적 조건화(Operant Conditioning)에 의한 일반 학습 이론이다. 조작적 조건화란 유기체(인간)가 반드시 관찰할 수 있는 자극이 없어도 나타나는 반응, 즉 Operant(문장이나 발화)를 일으킬 때의 조건화를 말한다. 작동은 강화에 의해서 학습된다. 만일 어린이가 'want milk'라고 말하고 그 반응으로 엄마가 그 어린이에게 우유를 준다면 그 작동이 강화된 것이며, 같은 일이 되풀이될수록 더욱 강화된다. 이 점이 통제된 연습과 프로그램 학습에 초점을 둔 청화식 교수법(Audiolingual Method) 이론의 근간이 된다.

Skinner에 의하면, 언어 행동은 다른 행동과 마찬가지로 그 행동이 결과에 의하여 통제된다는 것이다. 그 행동 결과가 보상받게 되면 행동이 유지되고, 보다 보상(강화)이 커지면 빈도가 증가하게 된다. 그 행동 결과가 벌을 받게 될 경우나 보상(강화)이 전적으로 부족할 경우에는 행동이 약화되다가 마침내 소멸된다.

그러나 Skinner의 이론은 Noam Chomsky를 비롯한 많은 학자들에게 비판을 받았다. 조건과 강화를 근거로 하고 있는 이 이론으로는 말하거나 글로 쓰는 거의 모든 문장이 어느 누구도 발화한 적이 없는 창의적 결과라는 사실을 설명할 수 없다. 따라서 행동주의 이론의 수정은 불가피했다. 수정

이론 중 하나가 매개 이론(Mediation Theory)이다.

2) Chales Osgood의 매개 이론

Chales Osgood은 자기 자극(Self-Stimulation)을 표상적 매개 과정(Repre-Sensational Mediation Process)이라고 부르고 있는데, 예를 들어 자극 A에 대한 반응 B를 배운 후, 자극 B에 대한 반응 C가 학습되고 나면, 자극 A가 반응 C를 불러일으킬 수 있다는 이론이다. 그런데 그 과정은 학습자 내부에서 작용하는 것이기 때문에 실제로는 관찰이 불가능한 것이라고 했다. 매개 이론은 이와 같은 유심론적(Mentalistic) 경향을 띠고 있는 개념으로 추상적 작용을 설명하려고 시도하였다. 그러나 언어의 추상성, 의미와 발화 간의 불가분의 관계 등은 해결되지 않는다. 모든 문장은 심층 구조를 갖고 있고, 이 심층 구조는 의미와 지식의 체계가 맺어져 있는 심리적 존재다. 이것들은 인간의 완전한 인지적, 정의적 경험 속에 복잡하게 얽혀 있다. 이러한 언어의 내면적 구조를 매개 이론으로 설명할 수 없었다.

3) Jenkins & Palermo의 절충적 자극 반응 이론

Jenkins & Palermo는 행동주의 이론으로 제1언어 습득을 설명하려는 시도를 하였다. 그들은 생성 언어학과 매개 이론의 접근 방법을 어린이 언어 습득에 통합하려는 생각을 가지고 있었다. "어린이는 구조 구분법의 틀을 습득하고 그 틀 안에서 교환 가능한 자극 반응에 해당되는 것을 학습한다"는 이론을 제시하였다. 그들에 의하면 모방은 자극 반응의 연상 관계를 이룩하는 데 꼭 필요한 것은 아니지만 중요하다는 것이다. 그러나 이 이론도 언어의 추상적 성격을 설명하지 못할 뿐만 아니라, 그 이론 속에 언급되어 있는 일반화 과정을 만족스럽게 설명하지 못하고 있다.

결국 경험적 관찰과 과학적 방법론을 중시하는 행동주의 심리학은 언어의 내면적 구조를 해명하는 방법에는 전혀 접근하지 못하고 있다.

2. 생득적 접근법(Nativist Approach)

행동주의적 견해가 가지는 언어 습득에 대한 설명은 더 궁극적인 의문점을 야기했다. 그러한 의문점을 해결하고자 나타난 이론이 언어의 생성적 접근 방법(Generative Approach)이다.

최근에 생득론적 전통을 연구하는 연구자들은 모든 인간이 유전적으로 언어에 대해 특수한 능력을 가지고 있다는 입장이다. 그들은 원래 언어습득장치(LAD)에 관해 제시했던 연구를 보편적 언어 규칙(Universal Grammar) 체계 쪽으로 LAD의 개념을 확대하고 있는 중이다. 보편 문법 연구는 어린이가 주변에서 들은 언어와는 상관없이 언어 습득 과정을 겪는다는 사실 증명을 시도하고 있다. 이는 유아 언어 체계가 어떻게 작동되고 있는가를 밝히려고 한다.

어린이의 언어 발달 과정은 부정확한 구조가 차차 정확한 구조로 발전되어 가는 것이 아니며, 초기 단계의 언어가 후기 단계의 언어보다 많은 실수를 범하는 것도 아니다. 오히려 어린이의 언어는 어떤 단계에서도 체계적이다. 왜냐하면 자기가 받은 입력(Input)에 따라 계속 가설을 형성하고 자신의 발화 및 이해에서 그 가설을 검증하기 때문이다. 어린이의 언어가 발달됨에 따라 그 가설은 계속 수정 · 재구성, 때로는 폐기되기도 한다.

생득론자들은 유아의 언어 습득의 체계적 본질에 관한 연구를 통해 유아 언어의 가설적인 문법을 자유롭게 만들어 냈다.

이 문법은 주로 언어의 심층 구조를 형식적으로 대표하는 것들이었다. 언어학자들은 유아 언어의 초기 문법을 'Pivot Grammar'라고 불렀다.

Sentence → Pivot word + Open word

(ex) My cap, That horse, Mommy sock

언어학자들은 왼쪽에 있는 낱말은 일반적으로 우측에 있는 낱말과 다른 종류에 속해 있다고 말하고 있다. 즉, my는 cap, horse 또는 sock과 같이 이어지지만, that과는 같이 이어지지 않는다. 처음의 말들을 구축(Pivot)이라고 부르고 있으며 두 번째를 개방어류(Open class)라 부르고 있다.

생득적 접근법은 여러 학자들이 주장하고 있다.

Chomsky(1965)는 "언어 규칙이 극히 추상적임에도 불구하고 어린이가 모국어를 단기간 내에 습득하는 것은 언어의 생득적 특성이 있기 때문이다"라고 보고 있다. 생득적 지식은 LAD 속에서 구체화된다. McNeill(1966)은 LAD에는 다음과 같은 4가지 생득적 언어 특성이 있다고 주장한다.

① 언어의 소리와 다른 소리를 구별하는 능력
② 언어적 사건을 나중에 규정할 수 있는 능력과 다양한 범주로 조직하는 능력
③ 어떤 언어 체계가 가능함을 인식하는 능력
④ 우연히 접하는 언어를 가능한 언어로 만들도록 언어 체계를 지속적으로 평가하는 능력

이 이론은 행동주의 연구자들의 자극반응 이론과 달리, 언어의 의미 · 추상성 및 창의성 측면을 보다 설득력 있게 설명한다.

유아 언어의 생득론적 접근 방법은 제1언어 학습 과정을 이해하는 데 최소한 다음과 같은 중요한 공헌을 하였다.

① 어린이에게서 발달되는 눈에 보이지 않고 관찰이 불가능한, 즉 기저에 있는 추상적 언어 구조를 개발하기 위한 방법을 보여 주고 있다.

② 어린이의 언어 능력을 규칙이 지배하는 능력에 의해 작동되는 것으로 체계적인 서술을 하고 있다.

③ 보편 문법의 많은 잠재적 특성을 밝혀 내고 있다.

PDP(Parallel Distributed Processing) 생성 규칙들은 각각 쌍을 이루고 있는 뇌신경 단위 사이에 하나의 연결체로 계속 이어져 있다는 뜻이다.(Connectionism: Spolsky, 1989)

3. 기능적 접근법(Functional Approach)

생득적 접근법은 1960년대 후반에 연구 방식에 있어 변화가 있었다. 생득론자들이 제안한 생성 규칙은 논리적이었지만, 그것은 언어의 형태를 다룬 것이지 기억 · 지각 · 사고 · 의미 · 감정 등 인간의 마음속 깊이 상호 연관되고 조성되어 있는 면을 다루는 것은 아니었다.

언어학자들은 언어를 인지적 정의적 구조로부터 분리시킬 수 없는 세계로 보고, 자아를 다루는 종합적인 발달의 표상으로 보았다. 그리고 수학 공식과 같이 된 언어 규칙은 언어의 의미(Meaning)를 포착할 수 없다는 견해를 갖기 시작했다. 생득론자들의 생성 규칙으로서는 언어의 기능(Function)을 설명할 수 없었던 것이다.

Lois Bloom(1971)은 다음과 같은 3개의 기능어 관계를 통해 언어 현상을 설명하고 있다. 언어 발달은 언어의 인지적 기초를 설명하는 것이다. 즉 어린이들이 메시지를 전하고 이해할 때 필요한 기호(Code)에 관하여 무엇을 학습하는 것인가는 어린이들이 무엇을 알고 있는가에 따라서 결정된다.

① 행위자(Agent)–행위(Action)

(Mommy is putting the sock on)

② 행위자(Agent)–대상(Object)

(Mommy sees the sock)

③ 소유자(Possessor)–소유물(Possessed)

(Mommy's sock)

Piaget는 발달 전체를 발달 과정 중인 지각, 인지 능력과 언어 경험과의 상호작용, 그리고 어린이와 그 어린이의 환경과의 상호작용에 의한 결과라고 보았다. 그리하여 그 어린이가 언어에 관하여 학습하는 것은 그 어린이가 세계에 관하여 이미 알고 있는 바에 따라 결정된다는 것이다.

Dan Slobin(1971, 1986)은 언어에 있어서 의미 학습은 인지 발달에 달려 있으며, 발달 순서는 구문의 복잡성보다는 의미의 복잡성으로 결정된다고 주장했다.

① 기능적인(Functional) 면: 언어 발달은 인지적 생득적 지식과 관련되어 작용하고 있는 개념적이고, 의사소통적인 능력의 성장에 비례하여 이루어진다.

② 형태적(Formal)인 면: 언어 발달은 문법의 생득적 지식과 관련되어 작용하고 있는, 지각적 정보 처리 능력의 성장에 비례하여 이루어진다.

4. 언어 능력과 언어 수행(Competence & Performance)

언어 능력(Competence)이란 언어 체계에 관한 기저 지식을 결합시키는 능력이며(문법 규칙, 어휘들을 어떻게 결합시키는가에 관한 지식), 언어 수행(Performance)은 언어의 실제 표출(말하기·쓰기)이다.

Chomsky(1965)는 언어 능력이 올바로 수행되기 위해서 기억의 한계 · 오류, 그리고 반복 · 주저 현상 등의 언어 수행상의 변이형을 거쳐 완벽한 언어 수행이 가능해진다고 본다.

Ferdinand de Saussure(1919)는 위의 분리된 두 현상을 Langue와 Parole로 구별하였다. "Langue는 언어 사회의 구성원 각자의 머릿속에 저장되어 있는 정보의 총화로 존재하고, Parole은 개개 행위이며 고의적인 발성 행위이다"라고 보고 있다.

5. 이해와 표출(Comprehension & Production)

언어 능력과 언어 수행의 구별을 혼동하지 않기 위해 주의해야 할 점은 이해와 표출이다. 흔히 혼동을 일으키는 통념 중 하나는 이해(듣기 · 읽기)는 언어 능력과 같고, 표출(말하기 · 쓰기)은 언어 수행과 같을 수 있다라는 것이다. 그러나 실은 그렇지 않다. 물론 표출은 보다 직접적으로 관찰될 수 있으나 이해 역시 표출과 똑같이 언어 수행이라는 점이다.

어린이 언어에서 표출과 이해는 중요한 측면을 보여 주고 있다. 예를 들면, 어린이가 관계절 구문을 포함한 문장을 이해하고 있다고 하더라도 그것을 만들어 낼 수 있다고는 말할 수 없다. 다시 말하면 이해가 되어도 표출을 못하는 경우가 있다. 이것은 언어 습득의 측면에서 볼 때 이해를 바탕으로 언어의 표출이 이루어질 때, 온전한 언어 습득이 되었다고 보는 것이다.

6. 자연성과 후천성(Nature & Nurture)

언어의 습득이 생득적인지, 후천적 학습성인지에 대한 논쟁은 지금까지도 언어학자들 사이에서 뜨겁다.

언어의 생득적 관점을 지지하는 학자들은 언어의 '자연성'을 강조한다. Chomsky는 어린이는 언어의 생득적 지식을 갖고 있으며 LAD를 통해 인간은 누구나 선천적으로 언어를 습득할 수 있는 능력과 언어의 보편적 능력을 갖는다고 한다. 한편 언어의 선천성과 자연성에 대한 보완, 즉 후천성(Nurture)은 인간은 언어의 환경적 요소에 어떻게 노출되느냐에 따라 언어 습득 정도가 달라짐을 의미한다.

7. 언어와 사고(Language & Thought)

언어와 사고의 관계는 언어 습득 관점에서 중요한 논점이며, 언어와 사고의 밀접성은 인지적 측면에서 언어 습득이 다루어진다는 것을 보여 준다.

Piaget는 인지 발달 그 자체가 바로 인간 유기체의 중심이며, 언어는 인지 발달에 의존하여 발생하는 것으로 보고 있다.

한편, Sapir-Whorf는 언어가 사고에 영향을 끼친다고 주장한다. 각각의 언어는 그 특정 언어를 사용하는 화자에게 특정의 세계관을 부과한다.

사고가 언어에 어떤 영향을 미치고, 언어는 사고에 어떤 영향을 미치느냐는 언어학자들은 중요한 관심사이며, 양자 간의 상호작용을 어떻게 기술하고 설명하는가 하는 것이 언어 습득 이론을 설명하는 열쇠가 된다.

III. 제2언어 습득 이론

Krashen의 언어 습득 이론은 제2언어 습득 이론의 중심을 이룬다. 몇 가지 주요 가설들을 살펴보면, 습득-학습 구분 가설(Aquisition-Learning Distinction Hypothesis), 자연 순서 가설(Natural Order Hypothesis), 감시 가설(Monitor Hypothesis) 그리고 가장 중요한 개념일 수 있는, 입력 가설(Input Hypothesis)이 있다. 입력 가설이 중요한 이유는 어떻게 언어를 습득하느냐란 질문에 관해 해답을 찾고자 하기 때문이다. 이와 관련해 정의적 변수가 제2언어 습득 과정과 연관성이 있다고 보는 정의적 여과 장치(Affective Filter) 개념을 다루게 된다. 그리고 제2언어 습득의 성공과 관련된 여러 요소들을 살펴볼 것인데, 입력 가설과 정의적 여과 장치로부터 파생되는 중요한 변수는 습득자들의 이해 가능한 입력(Comprehensible Input)의 양, 정의적 여과 장치의 강도 등이다.

1. 제2언어 습득 가설

1) 습득-학습 구분(Acquisition VS Learning)

성인들은 제2언어 습득에서 언어 능력(Competence)을 발달시키는 두 가지 독립된 방법을 가지고 있는데 습득(Acquisition)과 학습(Learning)이다. 습득은 어린이들이 제1언어를 배우는 것과 비슷한 잠재의식적인 과정이다. 즉, 언어를 습득하고 있다는 사실은 알지 못하고, 의사소통을 위해 언어를 사용하고 있다는 사실만을 알고 있는 것이다. 습득한 언어의 규칙은 의식적으로 알지 못하나 옳고 그름을 판별할 수는 있다. 따라서 습득은 묵시적 학습(Implicit Learning), 비형식적(Informal) 학습, 자연적(Natural) 학습으로 기술되기도 한다. 반면에 학습은 제2언어의 의식적 지식이며 규칙을 알고 그것에 대해 말할 수 있는 것이다. 언어의 형식적 지식이며 명시적 학습(Explicit Learning)이다.

예를 들면, 틀린 것을 고쳐 주는 오류 수정은 습득에는 도움이 안 되나 의식적인 학습에는 유용하다. 이를 통해 학습자가 규칙의 올바른 형태를 도출해 낼 수 있다.

2) 자연 순서 가설(Natural Order Hypothesis)

자연 순서 가설에 의하면, 언어의 문법 구조 습득은 예측할 수 있는 순서에 따라 진행된다고 한다. 어떤 언어이든지 그 언어의 습득자들은 특정한 문법적 구조는 일찍 배우고, 어떤 것은 좀 더 늦게 습득하는 경향을 보인다는 것이다.

Brown(1973)은 영어를 모국어로 습득하는 아이들이 어떠한 특정한 문법적 형태소나 기능 단어들을 다른 것들보다 먼저 배운다고 하였다. 예를 들면, 진행형을 나타내는 -ing나 복수를 나타내는 s와 같은 것들은 처음에 습득되는 형태소들인 반면, 3인칭 단수를 표현하는 s와 소유격 s 같은 것들은 6개월이나 1년 후에 습득된다는 것이다.

한편, 습득 과정의 사람들이 완벽한 단계에 이르기까지 중간 단계(오류 단계)를 거친다. 한 언어를 배우는 단계에서 제1언어 습득자와 제2언어 습득자들이 저지르는 오류의 형태는 매우 유사하다.

발전적 오류(Developmental Errors)

[예 1] 부정문을 만드는 데 있어서 처음에는 부정어 no나 not 등을 문장의 밖에 붙이는 형태(ex. No Mon sharpen it.)를 취하다가 다음 단계에서는 부정어를 주어와 동사 사이에 놓는다(ex. I no like this one.). 그러다가 나중에 최종적으로 올바른 문장을 익히게 되는데, 이러한 과정이 제1, 제2언어 습득자들 사이에서 비슷하게 발생한다.

[예 2] wh- 의문문을 만드는 데 있어서도 처음에는 주어 동사의 도치 없이 의문사만을 문두로 보낸다. 이러한 과도기적 형태는 제2언어 습득자뿐만 아니라 모국어 습득자에게서도 유사하게 나타나는 과정이다. 이러한 동질성은 자연적 언어 습득 과정에서 나타나는 현상이다.

3) 감시 가설(Monitor Hypothesis)

감시 가설에서는 습득(Acquisition)과 학습(Learning)의 기능이 다르다. 습득은 발화를 시작하게 하고 유창함을 만들어 내나, 학습은 감시장치(Monitor), 편집장치(Editor) 같은 역할을 하여 습득체계에 의해 나온 발화의 형태를 변용시키는 역할을 한다. 감시 가설은 형식적인 규칙이나 의식적인 학습이 제2언어의 수행에 있어서 단지 제한된 역할만을 한다는 내용을 담고 있는데, 그동안 진행되어 온 연구 조사에서 더욱 분명하게 드러나고 있다.

감시 가설에는 다음의 3가지 요소가 중요하다.

① 시간(Time)

제2언어 수행자가 규칙에 대해서 생각하고 사용하기 위해서는 충분한 시간이 필요하다. 대개 일반적인 대화에서는 이러한 법칙들을 생각하거나 사용할 시간이 충분치 못하다. 대화를 할 때 법칙들을 지나치게 사용할 경우, 망설이는 태도로 말을 하거나 상대방이 하는 말을 주의 깊게 듣지 못하게 되는 수가 있다.

② 형식에 대한 집중(Focus on Form)

수행자들은 형식과 올바른 표현에도 신경 써야 하지만, 그런 것을 생각할 시간이 있다고 하더라도 말하는 내용에 빠져들다 보면, 그 형식에는 주의를 기울이지 않게 되기도 한다.

③ 규칙들을 아는 것(Know the Rule)

학생들이 배우는 문법은 실제의 극도로 복잡한 언어 구조의 일부이기 때문에, 아무리 뛰어난 학생들이라도 주어진 모든 규칙들을 배우지는 못한다.

형식이 아닌 의사소통에 집중하는 상태를 말하는 "감시하지 않는(Monitor-free)" 상황에서 제2언어를 배우고 있는 학생을 관찰해 보았을 때, 형식에 집중하고 의식적인 문법을 사용할 시간이 있는 경우, 이러한 순서는 더 늦게 습득된다.

성인들의 제2언어 습득과 수행에 있어서 나타나는 일부 개인별 편차는 의식적인 감시장치 사용의 차에 관련하여 설명될 수 있다. 즉 감시장치의 과다 사용자와 과소 사용자, 적정 사용자의 3가지 유형이 있다.

• 감시장치의 과다 사용자들(Monitor over-users)

항상 감시장치를 사용하려고 시도하여 표현을 계속 점검하기 때문에 말하면서 자주 머뭇거리게 되고 유창하게 말할 수 없게 된다. 이렇게 과다 사용을 하게 되는 데는 2가지 이유가 있다. 첫째, 많은 사람들이 제2언어를 배울 때 문법에만 치중한 교육을 받아 자신들이 배운 것에만 의존하기 때문이다. 둘째는 자신들의 성격에서 기인하는 것인데, 제대로 충분히 배웠음에도 자신들의 언어 능력(Competence)을 믿지 못하여 감시장치를 사용해야만 안심이 되기 때문이다.

• 감시장치의 과소 사용자들(Monitor under-users)

충분히 배우지 못했거나 배웠다고는 해도 그들의 의식적인 지식을 활용하지 않으려 한다. 이들은 전형적으로 오류 수정의 영향을 받지 않고 수정을 할 때에도 자신들의 느낌이나 직관을 사용한다.

• 감시장치의 적정 사용자(Optimal Monitor users)

감시장치 사용이 적당하여 의사소통에 방해를 주지 않는다. 이러한 유형의 감시장치 사용자를 길러 내는 것이 우리의 교육 목표이다. 이 부류에 속하는 이들은 학습된 능력을 습득된 능력에 보충하여 사용할 줄 안다.

4) 입력 가설(Input Hypothesis)

> 자연순서 가설을 인정한다면, 우리는 우리의 현 단계에서 어떻게 다음 단계로 갈 수 있을까? 우리의 현 단계를 i로 본다면 그 다음 단계인 i + 1로 넘어가는 것에 있어 필수적인 조건은 i + 1의 수준을 포함하는 입력을 이해해야 한다.

위 설명에서의 '이해'란 메시지의 형태(form)가 아닌 의미(meaning)의 이해를 말한다. 이 i + 1의 단계를 이해하기 위해 우리는 우리의 언어적 능력과 문맥, 세상에서 얻은 지식, 언어 외적인 정보를 활용한다. 만약 습득자가 i + 1 수준의 입력을 이해하고, 그 입력이 충분하면 의도적으로 i + 1을 목표로 하는 수업을 할 필요가 없다.

또한 입력 가설에 따르면, '이해 가능한 입력'을 제공함으로써 습득자가 말을 할 '준비가 되었음'을 느낄 때 발화가 시작되도록 도와야 한다. 발화

시점은 개인별로 다르며, 초기의 발화는 문법적으로 정확하지 않을 수 있으나 시간이 지나면서 습득자가 더 많은 입력을 듣고 이해함에 따라 고쳐질 수 있다.

> ① 입력 가설은 학습과 관련된 것이 아니라 습득과 관련되어 있다.
> ② 우리는 우리의 현재 수준보다 조금 높은 단계(i + 1)의 구조를 포함하는 언어를 이해함으로써 언어를 습득하게 된다.
> ③ 의사소통이 성공적일 때, 충분한 입력이 있으면 그 입력이 이해되어지고 있을 때 i + 1이 자동적으로 주어진다.
> ④ 유창하게 말을 하는 것은 시간이 흐르면서 자연스럽게 나타나는 것이지 가르쳐서 완성되는 것이 아니다.

가설을 뒷받침하는 증거들

① 어린이들의 모국어 습득

'보육자의 언어(caretaker speech)'는 부모나 다른 사람들이 어린아이들에게 말할 때 사용하는 수정된 언어를 일컫는 것으로 입력 가설과 잘 상응한다. 이것은 언어를 가르치기 위해 의도적으로 하는 것이 아니라 어린이들의 이해를 돕기 위한 것이다. '보육자의 언어'의 2번째 특징은 어린이의 현재 언어 능력에 대략적으로 맞추어진다는 것이다. 즉, 어린이 한 사람 한 사람의 수준에 정확히 맞추어지는 것은 아니지만, 어린이의 언어가 발달해 감에 따라 보육자의 언어는 점점 복잡해진다는 뜻이다.

아이들은 문법을 배우고 그것을 이해한 후 언어를 사용하는 것이 아니라, 먼저 이해를 한 후 그 이해한 것으로 언어를 습득하게 되는 것이다.

② 제2언어 습득으로부터의 증거

입력 가설은 제2언어 습득에도 적용되는데, 그 첫 번째 이유는 제2언어 습득자들도 어린이가 제1언어를 습득하듯이 언어를 습득하기 때문이다. 두 번째 이유는 언어 습득에 있어 자연적인 순서가 제2언어 습득자들에게도 존재하기 때문이며, 세 번째 이유는 제2언어의 습득자들도 아동들이 접하는 쉽게 수정된 입력을 얻게 될 수 있기 때문이다. 입력에는 세 종류가 있는데, 외국인을 위한 언어(Foreigner-talk)는 원어민 화자가 그들의 언어를 완전히 능숙하게 습득하지 못한 외국인에게 사용하는 언어이고, 교사 언어(Teacher-talk)는 제2언어 교수 교실에서의 외국인 언어, 즉 제2언어 교사가 학생들에게 사용하는 언어이며, 중간 언어(Interlanguage-talk)는 다른 제2언어 습득자들의 언어이다.

문법 중심의 단계적인 교수 요목의 문제점을 지적한 몇 가지 사항이 있는데 다음과 같다.

- 모든 학생들이 다 똑같은 단계에 있지 않다는 것이다. 그 날 그 날로 계획해서 문법 구조를 가르치는 것은 많은 학생들에게 i + 1을 제공할 수 없기 때문에 의사소통을 위한 자연스러운 입력이 모든 학생들에게 i + 1이나 그 전후 단계의 입력을 제공할 수 있을 것이다.
- 문법 위주의 교수는 각각의 문법 구조를 한 번만 다루어서 놓치면 충분한 입력을 얻지 못하게 되지만 대략적으로 맞추어진 이해 가능한 입력은 자연스럽게 복습을 할 수 있게 된다.
- 문법 중심의 교수는 우리가 습득의 순서를 알고 있다고 가정하나 대략적으로 맞추어진 자연스러운 의사소통이나 이해 가능한 입력에서는 그러한 가정이 꼭 필연적이지 않다.
- 문법 중심의 교수는 문법에 초점을 맞추어 특정 문법 구조를 연습하

는 제한적인 사항들이 있어 흥미를 일으키기에는 어려운 것을 다루므로 제2언어를 사용하여 의사소통을 하는 것에는 방해가 되고 있다.

③ 침묵기(Silent Period)

입력 가설에서 어린이들의 제2언어 습득에서 가장 두드러지는 현상은 '침묵기'이다. 자연적이고 비형식적인 언어 환경에서 제2언어를 습득하는 어린이들은 제2언어에 노출되어진 처음 몇 달 동안은 거의 말을 하지 않는다. 초기의 표현력은 창의적인 언어는 거의 없고 대개 한 단어의 문장이나 기억된 문장 정도이다. 한 문장의 개별 단어를 다른 문장에서 쓴다면, 이해하고 한 덩어리로 익힌 셈이다. 말을 할 수 있는 능력은 듣고 이해하는 것을 통해, 충분한 언어 능력이 발달된 후에 나타난다. 처음 사용하는 언어는 오류가 있기 마련이다.

그러나 아동이나 성인이 형식적인 언어 수업에서 제2언어를 배울 때는 침묵기가 끝나기 전에 말을 하도록 요구받는데, 이러한 경우 수행자들은 자신이 아직 습득하지 못한 i + 1 수준으로 생각을 표현하기 위해 자신의 모국어의 규칙에 따라 제2언어를 말하게 되는데, 이때 제2언어 규칙과 다른 제1언어 규칙을 적용하여 생긴 오류를 '모국어 간섭(Interference)'이라 한다.

④ 제1언어 규칙 사용의 장점과 단점

제2언어 습득에서 제1언어 규칙을 사용할 경우 장점은 단기간 내에 익힐 수도 있다는 것이고, 단점은 심각하게 좋지 못한 영향을 미칠 수 있다는 점이다. 한 가지 명백한 장점은 제2언어 발화에 있어 자신의 능력 이상을 발휘할 수 있다는 점이다.

• 정전이(Positive Transfer)

제1언어와 제2언어의 규칙이 같은 경우 수월하게 습득하게 되고 설사 그 두 언어의 규칙이 다르더라도 여전히 의사소통에는 지장이 없다. 또한 대화에 참여할 기회가 많아져 더 많은 입력을 얻어 제2언어 습득에도 도움이 된다.

제1언어 규칙과 제2언어 규칙이 다르면 오류가 발생할 수 있다. 이때는 의식적인 감시 장치도 그 기능을 제대로 발휘할 수 없게 된다. 또한, 제1언어의 규칙이 제2언어의 규칙이나 그 과도기적 형태와 유사하다 해서 제2언어 습득에 있어 진정한 발전을 기대할 수 있는 것은 아니다.

Krashen은 '습득'이란 i와 i + 1 간에 비교를 필요로 한다는 가설을 제시하고 있다. i와 i + 1 사이에 아주 작은 차이가 존재하는 데 중간형은 이 간격을 줄이는 데 도움을 주며 잠시 i의 기능을 할 수 있을 때 매우 유익하다는 가설을 제시했었다.

결론적으로 말할 때, 제2언어의 언어 규칙을 모르면 모국어의 언어 규칙으로 돌아갈 수밖에 없는데, 이것이 바로 제1언어 규칙의 적용이라고 할 수 있다. 이 같은 행위는 그러나 진정한 의미의 제2언어 습득 발전이라고 할 수 없다.

5) 정의적 여과장치 가설(Affective Filter Hypothesis)

많은 정의적 변수들이 제2언어 습득의 성공과 관련되어 있다.

연구를 통해 알려진 사항들은 세 가지 범주로 요약된다.

- 동기: 동기(motivation)가 높을수록 제2언어 습득에 유리하다.
- 자신감: 자신감(self-confidence)과 자기 스스로에 대한 좋은 이미지를 가지고 있으면 제2언어 습득에서 앞서가는 경향이 있다.

• 불안감: 불안감(anxiety)이 적을수록 제2언어 습득을 더 잘한다.

태도와 관련된 이러한 요인들은 학습(Learning)이 아니라 습득(Acquisition)에 직접 관련되어 있다. 정의적 여과장치 가설은 정의적인 변인과 제2언어 습득 간의 관계를 규명한 것으로, 정의적 여과장치의 수준과 강도에 따라 학습자의 제2언어 습득이 영향을 받는다는 것을 가정한다. 즉 정의적 여과장치가 약하거나 낮은 사람은 더 많은 입력을 얻어 언어 습득을 더 잘 할 수 있고, 정의적 여과장치가 높거나 강하면 더 적은 입력을 받아 습득에 불리하다는 것이다.

교육학에서 정의적 변수의 중요성은 간과할 수 없는데, 이 가설은 우리의 교육적 목표는 '이해 가능한 입력'을 제공해야 할 뿐 아니라, 여과의 낮은 상태를 조장하는 조건도 만들어 낼 것을 요구한다. 입력 가설과 정의적 여과 개념에 따라 교사는 입력을 제공하고, 그 입력을 학습자가 불안감이 낮은 상태에서 이해할 수 있도록 도와줄 수 있는 사람이 되어야 한다.

2. 제2언어 습득에 있어서의 원인이 되는 변수

1) 노출 변인

이해 가능한 입력과 낮은 정의적 여과 장치가 정말 제2언어 습득을 야기하는 변수라는 가설은 제2언어 환경에 노출되어지는 것이 제2언어 습득에 간접적으로 도움이 된다는 이론이다. 제2언어를 사용하는 환경에서의 거주 기간과 언어의 능숙도 사이의 관계에 대한 여러 연구가 있다. 일반적으로 제2언어 사용 환경에서 거주한 기간이 길수록 언어 노출이 많이 일어나게 마련이다. 하지만 더욱 중요한 것은 얼마나 언어가 이해 가능한 입력으로 학습자에게 도달하느냐이다.

2) 나이

그동안 나이가 어릴수록 제2언어 습득이 뛰어나다고 생각되어져 왔으나, 나이 자체가 습득에 영향을 주는 것이 아니라, 결국 이해 가능한 입력과 정의적 여과 장치의 정도에 달린 것이라는 주장이 제기되고 있다.

- 시간과 언어 환경에의 노출이 일정하게 유지될 경우, 성인이 초기 단계의 제2언어 발달에서는 아이들보다 빠르다.
- 시간과 언어 환경에의 노출이 일정하게 유지될 경우, 나이가 더 많은 아이들이 어린아이들보다 습득이 빠르다.
- 아동기부터 제2언어 환경에 노출된 습득자가 성인이 돼서 노출되는 습득자보다 일반적으로 더 높은 제2언어 능력을 달성한다.

나이가 더 많은 습득자가 언어를 습득하는 속도가 더 빠른 것은, 나이가 많은 습득자는 그들이 받아들이는 입력의 양과 질을 자신이 이해할 수 있도록 적절하게 조절할 수 있기 때문이다. 다시 말해, 나이가 어린 습득자들보다 더 많은 '대화에서의 언어 능력'을 가지고 있기 때문이다. 때문에 나이가 더 많은 습득자들은 '이해되는 입력(Comprehended Input)'을 쉽게 더 많이 얻을 수 있는데, 이것은 언어 습득의 첫걸음에 있어 매우 중요한 요소이다.

두 번째 이유는 성인은 침묵기(Silent Period)를 깨고 발화를 더 일찍 하는 방법을 터득하고 있다. 이는 자연스러운 언어 습득과는 관계가 없지만, 습득자들로 하여금 대화에 참여하게 해서 이해 가능한 입력을 얻도록 돕는다. 사춘기에 일어나는 인지 발달의 단계인 형식적 조작기를 거친 후, 습득자들은 감시 장치를 사용할 수 있게 된다. 때문에 성인들은 감시 장치에 의해 정정된 제1언어 규칙을 이용하여 형태상으로 의사소통이 될 만한 발화를 할 수 있게 된다. 이러한 방법을 사용할 때, 반드시 이해 가능한 입력이 필요한 것은 아니다. 이 방법은 습득자들에게 일찍 말을 하게 하고 대화에 참여하게 하여, 일부라도 이해할 수 있는 입력을 얻게 해 준다.

나이가 더 많은 습득자들의 습득 속도가 빠른 것은 그들에게 이해 가능한 입력을 얻는 능력이 있기 때문이다. 이 이해 가능한 입력은 다시 습득을 야기하는 변인이 된다고 보여진다. 그러나 나이 그 자체가 습득을 야기하는 변인은 아니다. 다만 최종적인 언어 습득에서 어린이가 더 우월한 것은 사춘기에 정의적 여과장치가 강해지기 때문이다.

어린이들이 최종적인 언어 습득을 이루는 데 있어 성인보다 우월하다는 가설은 몇 가지 시사점을 지닌다.

첫째, 어린이와 성인 간의 언어 습득 달성에서의 차이는 언어 습득 장치의 변화에서 기인하는 것이 아니라, 언어 습득 장치 외부의 요소인 정의적 여과 장치에서 기인한다.

둘째, 성인도 어린이가 가지고 있는 자연적인 언어 습득 능력을 지니고 있어 제2언어에서 매우 높은 수준에까지 이를 수 있으며, 심지어는 원어민처럼 여겨질 정도가 될 수도 있다. 즉, 어린이와 같은 습득 수준을 이룰 수 있다. 좋은 언어 학습자란 낮은 정의적 여과 장치를 가지고, 이해 가능한 입력을 많이 얻을 수 있는 능력을 지닌 사람이다.

셋째, 생물학적 관점에서 보면, 두뇌 기능의 유연성 등을 고려해 볼 때 발음 부분은 나이가 적을수록 유리하다. 성인의 경우라도 드물게 원어민 수준의 발음을 습득하는 예도 있다.

3) 문화 동화(Acculturation)

문화 동화는 Brown에 의해 '새로운 문화를 수용해 가는 과정'이라고 정의

된다. 문화는 비교적 관찰이 용이한 것 중의 하나이다. 학습자가 제2언어 습득 과정에서 제2언어 지역의 문화를 받아들이는 정도를 파악하는 것은 매우 중요하다.

> 문화 동화 가설(Acculturation Hypothesis)
> 제2언어 습득은 문화 이입의 한 측면이며 학습자가 목표어(Target Language)를 습득하는 정도는 학습자가 목표어 집단에 문화 동화가 되는 정도에 달려 있다.(Schumann)

문화 동화에는 두 가지 유형이 있는데, 첫 번째 유형은 학습자가 목표어 집단과 사회적으로 잘 융합되어 충분한 접촉을 갖게 되는 것이다. 그리하여 심리적으로 목표어에 마음이 열리고 학습자에게 자연스럽게 보여지는 '입력'을 받아들여 목표어를 습득할 수 있게 되는 것이다. 여기서 Schumann이 언급한 심리적으로 열린 상태는 낮은 정의적 여과장치와 같은 것이다. 두 번째 유형은 첫 번째 유형의 모든 특징을 다 포함하며, 학습자가 목표어 집단의 생활 방식과 가치관을 의식적, 무의식적으로 받아들이는 것이다. 이 두 유형 모두 목표어 습득의 조건이 되기에 충분하다. 그러나 제2언어 습득에 있어 목표어 집단의 생활 방식과 가치관을 도입하는 것이 성공적인 목표어 습득에 필수적인 것은 아니다.

여러 학자들의 연구 결과는 문화 동화 가설을 잘 뒷받침해 주고 있는데, 그들의 연구 결과는, 목표어와의 상호 작용이 많으면 많을수록 목표어 더 습득하게 된다는 것이다. 이것은 입력 가설에서의 필수 요건인 더 많은 '입력'이 있었음을 의미한다.

문화 동화는 이민자와 장기 방문자들에게 매우 효과적인 방법이 된다. 즉 목표어의 원어민들과 접촉이 용이해 '입력'에 대해 열린 마음을 갖게 된다. 이는 곧 정의적 여과장치를 낮추는 것이며, 제2언어 습득의 동기를 부여한다. 습득자들이 그 문화에 동화되면, 더 많은 상호작용을 통해 보다 수월하게 제2언어를 습득하게 되는 것이다.

4) 인격 요인(Personality Factors)

우리가 인지적 고찰만을 바탕으로 한 제2언어 습득 이론과 교수법을 고안해 낸다면, 그것은 아마도 인간 행위의 가장 기본적인 측면을 생략하는 셈이 된다. 그것은 바로 정의성(Affectivity)에 내재되어 있는 측면, 즉 인간의 인격 인자이다.

Benjamin Bloom 등은 정의적 영역(Affective Domain)에 대해 다음과 같이 정의하고 있다.

① Receiving

일차적인 기본 단계에서 정의성의 발달은 '받음'으로부터 시작된다. 인간은 자기 주변의 환경을 살피고 상황 · 현상 · 인간 · 사물 등에 대해 인지하여야 한다. 그리고 그로부터 오는 자극을 받아들이고, 그 자극에 대한 관심도를 스스로 조절 · 선택하여야 한다.

② Response

자발적인 반응을 일으켜, 그 반응으로부터 만족감을 얻게 된다.

③ Valuing

사물·행동 혹은 인간에게 가치를 부여하는 일이다. 여러 가지 가치가 내재화되고 확립됨에 따라 신념이나 태도라는 특징을 갖게 된다.

④ Organization

신념의 체계 속에 여러 가치를 조직화하는 일이다. 그리고 그것과 상호관계를 설정하고, 그 체계 안에서 가치의 층위를 구축하게 된다.

⑤ Value System

개인은 스스로의 가치 체계로 특정 지어지게 되고, 그 체계를 통하여 자기 자신을 이해하게 된다. 개인은 자기에게 내재화되어 있는 가치에 따라 일관성 있게 행동하고, 신념과 관념 그리고 태도가 하나로 뭉쳐진 철학관 또는 세계관 속으로 통합되어 간다.

Bloom의 분류는 교육 목적 달성을 위하여 고안되었으나, 인간 행동의 정의적 영역을 대체로 이해하는 데 널리 활용되고 있다. 제2언어 습득에서 학습자는 자기와 의사소통하고 있는 사람과 언어 자체를 받아들여야 하고, 사람들과의 소통 내용에 대하여 반응을 하며 특정 가치를 부여하여야 한다. 인간이 어떻게 느끼고, 반응하고, 믿고, 가치 체계를 확립하는지를 파악하는 일은 제2언어 습득을 이해하는 데 있어 매우 중요하다.

이제 인간 행동에 있어서의 구체적인 인격 인자의 고찰로 방향을 돌려, 이 인자가 제2언어 습득과 어떠한 상관관계가 있는가를 살펴보자.

자아 존중(Self-Esteem)

인간은 자아 존중이라는 감각을, 자기 자신의 경험과 타인의 경험의 축적을 통하여 또는 자기 주변의 외부 세계의 평가를 통하여 얻어낸다. '보편적인' 자존심은 성숙한 성인에게는 비교적 안정적으로 존재한다고 볼 수 있다. 그러나 인격이나 인지적 특성은 어떠한 상황에서든 불변한다고 보기도 어렵다. 자아 존중은 세 단계로 분류된다. 첫 번째는 보편적인 자아 존중이다.

두 번째는 '상황적'(Situational) 또는 개별적(Specific) 자아 존중이다. 이것은 사교적인 교제·일·교육·가정 등의 특정한 생활의 장에서 발휘되는 감정이입 · 사교성 · 융통성 등과 같은 인격 특성을 가리키는 말이다. 세 번째 단계는 과제(Task) 수행에 있어서의 자아 존중이다. 개별적 자아 존중은 일반적인 제2언어 습득과 관계가 있고, 과제 수행에 있어서의 자아 존중은 일부 과정의 특정한 측면에 대한 자기 평가를 가리키는 말이라고 이해해도 좋다.

> 자아 존중의 정의(Coopersmith)
> By self - esteem, we refer to the evaluation which the individual makes and customarily maintains with regard to himself ; it expresses an attitude of approval or disapproval, and indicates the extent to which an individual believes himself to be capable, significant, successful and worthy. In short, self - esteem is a personal judgement of worthiness that is expressed in the attitudes that individual holds towards himself. It is a subjective experience which the individual conveys to others by verbal reports and other overt expressive behavior.

높은 자아 존중이 언어 습득의 성공 요인이 되는가? 아니면 언어 습득 성공이 자아 존중감을 갖게 하는가? 틀림없이 양자는 상호 연관성이 있다. 교사가 학습자의 일반적인 자아 존중을 높이도록 지도해야 하는지 또는 학습자의 언어 능력을 높이도록 지도하여 자아 존중감이 거기에 맞추어 저절로 높아지기를 기대해야 하는지를 결정하기란 어려운 일이다.

억압(Inhibition)

자기 자신을 이해하는 과정에서 모든 인간은 자아를 보호하기 위하여 어느 정도의 방어 수단을 쓴다. 신생아는 자기라는 개념을 갖고 있지 않지만, 아동기에 이르면 점점 발달해 가는 감지·반응·가치 체계 수립의 과정을 통하여 자아 자신과 동일시 될 수 있는 정의적 특성 체계를 만들어 간다. 그리하여 방어라는 것이 성년기까지 계속 일어난다.

자아 존중감이 높고 자아가 강한 사람은 자기 존재에 대한 위협에 저항할 수 있어서 방어의 벽이 낮아진다. 반면 자아 존중감이 낮은 사람은 스스로 나약하다고 생각해 어떤 상황이나 과제에 직면했을 때 자신감이 없음을 자각하고 자신을 보호하기 위해 억압의 벽을 계속 유지한다.

인간의 자아에는 제2언어 습득의 극히 개인적이며 자기 본위적인 부분, 즉 '언어 자아'(Language Ego)도 포함된다. 유의적인 언어 학습에서 학습자가 새로운 언어 능력을 습득할 때 새로운 자기의식을 형성하면, 모국어 중심으로 확립된 자기의식과의 갈등이 일어나게 된다. 학습자의 언어 자아의 적응력이 높으면 학습의 성공을 방해하는 억압을 낮출 수 있다. Guiora 등은 제2언어 학습과 관련해서 자아의 경계가 언어 학습을 이해하는 데 중요한 개념이 된다고 주장하면서, 억압과 제2언어의 발음 간에는 직접적인 관계가 있다고 결론지었다.

Guiora의 실험은 우리 자신과 타인과의 관계에서 발생되는 억압과 방어가 제2언어의 성공적인 습득에 기여하는 중요한 요인들일 가능성을 보여주었다. 그 결과 교실에서 억압을 감소시킬 수 있는 교수 기법이 요구되었고, 외국어 교육 실습 과정에서 많은 대책을 강구할 수 있게 되었다. 최근 언어 교수법의 특징은 자유로우며 구속받지 않는 의사소통의 길잡이가 되는 것을 표방한다. 즉 자아의 벽을 낮출 수 있는 유의적 소통 분위기 조성을 중요시 한다.

모험 시도(Risk-Taking)

모험 시도는 교실 수업에서는 물론 교실 밖의 자연적인 상황에서도 중요한 구실을 하고 있다. 자아 존중은 모험 시도 요인과 직결되어 있는 것 같다. 즉, 어리석은 실수를 범할 때 보편적인 자아 존중을 가진 사람은 조롱을 받고도 두려워하지 않는다. Beebe는 학습자의 화석화(Fossilization)가 모험 시도 의욕의 결핍 때문일지도 모른다고 말하고 있다.

한편 주로 교사로서의 과제는 평범한 학생이 하는 것보다 어느 정도 자발적으로 추측하도록 학생들을 격려해 주고, 그들이 시도하는 모험에 대해 인간으로서 그들을 존중해 주는 데 있다.

불안(Anxiety)

자아 존중·억압 및 모험 시도와 밀접한 관계가 있는 불안이란 개념은 제2언어 습득의 중요한 정의적 역할을 한다.

불안에 대한 연구는 자아 존중과 마찬가지로, 불안은 다각도에서 경험될 수 있다고 제시하고 있다.

특성적 불안(Trait Anxiety): 불안해하는 지속적인 특질이다. 사람들 중에는 많은 일에 대해서 대체로 불안을 예측한다.
상태적 불안(State Anxiety): 보다 순간적인, 즉 상황적 단계에 어느 특정 사건이나 행위와 관련해서 경험된다. 자아 존중의 경우에서 알고 있는 바와 같이, 교사가 학생의 불안이 일반적 특성에서 생긴 것인지 또는 순간적인 특정 상황에서 일어난 것인지를 결정하려는 시도가 수업에서 중요한 구실을 한다.

외국어 불안은 특히 상태적 불안의 상황적 본성에 초점을 맞추고 있다. 외국어 불안을 연구할 목적으로 3개 구성 성분으로 세분화하였다.

소통 불안(Communication Apprehension): 학습자들이 성숙한 사상과 아이디어를 알맞게 표현할 수 없기 때문에 생기는 소통 불안

부정적인 사회 평가에 대한 두려움: 학습자들이 남들에게 긍정적인 사교적 인상을 줄 필요 때문에 생기는 불안

외국어 불안은 다른 유형의 불안과 구별될 수 있으며, 언어학습 과정에 부정적인 영향을 끼칠 수 있다. 그러나 너무나 지나친 불안과 너무도 적은 불안은 성공적인 제2언어 학습 과정을 저해할지도 모른다.

감정이입(Empathy)

제2언어 학습자가 반드시 수행하여야 할 사회적 상호교섭에는 여러 가지 복잡하고 중요한 요소가 있다.

상호교섭이란 자기의 세계에서 타인의 세계로 진입해가는 과정을 말한다. 언어라는 도구는 이러한 기능을 수행하는 데 도움이 된다. 제2언어 학습과 관계가 있는 상호교섭적 변수는 모방·모델화·동일시·감정이입·외향성 등이 있다. 제2언어 습득을 종합적으로 이해하는 일과 관련이 있는 두 변수는 감정이입과 외향성이다.

감정이입은 남을 더 이해하기 위하여 자기 자신의 인격을 타인의 인격 속에 투사하는 것이라고 흔히 설명하고 있다. Guiora는 감정이입이란 "자기대상의 경계의 일시적인 융합으로, 상대방의 정의적 경험을 즉각 정서적으로 감지할 수 있는 이해 과정"이라고 정의하였다. 이 정의는 정의적인 면을 가리키고 있으나, 인지적인 면에도 똑같이 적용될 수 있다.

심리학자 Hogan은 Guiora의 정의에 대체로 동의하고 감정이입의 발달과 실행에는 두 가지 중요한 측면이 있음을 주장했다. 첫째, 자기의 감정의 움직임을 감지하고 인식하는 일, 둘째, 자기를 상대방과 동일시하는 일 등이다. 다시 말하면, 자기를 충분히 알지 못하면 충분한 감정이입을 할 수 없다는 것이다. 제2언어 학습 상황에서 감정이입은 중대한 문제로 등장하

고 있다. 화자(speaker)로서의 학습자는 청자(hearer)가 인지적·정의적으로 갖고 있는 것이 무엇인가를 올바로 인식하여야 할 뿐만 아니라, 불안정한 상태의 언어를 쓰면서 그렇게 행동하여야 한다. 그런데 청자로서의 학습자는 제2언어를 이해해 가는 가운데, 자기가 갖고 있는 생각이 상대방의 모국어 화자에 의해서 잘못 해석되어 있음을 알게 된다. 그 결과, 언어적·인지적·정의적 정보는 쉽게 빠져나간다. 따라서 만일 높은 수준의 감정이입이 실제로 언어 학습의 성공을 예견할 수만 있다면, 그러한 가능성을 어떻게 언어 교육에 이용할 수 있는지 여부가 중요한 일이 된다. 또한, 감정이입이라는 것은 성년기 학습 여부를 결정할 필요가 있다. 만일 그렇다면, 감정이입을 언어 교수 방법에 포함시키는 것을 중요하다고 볼 수 있다.

외향성(Extroversion)과 내향성(Introversion)

외향성은 인간의 자아 발전, 자아 존중 및 '타인으로부터'의 전체감을 얻기 위한 뿌리 깊은 요구를 지닌 범위를 말한다. 외향적인 자는 사실상 기분 좋은 감정을 갖기 위하여 타인을 필요로 한다. 그러나 외향적인 자라고 해서 반드시 수다스럽고 말을 잘하는 것은 아니다. 그들은 비교적 수줍은 사람일지도 모른다. 그러나 역시 타인의 긍정적 반응을 필요로 한다. 한편, 내향성은 인간이 타인으로부터의 자아에 대한 생각과는 상관없이 전체감과 성취감을 끌어내는 상태이다. 우리의 고정관념과는 반대로, 내향적인 자는 외향적인 자가 갖고 있지 않은 성격의 정신적인 힘을 갖고 있다.

외향성이나 내향성은 제2언어 습득 과정의 촉진인지 또는 방해인지 명확하지 않다.

외향성의 알맞은 정의라는 관점에서 보더라도, 외향성은 얼굴을 맞대고 접촉해야 하는 일반적인 구두의 의사소통 능력 발전의 요인이 될 수는 있어도, 듣기·읽기 및 쓰기 발전 요인은 될 수 없다고 생각한다. 또한 언어적·

비언어적 체계의 기준은 문화적으로 크게 다르다. 그럼에도 불구하고, 실천면에서는 외향성을 유도시킬 수 있는 어느 교수 방법이 촉진적 효과가 되는지 또는 간섭적 효과가 되는지 여부를 조심스럽게 고찰할 필요가 있다. 교사는 실제로 필요 이상으로 학생의 보다 많은 외향성을 창조하도록 노력하는 일에 조심하여야 한다.

Myers-Briggs의 성격 유형

Myers-Briggs가 분류한 성격 유형에는 (1) 내향성-외향성 (2) 감각-직관 (3) 사고-감정 (4) 판단-인지가 있는데 다음과 같다.

외향성과 내향성의 비교

외향성(extroversion)	내향성(introversion)
사교성(sociability)	지역주의(territoriality)
상호 활동(interaction)	집중(concentration)
외향적(external)	내향적(internal)
외면성(extension)	내면적(intensive)
관계의 다변화(multiplicity of relationship)	제한된 관계(limited relationships)
정력의 발산(expenditure of energies)	정력의 절약(conservation of energies)
외부 사건에 관심(interest in external events)	내면 반응에 관심(interest in internal reaction)

감각과 직관의 비교

감각(sensing)	직관(intuition)
경험(experience)	예감(hunches)
과거(past)	미래(future)
현실적(realistic)	사색적(speculative)
노력(perspiration)	영감(inspiration)
사실에 입각(actual)	가능성 중심(possible)
실질적(down-to-earth)	몽상적(head-in-clouds)
실리주의(utility)	환상주의(fantasy)
사실(fact)	허구(fiction)
실용성(practicality)	정교한 재간(ingenuity)
현실 감각적(sensible)	풍부한 상상력(imaginative)

사고와 감성의 비교

사고(thinking)	감성(feeling)
객관적(objective)	주관적(subjective)
원칙(principle)	가치(values)
정책(policy)	사회적 가치(social values)
법(laws)	정상 참작(extenuating circumstances)
기준(criterion)	친근한 관계(intimacy)
확고(firmness)	설득(persuasion)
사무적(impersonal)	인간적(personal)
정의(justice)	인본적(humane)
범주(categories)	조화(harmony)
표준(standards)	선악(good or bad)
비평(critique)	감상(appreciative)
분석(analysis)	공감(sympathy)
분배(allocation)	헌신(devotion)

판단과 인식의 비교

판단(judging)	인식(perceiving)
확정(settled)	미결(pending)
결정(decided)	더 많은 자료 수집(gather more data)
결정적(fixed)	융통성(flexible)
미리 계획(plan ahead)	진행하면서 적응(adapt as you go)
인생 경영(run ones life)	되는대로 생활(let life happen)
폐쇄(closure)	열린 선택(open option)
결정 내림(decision-making)	보물 탐사(treasure hunting)
계획적(planed)	열린 가능성(open-ended)
완료(completed)	자연히 되는대로(emergent)
확고한(decisive)	잠정적(tentative)
끝내라(Wrap it up)	무슨 일이 생기겠지(Something will turn up)
긴급(urgency)	시간 많은데(there's plenty of time)
마감 시간 지켜라(Deadline!)	마감 시간이라니?(What deadline?)
일을 시작하자(Get show on the road)	기다리며 추세를 보자(Let's wait and see)

외향성-내향성의 범주는 이미 논술한 인격의 양상, 즉 우리의 전체감과 자아 존중에 대해서 '안으로 향하느냐' 또는 '밖으로 향하느냐'의 방법과 연관되어 있다. 감각-직관의 범주는 우리가 인지하고, 우리 주변 세계를 수용하는 방법과 관계가 있다. 감각 유형은 자료 지향적이며, 관찰할 수 있고, 측정할 수 있는 사실에 집착하는 경향이 있다. 한편, 직관 유형은 현실을 인지함에 있어서 직감, 영감 및 상상에 보다 기꺼이 의존한다. 사고-감성의 범주는 결론에 도달하는 방법과 기억 속에 현실을 저장하는 방법을 서술한다. 사고 유형은 대체로 인지적·객관적이고, 공명하고, 이론적이다. 감성은 정서감·조화 의욕·온정의 힘·감정이입 및 연민 등이 포함된다.

Myers-Briggs는 Jung의 유형보다 하나를 추가하였는데, 그것은 '외부 세계'로 향한 자신의 태도와 관계가 있는 판단-인식의 범주다. 판단은 폐쇄·계획·조직을 원하고 인식은 일정한 목표가 없는 상황에서 자발적이고, 융통성 있으며 편안하다.

이런 모든 사항은 제2언어 학습자와 어떤 관계가 있는가? 위에 제시한 성격 분류표가 외국어 학습에 주는 함축은 교수 학습 현장을 지도하는 교사들과 교재 개발을 담당하는 교육 연구 종사자들의 의식에 관한 것이다. 즉, 학생들의 성격이 크게 다를 수 있다는 사실을 인정하고, 어느 한 가지 방법에 순응하도록 강요하지 말아야 한다는 것이다. 특히, 감각-직관의 차이, 사고-감성의 차이가 주목할 만하다. 즉, 성격에 따라 학습하는 스타일이 크게 달라진다. 학습 지도의 개별화가 필요한 것은 학생 각자의 진도가 다를 뿐만 아니라, 학습 스타일이 다르기 때문이다.

동기(Motivation)

동기란 일반적으로 사람을 어떤 특정한 행동으로 옮기게 해주는 동인(inner drive), 충동, 감정 또는 욕구이다. 제2언어 습득의 동기에 관한 연구는 흔히 학습자의 '통합적'(Integrative) 및 '도구적'(Instrumental) 지향성 간의 차이를 언급하고 있다.

① 도구적 동기와 통합적 동기(Instrumental and Integrative Motivation)

제2언어 학습에서 가장 잘 알려진 동기에 관한 연구 중의 하나는 Robert Gardner와 Wallace Lambert가 행한 연구다. 태도는 크게 두 군으로 분류되어, 거기에서 동기의 두 가지 유형이 생긴다.

• 도구적 동기

도구적 목표 달성을 위한 수단으로서 언어를 습득하는 동기를 가리킨다. 즉, 여기에는 자기 직업의 장래성, 전문적인 독서 자료의 읽기, 번역 등이 있다.

• 통합적 동기

제2언어의 문화권 안으로 자기 자신을 통합시키고, 그 사회와 자신을 동화시켜, 그 사회의 일원이 되고자 할 때 쓰여지는 용어다. Lambert의 많은 연구와 Spolsky의 연구에서 나타난 것은, 통합적 동기 쪽이 대개 외국어의 능력 테스트에서 고득점을 보여 주었다는 점이다. 이들 연구의 결론은 통합적 동기가 언어 학습 성공에 중요한 필수 요건이 될 수 있다는 것이다. 반면, 도구적 동기만으로도 그 언어를 성공리에 습득할 수 있다는 주장도 있다. 따라서 외국어의 성공을 특정의 통합적 원인이나 도구적 원인 탓으로 돌리는 일은 어렵게 된다.

제2언어 학습은 전적으로 도구적 동기라든가 통합적 동기를 받은 일은 드물다. 대부분의 경우 두 동기의 혼합체인 것이다. 학술적 목적으로 미국에서 영어를 학습 중인 어느 중국 학생은 도구적 목적으로 영어를 배우고,

미국의 문화와 국민을 이해하고 그 문화와 국민 속에 다소 통합하려는 두 욕구가 비교적 균형 있게 잡혀 있다.

Graham은 통합적 동기를 너무 확대 정의하였다고 주장하면서, 통합적 동기와 동화적 동기로 구분하였다.

• 통합적 통기

제2언어 문화 구성원과 소통하거나 그 구성원에 대해서 무엇인지 알아내기 위하여 언어학습자가 제2언어를 학습할 의욕을 말하는 것이며, 제2언어 집단과 직접 접촉함을 반드시 의미하는 것은 아니다.

• 동화적 동기

언어사회에 완전한 구성원이 되기 위한 충동이다. 따라서 대개 제2언어 문화와의 오랜 접촉이 요망된다. 동화적 동기는 제2문화와 거의 완전하게 동화되기 위하여, 아주 어렸을 때 제2언어와 제2문화를 학습한 사람들의 특성이다.

② 내적 동기와 외적 동기(Intrinsic and Extrinsic Motivation)

• 내적동기

내적으로 동기화된 활동은 그 활동 자체를 제외하고는 외적인 보상이 없는 활동이다. 사람들은 그 활동이 외적인 보상을 유도해 주기 때문이 아니라 자기 자신을 위한 활동에 종사하고 있다고 생각하게 된다.

내적으로 동기화된 행동은 특정한 내적 보상이 있는 결과, 즉 '언어 능력'과 '자기 결정'을 갖기 위한 목적으로 이루어진다.

• 외적 동기

외부로부터 보상을 기대하는 가운데 수행 된다. 전형적인 외적 보상은 돈 · 상 · 등급, 나아가서는 일정한 유형의 긍정적 반응에까지 이른다.

내적·외적 구성 개념과 Gardner의 통합적·도구적 동기를 구분하는 일은 중요하다. Kathleen Bailey는 다음과 같이 양자의 관계를 설명하고 있다.

동기의 이분법

구분	내적	외적
통합적	제2언어 학습자는 제2문화에 통합하고자 한다.(이민 혹은 결혼)	제3자가 제2언어 학습자로 하여금 제2언어를 알도록 바란다.(일본인 부모가 자녀를 일본어 학교에 보냄)
도구적	제2언어 학습자가 제2언어를 활용하여 구체적 목표를 달성하고자 한다.	외적인 힘이 제2언어 학습자로 하여금 제2언어 학습을 하게 만든다.(회사에서 언어 훈련을 위하여 일본인 사업가를 미국에 파견함)

동기의 내적·외적 관계를 영어 교실에 응용할 수 있다. 학습자와 교사의 문화적 믿음과 태도 여하를 불문하고, 내적·외적 요인을 아주 쉽게 찾아낼 수 있다. 따라서 이러한 학습 동기를 고찰함으로써, 내적 동기를 받은 학습자들의 힘에 동력을 넣어 줄 수 있는 것이다.

5) 사회 문화적 요인(Sociocultural Factors)

사회 문화적인 요소는 소통 과정에 있어서 자신의 자기중심적인 부분과 관계되는 측면, 즉 제2문화의 학습, 두 문화의 접촉으로 발생되는 개인적인 장애물과 상호 교섭할 때 일어나는 장애물의 극복에 관한 일, 그리고 제2문화 학습과 제2언어 학습과의 관계 등을 다룬다.

문화적 고정관념(Cultural Stereotypes)

고정관념이란 자기가 속해 있는 집단 구성원을 기준으로 하여 자기와 같은 특징으로 갖고 있다고 생각되는 특정인을 추출해 내려는 하나의 범주다. 고정관념은 특정 문화의 전형적인 구성원을 기술할 때는 알맞은 말이 될 수 있다. 그러나 임의의 어떤 사람을 기술하는 데는 맞지 않다. 왜냐하면 사람은 누구나 각각 특유한 개인이고 사람의 모든 행동의 특징을 문화 규범에 따라 정확하게 예견할 수는 없기 때문이다.

문화적 고정관념은 나쁜 것인가? 고정관념의 긍정적 효과를 인식할 수만 있다면 꼭 나쁜 것만은 아니다. 인간은 어느 특정한 세계관을 발전시키면 자기의 세계관과 맞지 않거나, 다른 세계관을 자기가 잘 이해할 수 있는 범주 속에 둔다. 따라서 고정 관념화된 이미지를 조심스럽게 쌓아 올리면, 문화 간의 차이를 이해하는 데 도움이 될 수 있다.

그러나 고정관념에는 명확한 부정적인 뜻이 함축되어 있다. 우선 어느 문화 구성원 전원이 엄밀한 집단 범주 속에 끼어들어 있다는 생각이다. 또 하나는 타문화권의 구성원에게 갖는 우리의 단순화된 생각이다.

따라서 제2언어 학습자와 교사는 문화적 차이를 이해하고, 이 세상 사람들이 누구나 나와 꼭 같을 수는 없으며, 또한 사람은 모두 같을 수는 없다는 점을 명백히 인식할 필요가 있다. 집단 간, 문화 간에도 진정한 차이가 있다. 우리는 그러한 차이를 인식하고, 올바르게 평가하여 인간 누구나가 갖고 있는 개인적 특성을 존경하고 존중하는 일을 익힐 수 있다.

태도(Attitude)

고정 관념화라고 말할 때는 대개 문화나 언어에 대해서 갖는 어떠한 태도를 의미한다. 태도는 우리의 경험 중에서 상호작용적으로 작동하는 정의적 영향으로 생기게 된다. 이러한 태도는 자기 · 타인, 그리고 자기가 살고 있는 문화에 대한 인식을 형성해 간다.

교사는 누구나 긍정적인 태도와 부정적인 태도를 갖고 있다는 사실을 알 필요가 있다. 부정적인 태도는 대개 잘못된 고정관념에서 나타난다. 교사는 학습자가 그러한 잘못된 고정관념을 추방하고, 타문화는 자국 문화와 다르지만 그것을 존중하고 현실적으로 볼 수 있는 태도를 기르게 해야 한다.

문화 학습

제2언어 학습은 제2문화 학습일 때도 있다. 제2언어 학습이 무엇인지를 이해하기 위하여 우리는 문화 동화, 문화 충격 및 사회적 거리라는 개념을 이해할 필요가 있다.

- Peter Adler의 문화학습 단계

  제1단계 : 환경의 새로움에 대한 흥분의 시기

  제 2단계 : 문화 충격 단계

  제 3단계 : 문화 충격이 회복되는 단계

  제 4단계 : 문화 동화 또는 적응 단계

문화 충격의 결과, 개인은 자기 자신에 관한 새로운 견해를 갖게 되고, 자기 자신에 대하여 중요한 태도로 자신의 주체성을 이해하게 된다. 또한 다른 문화 학습 경험은 개인이 다른 문화를 접할 때 일어나는 것으로, 그 결과 자국 문화에 자신이 어느 정도 영향을 받고 있는가를 검토하고, 타인이 갖고 있는 문화적 가치, 태도와 견해를 이해하게 된다.

• 교실에서의 문화 학습

학생들이 문화적 피로감을 극복하는 데 도움을 주기 위한 수단으로 영어 교실에서 역할극(role play)의 활용을 검토하는 것이 좋다. 역할극은 이문화적인 대화 과정을 촉진시키며 동시에 구두 소통의 기회를 만들어 주기 때문이다.

역할극 이외에도 문화동화 과정에서 영어 교사에게 도움을 줄 수 있는 것들로서 입수 가능한 수많은 학습자료와 지도기법이 있다. 학습자가 유능한 교사의 도움을 받는다면 좋은 결과를 가져온다. 교사는 학습자가 자기의 불만 원인을 스스로 이해하게 하고, 그러한 감정을 표현하게 하며, 점점 자신 있는 학습 형태가 가능한 단계로 끌어올릴 수 있게 한다.

사회적 거리(Social Distance)

사회적 거리는 개인 내부에서 접촉하는 두 문화의 인지적 정의적 근접을 가리킨다.

① 목표어 집단과의 관계에 있어서 영어 학습 집단이 정치적, 문화적 기술적 혹은 경세적으로 시배하고 있는가, 비지배하고 있는가, 예속하고 있는가?
② 그 집단의 융합 유형은 동화 또는 보존인가?
③ 영어 집단 집단의 폐쇄성의 정도는 어떠한가?
④ 영어 집단은 응집적인가?
⑤ 영어 집단의 규모는 어떠한가?
⑥ 두 집단의 문화는 일치하는가?
⑦ 상호 간에 대한 두 집단의 태도는 어떠한가?
⑧ 영어 집단의 목표언어 내에서의 거주 예정 기간은 얼마나 되는가?

Pidginization

Pidgin은 접촉하고 있는 두 언어에서 유래된 혼합 언어 또는 혼합방언(jargon)이며, 상업적 정치적 또는 사회적 상황에서 소통을 위해 사용된다. 이것은 주로 접촉한 언어의 간소화, 감소된 형태로 사용된다.

Schumann은 이것을 부분적으로는 다양한 정도의 사회적 거리감 때문에 생긴 것이라고 가정하고 있다.

지각된 사회적 거리

① 자기와 자국인 일반간의 거리

② 자기와 목표문화 구성원 일반과의 거리

③ 자국인과 목표문화 구성원과의 거리

영어의 숙달은 학습자가 자기 문화로부터 어느 정도 벗어나 있으나, 아직도 목표문화에 완전히 동화되거나 적응되어 있지 않은 무기력감과 나란히 일어난다. 즉, 영어의 유창도는 문화 동화의 3단계에서 일어난다.

영어습득의 최적거리 모형(Optimal Distance Model)

영미문화에 대처한 비언어적 수단을 달성한 성인들은 언어적으로 과도한 숫자의 화석화된 형태를 지닌 채로 옮겨 가서 언어숙달을 이루지 못한다. 그들은 정확한 언어적 형태를 습득하지 못한 채로 영어의 기능들을 습득한 것이다.

3단계 이전에 언어숙달을 이룬 사람은 건전한 문화 동화를 달성할 가능성이 적어서 언어능력이 우수해도 심리적인 대처가 부족하다. 최적 거리모형은 연령과는 무관하게 문화적 결정시기 가설을 시사해 준다.

언어, 사고 및 문화

문화는 실로 언어와 사고 간에 상호작용을 일으키는 핵심부분이다. 문화유형, 관습 및 생활양식은 언어로 표현된다. 문화고유의 세계관은 언어로 반영된다. 그러나 언어가 부여한 언어표식은 인간의 생각에 관한 전체적인 인지구조를 형성한다. 여기서 의문시 되는 것은 언어가 문화의 세계관을 반영하는 것인가? 또는 언어 자체가 세계관을 형성하는가?에 대한 질문이다.

Sapir-Whorf Hypothesis, 언어의 상대론(Linguistic Relativity), 언어 결정론(Linguistic Determinism) 등에서 언어와 사고의 관계를 나타내고 있으며, 언어는 인간의 세계관을 형성한다고 보고 있다.

오늘날 영어 교육 분야에서는 언어와 문화가 상호작용하는 직관적인 증거로 인하여 언어와 문화의 상호 교류에 더 많은 관심을 갖고 있다.

6) 인지적 요인(Cognitive Factors) — 장 독립형(Field Independence) vs 장 의존형(Field Dependence)

장 독립적인 사람은 형식적인 교육에 적합하고 독립적이고 자기 발견 학습에 익숙하다. 그리고 장 의존적인 학습자는 비형식적인 교육에 익숙하고 교사의 도움이 필요하다. 또한 타인의 생각에 민감하고 협력학습을 더 좋아한다.

장 독립형은 여러 분야의 장의 세부적인 영역을 분석적으로 파악 할 수 있으나, 지나치게 장독립적인 경우 부분과 전체의 관계를 파악하지 못할 때도 있다. 한편 장 의존적인 사람은 전체적인 윤곽을 쉽게 파악하지만 숨어있는 부분을 부분적으로 이해하는 데 때때로 곤란을 겪는다. 그러므로 어떤 문제의 전체적인 이미지는 인지하지만 부분은 잘 발견하지 못한다.

3. 의사소통능력 모형

1) Conale & Swain의 모형

(1) 문법 능력(Grammatical Competence)

한 언어의 언어 부호를 통달하는 것과 관련된 능력으로 음운규칙 · 문법의미 · 문장구조 · 어휘 등의 지식을 말한다.

(2) 담화 능력(Discourse Competence)

담화속의 문장들을 생성하여 연속된 발화로부터 의미 있는 전체를 만드는 능력을 말한다.

(3) 사회 언어학적 능력(Sociolinguistic Competence)

언어와 담화와 관련된 사회 문화적 규칙에 관한 지식을 의미한다.

(4) 전략적 능력(Strategic Competence)

언어 능력의 결함 때문에 생기는 의사소통의 단절을 보완하기 위해 요구되는 언어적 · 비언어적 의사소통 전략이다.

2) Bachman의 모형

언어능력을 조직능력(Organization Competence)과 화용능력(Pragmatic Competence)으로 나누고 있다.

(1) 조직능력

가. 문법능력(Grammatical Competence): 언어의 어휘 · 문장구조 · 형태 · 음

운 지식과 관련된 형식적 구조를 말한다.

나. 담화이해능력(Textual Competence): 담화를 구성하는 방법과 이해하는 능력으로 수사적 구조와 문장의 결속을 의미한다.

(2) 화용능력

가. 발화 능력 (illocutionary competence): 언어 기능적 사용에 관한 지식을 뜻한다.

- 사고적(ideational) 기능: 사상과 감정 표현
- 조작적(manipulative) 기능: 언어표현 기술
- 체험적(heuristic) 기능: 문제 해결 능력
- 창의적(imaginative) 기능: 창의적 능력

나. 사회언어학적 능력(sociolinguistic competence): 언어 사용 맥락의 타당성을 말한다.

- 방언이나 변이형(variety)의 차이에 대한 지각
- 언어의 사용 범위(register)의 차이에 대한 지각
- 자연스러움(naturalness)에 대한 지각
- 문화적 의미와 비유적 표현을 해석하는 능력

4. CALP와 BICS

Cummins는 의사소통능력을 좀 더 자세하게 하기 위해 언어가 사용되는 상황에 따라 의사소통능력을 정의했다.

1) CALP(Cognitive Academic Language Proficiency)

인지적·학문적 언어 숙달능력이며 교실에서 학습자가 언어형태에 초점을 둔 연습문제와 시험에 사용하는 능력이다. 또한 CALP는 교실과 학교에서 사용되는 언어로 맥락(context)이 부족한 형태이다.

2) BICS(Basic Interpersonal Communicative Skills)

인간 상호 간의 기본적인 의사소통능력으로, 어린이들이 일상적 상호작용에서 기능을 발휘하기 위해 사용하는 습득능력이다. 또한 BICS는 사람들이 얼굴을 서로 마주 대하고서 하는 의사소통인 맥락(context)이 포함된 형태이다.

IV. 영어교수법의 발달

1. 문법 · 번역 교수법(Grammar-Translation Method)

문법·번역 교수법(Grammar-Translation Method)은 오랫동안 영어 학습을 이끌어 왔던 학습법이다. 이 교수법은 다른 명칭을 가지고 있었지만, 수 년 동안 영어 교사들에게 이 명칭으로 사용되어 왔다. 어느 때에 이것은 고전적인 교수법으로 불려졌다. 왜냐하면 이 교수법이 처음에 고대어인 라틴어와 그리스어의 교수에 사용되었기 때문이다. 금세기 초에, 이 교수법은 학생들이 외국어 문학을 읽고 감상하는 데 도움을 주기 위한 목적으로 사용되었다. 또한 목표어의 문법학습을 통해서 학생들은 자기들의 모국어의 문법에 더 친숙해지게 되고, 이 친숙함 때문에 그들이 자기들의 모국어를 더 잘 말하고 쓰도록 도와줄 것이라고 기대되었다. 마지막으로, 이 교수법은 외국어 학습이 학생들을 지적 성장을 도와주는 것으로 생각되었으며, 학생들은 목표언어를 전혀 사용하지 않고 배움의 지적인 훈련이면 충분하다고 인식되었다.

문법·번역식 수업의 특징은 다음과 같다.

① 수업은 모국어로 이루어지며 목표언어는 거의 사용하지 않는다.

② 많은 어휘들이 별개의 독립된 개별 단어로서 제시된다.

③ 문법에 대한 길고도 자세한 설명이 주어진다.

④ 문법은 단어를 결합시켜 주는 규칙을 제시하며 수업은 형태와 단어의 굴절형(inflection)에 중점을 둔다.

⑤ 어려운 고전적 텍스트에 대한 읽기가 일찍 시작된다.

⑥ 텍스트에 대한 내용에는 관심이 주어지지 않으며, 문법 분석을 통하여 다루어진다.

⑦ 목표언어에서 모국어로 개별적인 문장들을 해석하며 연습문제 훈련을 한다.

⑧ 발음에 대한 관심은 거의 주어지지 않는다.

수업절차 및 모델

수업이 시작되면, 한 학급은 교재의 한 단락을 읽고 있다. 각각의 학생은 그 단락의 몇 줄을 읽도록 요구받고 학생들이 읽기를 마치면, 방금 읽은 몇 줄을 모국어로 번역하도록 요구받는다. 교사는 새로운 어휘를 설명해 줌으로써 학생을 도와준다. 학생들이 그 단락을 읽고 번역하는 것을 끝냈을 때, 교사는 질문이 있는지를 모국어로 묻는다. 한 여학생이 손을 들고 문장 속의 단어의 뜻을 묻자 교사는 그 단어의 뜻을 알려준다. 그 후, 교사는 그 단어에 대해 모국어로 자세한 설명을 보충해 간다. 또 다른 학생은 어려운 단어가 이해되지 않아 다시 질문한다. 교사는 모국어로 뜻을 번역한다.

학생들이 더 이상 질문을 하지 않을 때, 교사는 학생들에게 그 문장의 끝에 나와 있는 독해 질문의 답을 쓰도록 요구한다. 그 질문은 영어로 되어 있고, 학생들도 그 질문에 대한 답을 영어로 쓰도록 지시받는다. 그들은 보기 문제로 첫 번째 문제를 함께 풀어본다. 한 학생이 "When did Tom live?"라고 큰 소리로 읽는다. 다른 학생은 "Tom lived from 1932 to 1990."라고 답한다. 학생들은 혼자 힘으로 조용히 문제들을 풀기 시작한다. 읽기 단락 안에 포함된 정보에 대해 묻는 문제들 외에 또 학생들은 두 가지 다른 종류의 문제들에 답한다.

첫 번째 종류로서, 그들은 그 단락에 대한 그들의 이해를 기본으로 하여 추론을 해야 한다. 예를 들면, "여러분은 그 소년이 야망이 있다고 생각합니까? 왜 그렇다고 생각하나요? 왜 그렇지 않다고 생각하나요?(Do you think the boy was ambitious? Why or why not?)"와 같은 질문이다.

다른 종류의 질문은 학생들에게 그 단락과 자신들의 경험을 관련시키도록 요구한다. 예를 들면, 이 문장에 근거한 질문들 가운데 하나는 학생들에게 "여러분은 가출에 대해 생각해 본 적이 있습니까?(Have you ever thought about running away from home?)"라고 묻는다.

얼마 후, 교사는 모국어로 학생들에게 문제풀이를 중단하고 검토하라고 요구한다. 각 학생은 한 사람씩 질문을 읽고 자신의 답을 읽는다. 그가 맞았으면 교사는 다른 학생에게 다음 질문을 읽도록 요구한다. 그 답이 틀리면 교사는 다른 학생을 선정하여 옳은 답을 제시하게 하거나 교사 자신이 옳은 해답을 제시한다. 그 다음의 활동을 알리면서, 교사는 학생들에게 교과서의 해당 페이지로 돌아가도록 요구한다. 거기에는 단어 목록이 있다. 이 단어들은 그들이 방금 읽었던 단락에서 나온 것들이라는 것을 학생들은 연습문제의 도입 부분에서 알게 된다. 학생들은 개별적으로 열거된 단어를 보게 된다. 학생들은 이 단어들 가운데 어떤 것들은 이미 배운 것들이고, 다른 단어들은 새로 나오는 것들이라는 것을 알게 된다. 학생들은 각 단어에 대한 모국어의 단어를 말하도록 지시받는다. 이 연습문제를 학생들이 함께 푼다. 만약 아무도 모국어에 상응하는 단어를 알지 못하면, 교사는 그것을 알려준다. 그 다음에는 학생들이 그 단락 안에서 이 단어들의 반대어들을 찾아내도록 지시받는다.

연습문제 유형(a)
다음의 단어를 모국어로 번역하시오.
modest, exceed, tremendous, fantastic
awesome, jaywalk, dustpan, tricky

연습문제 유형(b)
주어진 단락에서 반대말을 찾으시오.
pretty, strong, steady, outgoing

그 장의 다음 부분은 문법을 다룬다. 교사가 2어 동사(two-word verbs) 또는 구 동사(phrasal verbs)에 대한 설명을 읽어나갈 때 학생들은 그들의 교과서에서 따라간다. 그들은 이전에 동사구를 배웠기 때문에 이것이 그들에게는 복습이다. 그럼에도, 그 단락에는 학생들이 아직 배우지 못한 새로 나온 2어 동사들이 있다. 이 동사는 설명이 아래에 기입되어 있으며, 학생들은 이 단어들을 모국어로 번역하도록 요구받는다. 그리고 그들은 2어 동사들이 있는 직접목적어의 사용규칙을 제시받는다. 만약 2어 동사가 분리 가능하다면, 직접목적어는 동사와 접사 사이에 올 수 있다. 그러나 직접 목적어가 대명사일 때는 분리가 필요하다. 만약 그 동사가 분리 불가능하다면, 목적어에 의해서 동사와 접사가 분리되지 않는다. 예를 들어 보자.

John put away his book. (○)

John put his book away. / John put it away. (○)

John put away it. (×)

(왜냐하면 'put away'는 분리 가능한 2어 동사이기 때문이다.)

The teacher went over the homework. (○)

The teacher went the homework over. (×)

(왜냐하면 'go over'는 분리 불가능한 2어 동사이기 때문이다.)

규칙과 예문들을 읽은 다음에, 학생들은 그 단락에서 발췌한 다음의 2어 동사들 중에 어느 것이 분리 가능하고, 어느 것이 분리 불가능한지를 말하도록 요구받는다. 그들은 그 단락에서 찾아낼 수 없는 경우 사전을 이용하거나 교사에게 묻는다.

turn up	wake up	get on	take in
run away	fade out	lay up	
go away	break down	turn back	

마지막으로 학생들에게 주어진 10개의 문장들의 빈칸에 이 동사구들 가운데 하나를 채워 넣도록 요구된다. 그들은 처음 두 문장을 함께 푼다.

1) Tom decided to ________ because his parents wouldn't let him get a job on the river.
2) The steamboatmen ________ and discharge freight at each port on the Mississippi River.

학생들이 이 연습문제를 끝마치자, 그들은 그들의 답들을 큰 소리로 읽는다.

그 장의 끝에는 그 단락에 나왔던 어휘목록이 있다. 이 목록은 두 부분으로 나누어졌는데 첫 부분에는 단어들이 들어 있고, 둘째 부분에는 'to give someone a cold shoulder'(어떤 사람을 냉대하다)와 같은 숙어들이 들어 있다. 각 부분 다음에는 모국어 단어 또는 어구가 있다. 과제로서 교사는 학생들에게 첫 부분의 20개의 단어들에 대한 모국어 번역을 암기시키고, 각 단어들을 사용하여 영어로 문장을 만들도록 한다.

그 주일의 남은 두 번의 수업에서, 학생들은 다음을 하도록 요구받을 것이다.

1) 읽기 단락의 번역을 모국어로 쓴다.
2) 2어 동사들(two-word verbs)을 가진 직접목적어의 사용규칙을 말하고 그것을 다른 구 동사들(phrasal verbs)에도 적용한다.
3) 불규칙 과거분사형에 대한 연습이 포함된 이 장의 남은 연습문제들을 푼다. 학생들은 이 불규칙 동사형의 현재시제 · 과거시제 그리고 과거분사형을 암기하도록 요구받는다.
4) 학생들이 하나의 주제에 대해 목표언어로 작문을 한다.
5) 나머지의 어휘 항목들을 암기하고 각각에 대한 문장들을 만든다.
6) 이 장의 문법 및 어휘에 대한 간단한 퀴즈를 치른다. 학생들은 한편 한 단락에 대한 영어 번역 시험을 본다.

위의 내용은 문법·번역식 교수법에 대한 간략한 수업절차이다. 우리들은 이런 방법으로 어떤 언어를 배워왔거나 지금 당장에도 이 교수법으로 가르치고, 배우고 있을 수도 있다.

그렇다면 이러한 문법 · 번역식 수업이 어떠한 교수법의 원리를 포함하고 있는지 알아보기로 한다.

수업활동	교수법 원리
1. 학생들은 교사의 지시에 따라 주어진 단락을 읽는다.	외국어를 배우는 근본 목적은 외국어로 쓰여진 문헌을 읽을 수 있는데 있다. 문자언어(literacy language)가 구두 언어보다 우월하다. 학생들의 목표문화(target culture)에 대한 공부는 그 문학과 예술에만 한정된다.

2. 학생들은 영어로 된 단락을 모국어로 번역한다.	한 가지 중요한 목표는 학생들이 각 언어를 다른 언어로 번역할 수 있어야 한다는 것이다. 만일 학생들이 한 언어를 다른 언어로 번역할 수 있다면 그들은 성공한 언어학습자들로 생각된다.
3. 교사가 학생들에게 질문이 있는지 모국어로 묻는다. 한 학생이 한 가지 질문을 하고, 교사는 모국어로 대답해 준다.	목표언어로 의사소통하는 능력은 외국어 교육의 목표는 아니다.
4. 학생들은 읽기 이해 문제들에 대한 답을 적는다.	개발되어야 할 주요 기능들은 읽기와 쓰기이다. 말하기와 듣기에 대한 관심은 별로 주어지지 않고 발음에 대한 관심도 거의 주어지지 않는다.
5. 교사는 한 가지 답이 옳은지 그른지 결정한다. 그 답이 틀렸을 경우 교사는 다른 학생을 지적하여 옳은 답을 말하게 하거나 교사 자신이 옳은 답을 제시한다.	교사는 교실에서의 권위자이다. 학생들이 옳은 답을 찾는 것은 매우 중요하다.
6. 학생들은 새로운 영어 단어들을 모국어로 번역한다.	모든 목표언어의 단어들에 상응하는 모국어를 찾아내는 것은 가능하다.
7. 학생들은 영어와 모국어의 유사성을 찾는다.	목표언어와 모국어 간의 유사성에 관심을 둠으로써 학습은 쉬워진다.
8. 학생들에게 2 어 동사들을 가진 직접목적어의 사용에 대한 문법규칙이 제시된다.	학생들이 목표언어의 구조에 대해 배우는 것은 중요하다.
9. 학생들은 자기들에게 부여된 예문들에 한 가지 규칙을 적용한다.	명시적 문법규칙(explicit grammar rule)의 연역적 적용(deductive application)은 유용한 교육 방법이다.
10. 학생들은 어휘를 암기한다.	언어학습은 훌륭한 지적 훈련을 제공한다.
11. 교사는 학생들에게 그 문법규칙을 말하도록 요구한다.	학생들은 목표언어의 문법규칙들에 대해 알고 있어야 한다.
12. 학생들은 한 유형의 불규칙동사들의 현재시제 · 과거시제 · 과거분사형을 암기한다.	가능하면 언제나 동사변화(verb conjugations)와 다른 문법적 변화들은 암기해 두어야 한다.

교수법의 의의

문법 · 번역 교수법의 원리들은 앞에서 제기된 10개의 질문들에 대답함으로써 아래와 같이 체계화된다. 모든 질문들이 문법 · 번역 교수법에서 다루어지지는 않는다. 그러나 우리는 모든 질문들을 수록하여 우리가 공부하게 될 교수법들 간의 비교를 더 쉽도록 할 것이다.

1. 문법 · 번역 교수법을 사용하는 교사들의 목적들은 무엇인가?

문법 · 번역 교수법을 사용하는 교사들에 따르면 외국어를 배우는 근본 목적은 목표언어로 씌어진 문헌을 읽을 수 있는 것이다. 이를 위해서 학생들은 목표언어의 문법규칙들과 어휘에 대해 배울 필요가 있다. 또한 외국어 학습은 학생들에게 그들의 정신개발에 도움이 되는 훌륭한 지적훈련을 제공한다.

2. 교사와 학생의 역할은 무엇인가?

역할들은 매우 전통적이다. 교사는 교실에서의 권위자이다. 학생들은 교사가 말한 대로 행동하며, 그 결과 그들은 교사가 알고 있는 바를 배울 수 있다.

3. 교수 · 학습과정의 몇 가지 특징들은 무엇인가?

학생들은 한 언어에서 다른 언어로 번역하도록 교육을 받는다. 그들이 번역하는 것은 가끔 목표언어를 사용하는 사회의 문화에 대한 몇 가지 양상을 목표언어로 쓴 글들이다. 학생들은 연역적으로 문법을 공부한다. 즉 그들에게 문법규칙들과 예문들이 주어지고, 그것들을 암기하게 한 다음 이 규칙들을 다른 예문들에 적용하도록 요구받는다. 그들은 또한 동사변화와 같은 문법변화를 배운다. 그들은 목표언어의 어휘들에 해당되는 모국어의 어휘들을 암기한다.

4. 학생–교사의 상호 작용의 본질은 무엇인가? 학생–학생의 상호작용의 본질은 무엇인가?

교실에서의 상호작용의 대부분은 교사로부터 학생들에게 행해진다. 학생이 시작하는 경우는 거의 없고, 학생–학생 간의 상호작용도 거의 없다.

5. 학생들의 감정들은 어떻게 처리되는가?

이 분야와 관련된 이 교수법의 원리들은 없다.

6. 언어를 어떻게 보고 있는가? 문화를 어떻게 보고 있는가?

문자언어가 구두 언어보다 더 우월한 것으로 간주되며, 따라서 문자언어가 학생들이 공부할 언어이다. 문화는 문학과 예술로 이루어진 것으로 간주된다.

7. 언어의 어떤 분야와 언어 기능들이 강조되는가?

어휘와 문법이 강조된다. 읽기와 쓰기가 학생들이 공부하는 주요 기능들이다. 말하기와 듣기에는 별로 관심이 주어지지 않는다. 발음은 별로 관심이 주어지지 않는다.

8. 학생들의 모국어의 역할은 무엇인가?

목표언어의 의미는 학생들이 그것을 모국어로 번역함으로써 분명해진다. 수업에서 사용되는 언어는 대부분 학생들의 모국어이다.

9. 평가는 어떻게 이루어지는가?

학생들에게 그들의 모국어를 목표언어로 번역하도록 또는 그 반대로 하도록 요구되는 필기시험이 종종 사용된다. 목표문화에 관한 질문들 또는 학생들에게 문법규칙을 적용하도록 요구하는 질문들도 일반적으로 사용된다.

10. 교사는 학생의 오류에 어떤 반응을 보이는가?

학생들이 정확한 답을 얻도록 하는 일은 매우 중요한 것으로 여겨진다. 만일 학생들이 오류를 가지고 있거나 답을 알지 못한다면 교사는 그들에게 옳은 답을 제공한다.

교수법에 사용된 기술

다음 문법 · 번역 교수법의 기술 몇 가지를 선택하여 그러한 교수법에 사용된 기술들은 어떤 의미가 있는지 알아본다.

단락의 번역

학생들은 목표언어로 된 읽기 단락을 모국어로 번역한다. 이 읽기 단락은 여러 수업 시간의 핵심을 제공한다. 이 단락 내의 어휘와 문법구조들은 다음 수업시간에 연구된다. 이 단락은 목표언어 문헌의 어떤 글에서 발췌된 것일 수도 있고, 또는 교사가 특정 문법규칙들이나 어휘를 포함하도록 신중하게 고안한 단락을 작성할 수도 있다. 번역은 글로 쓰거나 말로 하거나 두 방법으로 할 수 있다. 학생들은 숙어들을 글자 뜻대로 번역해서는 안 되며, 오히려 숙어들의 의미를 이해한다는 것을 보여 주는 방법으로 번역해야 한다.

읽기 이해 질문

학생들은 읽기 단락의 이해에 근거하여 목표언어로 된 질문들에 대답한다. 종종 그 질문들은 순서대로 나타나는데, 첫 번째의 질문군은 읽기 단락 안에 포함된 정보에 대해 묻는 것이다. 두 번째의 질문군에 답하기 위해서 학생들은 그 단락에 대한 이해에 근거하여 추론을 해야 할 것이다. 이것은 학생들이 답이 그 단락 자체에 들어 있지 않더라도 학생들은 단락에 대한 질문들에 답해야 할 것임을 의미한다. 세 번째의 질문군은 학생들에게 이 단락과 그들 자신들의 경험을 관련시키도록 요구한다.

반의어/동의어

학생들에게 일련의 단어들이 주어지고, 그 단락에서 반의어들(antonyms)을 찾도록 요구된다. 비슷한 연습은 학생들에게 특정 단어들의 동의어들(synonyms)을 찾도록 요구함으로써 이루어질 수 있다. 또는 학생들은 일련의 단어들이 읽기 단락에 나타났을 때, 그 단어들에 대한 그들의 이해에 근거하여 일련의 단어들을 정의하도록 요구받을 수도 있다. 학생들에게 그 단락의 어휘를 공부하도록 요구하는 다른 연습문제들도 가능하다.

동족어(Cognates)

학생들은 언어들 사이에 상응하는 철자 또는 음운유형들을 배움으로써, 동족어를 인식하도록 가르침을 받는다. 학생들은 동족어와 비슷하지만, 모국어의 의미와는 다른 목표언어의 의미를 갖는 단어들을 암기하도록 요구받는다. 물론, 이 기술은 동족어를 공유한 언어들에서만 사용될 수 있다.

규칙의 연역적 적용

문법규칙들이 예문들과 함께 제시된다. 각 규칙에 대한 예외들도 주목된다. 일단 학생들이 한 가지의 규칙을 이해하게 되면, 그들은 이 규칙을 몇 가지의 다른 예문들에 적용하도록 요구받는다.

빈칸 채우기

학생들에게 단어들이 빠진 일련의 문장들이 주어진다. 그들은 새로운 어휘 항목들이나, 전치사나 다른 시제로 쓰인 동사들과 같은, 특정문법 유형의 어휘들을 빈칸에 채운다.

암기

학생들에게 목표언어의 어휘들과 그에 해당하는 모국어의 어휘들의 목록이 주어지고 그것들을 암기하게 한다. 또한 학생들은 문법 규칙들과 동사 활용과 같은 문법변화들을 암기하도록 요구받는다.

문장 안에서 단어를 사용하기

학생들은 새로운 어휘 항목의 의미와 용법을 이해했는지 보여 주기 위해서 새 단어들이 사용된 문장들을 만든다.

작문

교사는 학생들에게 목표언어로 작문할 주제를 준다. 그 주제는 그 단원의 읽기 단락의 어떤 양상에 근거한다. 때때로 작문 대신에 학생들은 읽기 단락의 요약을 작성할 것을 요구받는다.

결론

문법 · 번역식 교수법은 문법 규칙의 자세한 분석을 통해 문장과 텍스트를 해석하여 수업을 한다. 규칙 암기나 영어의 형태론(morphology)이나 통사론

(syntax)에 많이 의존하고 있다. 또한 읽기와 쓰기가 주된 초점이고, 듣기와 말하기는 별로 중요하지 않다.

어휘 선정도 텍스트 내에서만 이루어지며, 사전 사용과 암기가 주요 특징이다. 이 교수법은 정확성(accuracy)을 강조한다. 학생들의 모국어는 수업의 주된 매체이고 모국어와 목표언어의 비교를 통해 수업이 이루어진다.

이러한 교수법은 1840년대에서 1940년대에 주를 이루었고, 변형된 형태로 오늘날 일부 지역에서 사용되고 있다.

2. 직접 교수법(Direct Method)

최근에 들어, 의사소통을 위해 외국어를 어떻게 사용할 것인가를 배우는 것이 교수 목적이 되자 직접 교수법이 하나의 교수법으로 다시 사용되었다. 문법 · 번역 교수법이 목표 언어로 의사소통할 수 있게 학생들을 준비시키기에 효과적이지 못했기 때문에, 직접 교수법이 인기 있게 되었다.

직접 교수법은 제1언어 학습과 같은 방식으로, 제2언어 수업을 해야 한다는 개념에서 시작하고 있다. 다시 말해 많은 구두 훈련, 자발적인 언어의 사용, 제1언어와 제2언어의 번역 행위 지양, 문법 규칙의 분석 지양 등을 그 특징으로 한다. Richards & Rogers(1986)에 의하면 직접 교수법의 원리를 다음과 같이 소개하고 있다.:

첫째, 수업은 목표언어로만 진행한다. 둘째, 일상생활의 어휘와 문장만을 가르친다. 셋째, 구두 언어기술은 교사와 학생의 소집단의 집중 수업에서 질의응답으로 이루어진다. 넷째, 문법은 귀납적(inductively)으로 가르쳐진다. 다섯째, 수업은 모델 수업과 연습으로 이루어진다. 여섯째, 구체적 어휘는 실제 사물의 제시와 그림으로 제시되며, 추상적 어휘는 사상의 결합으로 가르치게 된다. 끝으로, 정확한 발음과 문법이 강조된다.

직접 교수법은 하나의 기본적인 규칙을 가지고 있다. 즉 번역을 해서는 안 된다는 것이다. 사실, 직접 교수법은 학생들의 모국어에 의지하지 않고 실물과 시청각자료의 사용을 통해 의미를 직접적으로 목표언어로 전달한다는 사실에서 그 이름이 기인되었다고 볼 수 있다.

다음에 제시되는 수업은 주 3일 수업으로 진행되며 1시간 영어 수업을 받고 있는 30명의 학생으로 구성되어 있다. 이 수업은 영어 수업을 받은지 1년째 되는 학생들의 수업 모델을 보여 주고 있다.

수업 절차 및 모델

수업이 시작되면서 교사는 칠판 앞에 큰 미국 지도를 놓는다. 그는 학생들에게 책의 어떤 특정 페이지를 펴라고 말한다. 이 수업은 '지도 보기'에 관한 것이다. 학생들이 한 명씩 지명되면, 그들은 수업의 시작으로 읽기 부분의 한 문장을 읽는다. 교사는 그 문장이 기술하고 있는 곳을 지도에서 가리킨다.

학생들이 읽기를 한 후에, 질문이 있는지 묻는다. 한 학생이 산맥이 무엇인지 묻는다. 교사는 칠판으로 가서 산맥을 설명하기 위해 거꾸로 된 원추를 연결되게 그린다. 학생들은 고개를 끄덕이며 이해했다고 말한다. 또 다른 학생은 'between'이 무슨 뜻인지 묻는다. 교사는 'You are sitting between Mary and Tom.' 'Paul is sitting between Jane and Rora' 'Now do you understand the meaning of "between"?'이라고 말한다. 학생은 'Yes, I understand'라고 대답한다. 모든 질문에 대한 답이 제시된 후에, 교사는 학생들에게 몇 가지를 질문을 한다. 'Class, are we looking at a map of Italy?'

학생들은 일제히 'No'라고 대답한다.

교사는 완전한 문장으로 대답할 것을 학생들에게 상기시킨다.

학생: 'No, we aren't looking at a map of Italy.'

교사: 'Are we looking at a map the United States?'

학생: 'Yes. We are looking at a map of the United States.'

교사: 'Is Canada the country to the south of the United States?'

학생: 'No. Canada isn't the country south of the United States.'

교사: 'Are the Great Lakes in the North of the United States?'

학생: 'Yes. The Great Lakes are in the North.'

교사: 'Is the Rio Grande a river or a lake?'

학생: 'The Rio Grande is a river.'

교사: 'It's a river. Where is it?'

학생: 'What color is the Rio Grande on the map?'

교사: 'It's blue.'

학생: 'Point to a mountain range in the West. What mountains are they?'

교사: 'They are the Rocky Mountains.'

질문과 답에 대한 시간은 몇 분 동안 계속된다. 마지막으로, 교사는 학생들에게 질문할 것을 요구한다. 손을 들고 교사는 학생들이 한 번에 한 가지 질문을 하도록 요구하고 그 질문은 학생들이 대답한다. 여러 질문이 나온 후에, 한 학생이 물어본다.

'Where are the Appalachian Mountains?' 학생들이 대답할 기회를 갖기 전에 교사는 학생과 함께 'Appalachian' 발음을 연습한다. 그런 후에 그는 'Appalachian'과 같은 긴 단어는 나머지 학생들도 같은 문제를 가질 것이라는 생각으로 같은 연습을 나머지 학생들도 포함시킨다. 학생들의 발음이 정확하다는 것이 확인된 후에, 교사는 학생들에게 질문에 대한 답을 하도록 지시한다.

조금 있다가, 다른 학생이 'What is the ocean in the West Coast?'라고 묻는다. 교사는 학생들이 대답할 기회를 갖기 전에 다시 끼어들어 'What is the ocean in the West Coast?... or on the West Coast?'라고 말한다. 학생들은 머뭇거리다가, 'On the West Coast.'라고 말한다.

'Correct,'라고 교사는 말한다. 'Now, repeat your question.'

'What is the ocean on the West Coast?'

학생들은 일제히 대답한다. 'The ocean on the West Coast is the Pacific.' 학생들이 10개의 질문에 대답한 후에, 교사는 질문을 하고 진술을 만들도록 다시 시작한다. 그러나 이때 질문과 진술은 교실에서의 학생들에 관한 것이고 예를 들어 'Janny, is your book on your desk?' 'Amy, Who is sitting between Smith and Tom?' 'Paul, point to the clock.'과 같은 전치사 'on', 'at', 'to', 'between'에 하나를 포함한다. 학생들은 그들 자신의 질문과 진술을 만들고 다른 학생들에게 제시한다. 그 다음에 교사는 학생들에게 빈칸을 채우도록 지시된 단원의 연습문제를 펴게 한다.

학생들은 한 문장을 크게 읽고 그들이 읽으면서 빠진 단어를 채워둔다. 예를 들면 다음과 같다.

The Atlantic Ocean is __________ the East Coast.

The Rio Grande is __________ Mexico and the United States.

Anderson is looking __________ the map.

마지막으로 교사는 학생들에게 노트를 꺼내게 한 다음 받아쓰기를 시킨다. 그들이 받아쓰는 부분은 하나의 긴 단락이고 미국의 지리에 관한 부분이다.

금주의 남은 2시간 동안, 다음과 같은 수업을 갖는다.

① 미국 지리의 특징에 대해 복습한다.

② 교사의 지시에 따라서 빈 지도에 지리적 특징을 표시한다. 그런 후에 학생들은 교사를 지시하여 칠판에다 지도를 완성하게 한다.

③ 첫번째 음절인 /l/ 발음과 /r/ 발음과 같은 특별한 발음에 주의하여 'river'의 발음을 연습한다.

④ 미국의 주요한 지리적 특징에 관한 한 단락을 쓴다.

⑤ 'Time is money'라는 속담에 대해 토론한다. 학생들은 미국인들이 시간을 귀중히 여긴다는 것을 이해하기 위해 이 속담에 대해 얘기할 것이다. 그들은 이런 태도와 그들 자신의 시간에 대한 견해를 비교할 것이다.

수업 내용과 교수법 원리

다음은 직접 교수법에 나타난 수업 내용과 그것이 의미하는 교수법의 원리에 대해 알아본다.

수업 내용	교수법의 원리
1. 학생들은 미국의 지리에 대한 단락을 크게 읽는다.	목표언어로 읽기는 언어 교육의 시작부터 가르쳐야 한다. 그러나 읽기 기술은 말하는 연습을 통해서 개발될 것이다. 언어는 일차적으로 음성언어이다. 문화는 예술보다 큰 부분을 차지한다.(예로 이 단원에서 학생들은 지리와 문화적 태도에 대해 공부한다)
2. 각 문장을 읽은 후 교사는 지도의 어떤 부분을 가리킨다.	교실환경에서 사용하는 물건들은(실물 교재나 그림) 학생들이 의미를 이해하는 데 도움을 줄 수 있도록 사용되어야 한다.
3. 교사는 학생들에게 질문이 있으면 목표언어로 질문한다. 학생들도 목표언어로 질문한다.	모국어는 교실 안에서 사용하지 않는다.

4. 교사는 칠판에 그림을 그리거나 보기를 보여 줌으로써 학생들의 질문에 답한다.	교사는 설명이나 번역을 하지 않고 설명(예를 통해) 해야 한다. 목표언어와 의미를 학생들이 직접 연결시켜야 한다.
5. 목표언어로 지도와 관련된 부분을 교사는 질문하고 학생은 이 질문의 대답으로 목표언어의 완전한 문장으로 대답한다.	가능한 빠르게 학생들은 목표 언어로 생각하는 법을 배워야 한다. 어휘는 단어들을 목록화해서 암기하기 보다는 학생들이 사용하는 완전한 문장 속에서 더욱 자연스럽게 습득된다.
6. 학생들이 지도에 관련된 질문을 한다.	언어 학습의 목적은 의사소통이다.(따라서 학생들은 질문에 답하는 법과 질문하는 방법을 배워야 한다)
7. 어려운 발음에 대해 교사는 학생들과 함께 연습한다.	언어 교육의 초기부터 발음은 정확하게 연습되어야 한다.
8. 교사는 학생들에게 선택하도록 함으로써 문법적인 오류를 정정한다.	자기 정정(Self-correction)은 언어 학습을 용이하게 해 준다.
9. 교사는 학생들에게 질문을 하고, 학생들은 각자 다른 질문들을 서로에게 질문 한다.	단원(lessons)은 — 학생들의 실제 상황에서 사용되는 언어를 사용할 수 있는 기회 — 를 포함해야 한다. 학생들은 가능한 많이 말할 수 있도록 제시되어야 한다.
10. 이 단원에서 연습했던 전치사를 학생은 빈칸에 넣는다.	문법은 귀납적으로(inductively) 가르쳐야 한다. 분명한 문법규칙은 제시되지 않는다.
11. 교사는 미국의 지리에 관한 한 단락을 받아쓰게 시킨다.	쓰기는 언어 교육 시작부터 개발되어야 할 중요한 기능이다.
12. 그 주일의 모든 수업들은 미국 지리에 대한 내용을 포함한다.	수업은 상황이나 화제를 바탕을 두며, 언어 구조에는 그렇지 않다.
13. 시간에 대한 미국사람들의 견해를 알아보기 위해 속담이 사용된다.	어떤 언어를 배우는 것은 현지인의 생활 방식을 배우는 것도 포함된다.

교수법의 의의

다음은 직접 교수법의 원리에 대해 검토해 보자.

1. 직접 교수법을 사용하는 교사들의 목적은 무엇인가?

직접 교수법을 사용하는 교사들은 학생들이 목표언어를 가지고 의사소통

할 수 있는 방법을 의도한다. 의사소통을 성공적으로 하기 위하여 학생들은 목표언어로 생각하는 것을 배워야 한다.

2. 교사들의 규칙은 무엇인가? 학생들의 규칙은 무엇인가?

교사가 수업 활동을 지시한다 할지라도, 학생들의 규칙은 문법 번역 교수법 보다 덜 수동적이다. 교사들과 학생들은 가르치고 배우는 과정에 있어서 파트너와 같다.

3. 가르치고 배우는 과정에 있어서 특징들은 무엇인가?

직접 교수법을 사용하는 교사들은 학생들이 의미와 목표언어를 곧바로 연관시키는 것이 필요하다고 생각한다. 그러기 위해서는, 교사들이 어떤 새로운 목표 언어의 단어나 구를 소개할 때, 실물 교재 · 그림 · 몸짓을 통해 그것의 의미를 설명한다. 즉 교사는 그것을 학생들의 모국어로 번역하지 않는다. 학생들은 목표 언어로 많이 말을 하며 마치 그들이 실제 상황에 있는 것처럼 의사소통 한다. 사실, 직접 교수법에서 사용되는 교수요목(syllabus)은 상황이나 주제에 근간을 둔다. 문법은 귀납적으로 학습된다. 즉, 학생들이 예시를 통해 제시되면 그들은 규칙이나 예를 통해서 일반화를 파악할 수 있다. 명백한 문법 규칙은 제시되지 않을 수 있다. 학생들은 완성된 문장 내에서 새로운 단어들을 사용함으로써 단어들을 연습한다.

4. 교사와 학생들의 상호작용의 본질은 무엇인가? 학생과 학생들의 상호작용의 본질은 무엇인가?

상호작용의 처음은 교사로부터 학생들에게 그리고 학생에게서 교사에게 양 방향으로 시작되지만 나중은 종종 교사에 의해 지시된다. 학생들은 역시 서로 서로 대화한다.

5. 학생들의 감정은 어떻게 다루어지는가?

직접 교수법에 있어서 학생들의 감정을 다루는 것에 원리는 제시되지 않았다.

6. 언어가 어떻게 제시되는가? 문화가 어떻게 제시되는가?

언어는 주로 쓰기가 아니라 말하기다. 그러므로 학생들은 목표 언어에 있어서 일상 대화를 공부한다. 그들은 또한 목표 언어로 말하는 사람들의 역사와 그 나라의 지리, 언어가 사용되는 국가들과 그 언어를 쓰는 사람들의 일상생활에 대한 정보에 관한 문화 또한 학습한다.

7. 언어의 어떤 부분이 강조되는가? 언어 기능의 어떤 부분이 강조되는가?

문법에 비해 단어가 강조된다. 비록 읽기와 쓰기 연습은 학생들이 먼저 말로 연습한 것에 근간을 둔다. 발음은 또한 과목 처음부터 올바르게 학습되어야 한다.

8. 학생들의 모국어의 역할은 어떠한가?

학생들의 모국어는 교실에서 사용되지 않는다.

9. 평가는 어떻게 달성되는가?

우리가 관찰한 수업에서는 형식적인 평가가 실제로 보이지 않았다. 그러나 직접 교수법에서는 학생들은 언어를 가지고 그들의 지식을 설명하는 것이 아니라 언어의 사용이 요구된다. 학생들은 구술능력과 쓰기 능력의 사용하는 것이 요구된다. 예를 들어, 학생들은 교사에 의해 구술로 인터뷰 받을 수도 있고, 그들의 학습한 것에 대한 한 단락을 쓰는 것을 요구받을 수도 있다.

10. 학생들의 실수에 대한 교사들의 반응은 어떠한가?

다양한 기술들을 사용하면서, 교사는 학생들로 하여금 자기정정(self-correct)을 가능하게 하도록 노력한다.

교수법에 사용된 기술

다음에 제시되는 기술들은 직접 교수법에서 사용된 것들이다. 그 내용을 살펴보면서 교수법의 장 · 단점을 생각해보자.

소리 내어 읽기

학생들은 단락 · 극 · 대화의 부분을 반복해서 크게 읽는다. 각 학생들의 차례의 마지막에 교사는 몸짓 · 그림 · 실물 교재 · 예문 등을 사용한다.

질문과 대답 연습

이 연습은 목표언어만 사용한다. 학생들은 새로 나온 단어들과 문법 구조를 연습하기 위해 완전한 문장으로 질문하고 대답한다. 그들이 질문에 대답하는 것과 같이 질문할 기회도 갖는다.

학생들의 자기 정정

이 수업에 있어서 교사는 그들이 한 말과 그가 말한 대답 중에서 한 가지를 선택하게 함으로써 학생들이 자기 교정을 할 수 있게 한다. 그러나 학생들이 자기 교정하는 다른 기술이 있다. 예를 들어 선생은 학생이 말한 것을 간단히 반복하면서, 질문의 형식으로 그 학생에게 그 말이 무엇인가 잘못이 있다는 것을 알려줄 수 있다. 또 다른 가능성은 교사가 학생들이 말한 것을 반복하면서 잘못한 부분 바로 앞에서 멈추는 방법이다. 그 학생은 다음 단어가 잘못되었다는 것을 알게 된다.

대화 연습

교사는 학생들이게 목표언어로 많은 질문을 하고 학생들은 정확하게 대답할 수 있으려면 이 질문을 잘 이해해야 한다. 수업에서 관찰한 바와 같이, 학급에서 교사는 개별 학생들에게 그들 자신에 관한 질문을 했다. 그 질문들은 특정 문법 구조를 포함하고 있다. 나중에 학생들은 이와 같은 문법 구조를 사용하여 서로에게 자기 자신의 질문을 할 수 있게 되었다.

빈칸 채우기

이 기술은 문법 · 번역 교수법에서 이미 설명한 바 있다. 그러나 직접 교수법에 있어서 그것을 적용하는 것은 다르다. 모든 항목들은 목표언어로 되어 있으며, 더구나 명시적인 문법 규칙은 적용되지 않는다. 학생들은 그들이 빈칸에 채우고 싶은 문법 규칙을 이전에 배운 단원의 대한 연습 또한 예문들에서 이끌어 낼 수 있을 것이다.

받아쓰기

교사는 세 번 정도 그 단락을 읽는다. 첫 번째는 교사가 보통의 속도로 읽고 학생들은 단순히 듣는다. 두 번째는 교사가 그 단락을 구로 끊어서 읽거나, 학생들이 들은 부분을 쓸 수 있도록 충분한 휴지부를 둔다. 마지막으로 교사는 보통 속도로 다시 읽고 학생들은 그들의 받아쓴 내용을 확인한다.

지도 그리기

이 수업에서는 듣기 이해연습을 사용하기 위해 한 가지 기술에 대한 예가 있다. 학생들에게는 지리적 특징이 표시되지 않은 지도가 주어진다. 교사는 학생들에게 지시문을 준다. 그는 미국의 지리적 특징을 설명해주고 학생들이 교사의 지시를 잘 따르면 그들은 이름이 적힌 완성된 지도를 가질 수 있다. 학생들은 교사에게 그가 칠판에 그린 것과 같은 지도를 교사가 할 수 있도록 지시한다. 각 학생은 한 가지 지리적 특성을 찾아 표시하기 위해 교사에게 한 지시를 할 수 있는 기회가 주어진다.

단락 쓰기

이 수업의 교사는 학생들에게 그들 자신의 단어로 미국의 주요한 지리적 특징에 대해 한 단락을 쓰도록 요구했다. 그들은 쓰기를 그들의 기억을 통해 하거나 혹은 그 단원의 읽기 단락을 한 모형으로 사용할 수도 있었을 것이다.

결론

직접 교수법은 19세기 이후로 발전한 교수법으로, 자연언어 학습원리를 제공하고 있다. 이 교수법은 사립 언어학교에서 많이 채택되었는데, 그곳은 대개 학생들이 높은 동기를 갖고 있었으며, 원어민 화자를 교사로 확보하고 있었다. 이 방법은 높은 비용과, 많은 관심, 집중학습을 요구하기 때문에 공립학교는 예산 · 학생 규모 · 시간 등의 이유로 채택이 어려웠다. 더욱이 이론적 뒷받침이 부족하여 비난의 대상이 되기도 했다. 따라서 이 교수법의 성공은 교수방법론보다는 교사의 개성과 기술에 더욱 의존한다고 볼 수 있다. 이 이론은 한때 쇠태의 일로를 걷기도 했지만, 현대에 와서 혁신적인 교수법의 하나로 주목받고 있다.

3. 청화식 교수법(Audiolingual Method)

청화식 교수법은 앞에서 살펴본 직접 교수법(Direct method)과 같이, 구어에 기초한 접근이다. 그러나 제시된 상황에서의 사용을 통한 어휘 획득을 강조하기보다, 청화식 교수법은 문법적 문장의 형태를 학생들에게 연습시킨다는 차이점이 있다. 또한, 직접 교수법과는 달리, 언어학적이고 심리학적인 견고한 이론적 토대를 가진다. 미시간대학의 Charles Fries(1945)가 이 교수법 이론을 구조 언어학(Structural linguistics)으로부터 원리를 적용시키는 방식을 이끌어 냈으므로 "Michigan Method"라고 불리기도 한다. 이 이론은 행동 심리학(Behavioral psychology)의 원리들이 포함되었다. 목표언어의 문장 형태를 습득하는 방식은 '구체화'와 '강화'를 통해 올바른 격려를 보임으로써 학습자를 돕는 '조건화'가 중요하다고 생각되었다.

이 교수법의 특징은 다음과 같다(Prator & Celce-Murcia, 1979).

1) 새로운 내용이 대화 형태로 제시된다.
2) 모방 · 정해진 구절 암기 등에 의존한다.
3) 구문은 대조분석(Contrastive Analysis)에 의해 이어지며, 한 번에 하나씩 가르친다.
4) 구문 패턴은 반복 훈련에 의해 진행된다.
5) 문법 설명은 거의 없으며, 문법은 귀납적 설명보다는 연역적 설명으로 설명된다.
6) 어휘는 매우 제한되며 문맥에서 설명된다.
7) 많은 테이프, 언어실습실, 시청각 교재가 필요하다.
8) 발음에 많은 비중을 둔다.
9) 교사의 모국어 사용은 거의 없다.
10) 성공적 대답은 즉시 학습자에게 강화된다.
11) 학습자들에게 오류가 없는 발화가 요구된다.
12) 언어를 강조하고 내용을 무시하는 경향이 있다.

이 청화식 교수법에서는 학습자들이 모국어가 아닌 목표언어에 요구되는 새로운 습관들을 형성하게 된다.

이 교수법에 대한 이해를 위해서, 이제 청화식 교수법이 사용되고 있는 하나의 수업사례를 본다. 여기에 소개하는 학급은 초급 수준 영어 수업을 하며 이 교실에는 13-15세 학생들이 34명 있다. 이 교실의 학생들은 하루 1시간, 1주일에 5일 만난다.

수업 절차와 내용

교실에 들어갔을 때 학생들은 두 사람 간의 대화 내용을 주의 깊게 듣고 있다. 학생들은 교사가 소개한 대화를 나중에 외워야 할 것이라는 것을 안다. 교사의 모든 소개는 영어로 이루어진다. 때때로 교사는 의미 전달을 위해서 몸짓을 사용하지만 학생들의 모국어는 한 단어도 말하지 않는다. 대화를 보여 주고 나서 교사가 말한다.

"All right, class. I am going to repeat the dialog now. Listen carefully, but no talking please.

Two people are walking along a sidewalk in town. They know each other, and as they meet, they stop to talk. One of them is named Sally, and the other one is named Bill. I will talk for Sally and for Bill. Listen to their conversation.

Sally : Good morning, Bill.

Bill : Good morning, Sally.

Sally : How are you?

Bill : Fine, thanks. And you?

Sally : Fine. Where are you going?

Bill : I'm going to the post office.

Sally : I am too. Shall we go together?

Bill : Let's go.

Listen one more time. This time, try to understand all that I am saying."

이제 교사는 전체 학생들에게 교사를 따라 대화의 각 행을 따라 하도록 한다. 그들은 다음 문장으로 넘어가기 전에 각 문장을 여러 번 반복한다. 학생들이 'I'm going to the post office.'의 문장에 이르렀을 때 그들은 반복에서 조금 더듬거린다. 교사는 이 부분에서 반복하는 것을 멈추고 역방향 완성 훈련(backward-up drill: expansion drill)을 사용한다. 이 훈련의 목적은 문제가 되는 문장을 작은 부분으로 나누는 것이다. 교사는 그 문장의 끝에서 시작하고, 학생들에게 마지막의 두 단어만을 반복하게 한다. 그들이 이것을 할 수 있게 되면 교사는 몇 단어를 더 추가하고 학생들은 이 확장된 어구를 반복한다. 조금씩 교사는 문장 전체가 될 때까지 어구들을 증가시키며 반복한다.

교사 : Repeat after me, post office.

학생 : Post office.

교사 : To the post office.

학생 : To the post office.

교사 : Going to the post office.

학생 : Going to the post office.

교사 : I'm going to the post office.

학생 : I'm going to the post office.

차근차근 순서를 통해서, 교사는 학생들이 문제가 있던 문장을 말하는데 도움을 준다. 작은 부분으로 문장을 연습하고, 또한 학생들은 그 문장에서 각 단어나 어구가 어디에서 시작하고 끝나는지 알 수 있다.

학생들이 이 대화를 여러 번 반복한 후에, 교사가 Sally의 문장을 하는 동안 그들에게 Bill의 역할을 맡을 기회를 준다. 사실상 학생들은 그들의 작업은 조심스럽게 듣고 가능한 한 정확하게 교사의 시범을 흉내 내는 것을 시도하는 반복훈련을 경험하고 있다.

그 다음에 학생들과 교사는 좀 더 연습하기 위해서 역할을 바꾸는데, 교사가 Bill의 문장을 말하고 학생들은 Sally의 문장을 말한다. 그 다음 교사는 각각의 절반이 Bill이나 Sally의 문장을 말하게 하기 위해 학생들을 반으로 나눈다. 교사는 학생들이 가끔 자신의 시범과 너무 동떨어졌다고 느낄 때 멈춰서 그들이 모방하도록 다시 한 번 시범을 한다. 이 대화의 문장을 더 연습하기 위해서 교사는 교실의 남학생들은 Bill의 부분, 여학생들은 Sally의 부분을 하게 한다.

그 다음 교사는 대화의 4문장으로 연쇄훈련(Chain drill)을 시작한다. 연쇄훈련은 학생들에게 개개인이 문장을 말할 기회를 준다. 교사는 듣고 어느 학생들이 열심히 하고 연습이 더 필요한지 말할 수 있다. 연쇄훈련은 또한 학생들이 비록 그 의사소통이 매우 제한적이기는 하지만, 다른 사람과의 의사소통에서 그 표현들을 사용하도록 한다. 교사는 바로 옆에 있는 학생에게 'Good morning, Jose.'라고 말을 한다. 이번에는 그가 'Good morning, teacher.'라고 대답한다. 교사는 'How are you?'라고 말한다. Jose는 'Fine, thanks. And you?'라고 대답한다. 교사는 'Fine.'이라고 대답한다. 그 학생은 교사의 손짓을 통해 그의 옆에 앉아있는 여학생에게 인사할 차례라는 것을 안다. 그 학생은, 이번에, 그에게 대답하기 위한 교사의 문장을 말한다. 교사가 이것을 끝냈을 때, 그는 자신의 다른 쪽에 앉은 학생에게 인사한다.

연쇄훈련은 모든 학생들이 질문을 하고 대답을 할 기회를 가질 때까지 계속된다. 마지막 학생은 교사에게 인사를 한다.

마지막으로, 교사는 나머지 학생들을 위해 대화를 할 두 학생을 고른다. 그들이 끝내면 다른 두 학생이 앞의 두 학생과 똑같이 한다.

교사는 수업에서 두 번째 중요한 단계로 옮겨간다. 그는 계속 대화에 쓰인 언어로 학생들을 훈련하지만, 이런 훈련들은 단순한 반복 이상을 요구한다. 교사가 지도하는 첫 번째 훈련은 단일 공란 대체훈련(Single-slot substitution drill)인데, 학생들은 대화의 한 문장을 반복하고 그 문장의 단어나 어구를 교사가 제시하는 단어나 어구로 대신한다. 이 단어 또는 어구는 '지시'(cue)라고 불린다.

교사는 대화의 한 문장인 'I'm going to the post office.'를 암송함으로써 시작한다. 그 뒤에 그녀는 학생들에게 은행의 그림을 보여 주면, 어구인 'the bank'를 말한다. 그녀는 쉬었다가, 'I'm going to the bank.'라고 말한다.

교사의 예를 통해서, 학생들은 교사가 제시하는 지시 어구 'the bank'를 가지고 이것을 문장의 알맞은 곳에 놓아야 한다는 것을 깨닫는다.

이제 교사는 학생들에게 그들의 첫 번째 지시 어구 'The drugstore.'를 준다. 학생들은 모두 'I'm going to the drugstore.'라고 대답한다. 교사가 웃는다. 교사는 'Very good!'이라고 외친다. 교사는 'The park.'를 지시한다. 학생들은 'I'm going to the park.'라고 합창한다.

교사가 차례로 제시하는 다른 지시들은 'the cafe,' 'the supermarket,' 'the bus station,' 'the football field,' 그리고 'the library'이다. 각 지시는 전처럼 그림과 함께 제시된다. 학생들이 연속훈련을 세 번 마치고 난 후, 교사는 구두 지시 어구를 더 이상 제공하지 않는다. 대신 교사는 그림들을 한 번에 한 장씩 간단히 보여 주고, 학생들은 그림 속의 장소 이름을 그 문장의 적절한 공란에 넣은 전체 문장을 반복한다.

대화의 다른 문장 'How are you?'도 비슷한 절차를 따른다. 주격 대명사 'he,' 'she,' 'they'와 'you'가 지시어로 사용된다. 학생들에게 이 대체 훈련은 약간 더 어려운데, 교사가 어떤 주격 대명사를 제공하는 지에 따라, 그들은 'be'동사를 'is'나 'are'로 바꿔야 하기 때문이다. 교사가 어떤 그림도 사용하고 있지 않기 때문에 학생들을 외관상 주격 대명사들과 친숙해진다. 그 대신 구두 지시어를 몇 번 제시하면서 대체 훈련을 마친 뒤 교사는 교실의 한 남학생을 지적하고 학생들은 그 문장에서 대명사 'he'를 사용해야 하는 것으로 이해한다. 그들은 'How is he?'라고 합창한다. 'Good!' 교사가 말한다. 교사는 여학생을 지적한 뒤 학생들의 대답을 기다린 다음 'they'의 사용을 알아내도록 다른 학생들을 지적한다.

마지막으로, 교사는 '복수 공란 대체 훈련'(Multi-slot substitution drill)으로 학생들을 이끌어서 과업의 복잡성을 증가시킨다. 이 훈련은 교사가 앞에서 사용한 단일 공란 대체 훈련과 근본적으로 동일한 유형이다. 그러나 이 훈련에서는, 지시어가 어떤 품사에 속하고 문장의 어느 부분에 들어가는지 학생들이 인식해야만 한다. 학생들은 아직 교사에게서 하나의 지시만을 듣는다. 그 다음, 그들은 지시어나 어구가 교사가 제공한 문장에서 어디에 속하는지 관련된 결정을 내려야 한다. 이 수업의 교사는 학생들에게 대화의 본래 문장 'I'm going to the post office.'를 반복하게 함으로써 시작한다. 그 후에 교사는 학생들에게 'she'라는 지시를 제공한다. 학생들은 이해를 하고 'She is going to the post office.'를 만들어 낸다. 교사가 제공하는 다음 지시는 'to the park'이다. 학생들은 처음에 망설이다가 나중에는 'She is going to the park.'라고 바르게 만들어서 대답한다. 교사는 어떤 때는 주격 대명사를 제시하고 다른 때는 장소의 이름을 제공하는 방식으로 계속한다.

대체 훈련 다음에는 변형 훈련(Transformation drill)이 뒤따른다. 이런 유형의 훈련은 학생들에게 한 형태의 문장을 다른 형태의 문장, 긍정문을 부정문으로 또는 능동문을 수동문으로 바꾸도록 묻는다. 이 수업에서 교사는 학생들이 서술문을 '예– 아니오 질문'으로 바꾸도록 요구하는 대체 훈련을 사용한다. 교사는 'I say, "She is going to the post office." You make a question by saying, "Is she going to the post office?"'라는 예를 제공한다.

교사는 이런 변형에 대한 예를 두 개 더 보여 준 다음 'Does everyone understand? Ok, let's begin. "they are going to the bank."라고 묻는다. 이번에 학생들은 'Are you going to the post office?'라고 대답한다. 그들이 15개 정도 이런 유형을 변형시킨 후에, 교사는 그들이 문답 훈련으로 옮겨갈 준비가 되었는지 결정한다.

교사는 자신이 이전에 사용했던 그림 중 하나인 축구 경기장 그림을 집어 들고 학생들에게 'Are you going to the football field?'라고 묻는다. 교사는 자신의 질문에 'Yes, I'm going to the football field.'라고 대답한다. 교사는 공원 그림을 집어 들면서 'Are you going to the park?'라고 다음 질문을 제공한다. 그리고 다시 'Yes, I'm going to the park.'라고 교사에게 대답한다. 교사는 세 번째 그림인 도서관의 그림을 집어 든다. 교사는 학생들에게 'Are you going to the library?'라고 질문한다. 그들은 'Yes, I'm going to the library.'라고 함께 대답한다.

'Very good.' 교사가 말한다. 교사의 행동과 예문을 통해, 학생들은 교사가 시범으로 보였던 유형의 질문들에 대답해야 한다는 것을 배웠다. 교사는 다음 몇 분 동안 학생들에게 이 유형을 연습시킨다. 학생들이 그것을 조절할 수 있게 되자, 교사는 차례대로 각자에게 질문한다. 학생들은 지체하지 않고 매우 빨리 대답하도록 기대된다.

학생들이 보조를 맞출 수 있게 되면 교사는 다음 단계로 넘어간다. 교사는 다시 학생들에게 그림들 중의 하나, 이번에는 슈퍼마켓의 그림을 보여준다. 교사는 'Are you going to the bus station?' 하고 묻는다. 교사는 자신의 질문에 'No, I'm going to the supermarket.'이라고 대답한다.

학생들은 그림을 보고 질문을 듣고, 해당되는 장소가 그들이 그림에서 본 것과 같지 않으면, 부정으로 대답해야 한다는 것을 이해한다. 'Are you going to the bus station?' 교사는 카페의 그림을 집어 들면서 묻는다. 'No, I'm going to the cafe.'라고 학생들이 답한다.

'Very good.'이라고 교사가 외친다. 부정의 대답을 요구하는 몇 개의 질문들을 더 한 후에, 교사는 우체국의 그립은 만든 다음 'Are you going to the post office?'라고 묻는다. 학생들은 잠시 머뭇거리다가 함께 'Yes, I'm going to the post office.'라고 대답한다.

'Good.' 교사가 평가한다. 교사는 이 문답연습을 조금 더 지속하면서, 어떤 때에는 부정의 답을 요구하는 상황을 학생들에게 제시하기도 하고 때때로 각 학생을 격려한다. 교사는 그림들을 집어 들고 학생들에게 바로바로 질문들을 하지만, 학생들은 교사의 질문을 따라가는데 문제가 없는 것처럼 보인다. 교사가 리듬을 바꾸는 유일한 시기는 한 학생이 어느 단어를 심하게 잘못 발음한 경우뿐이다. 이런 상황이 생기면 교사는 그 단어를 고친 다음, 그 학생의 발음이 자기 발음과 가까워질 때까지 그 학생과 잠시 연습한다.

수업의 마지막 몇 분 동안, 교사는 수업을 시작했던 대화로 되돌아온다. 교사는 대화를 한 번 반복한 다음 교사의 왼쪽 절반 학생들에게 Bill의 문장을, 교사의 오른쪽 절반 학생들에게 Sally의 문장을 하게 한다. 이번에는 망설임이 전혀 없다. 학생들은 그 대화를 순조롭게 진행한다. 그들은 역할을 바꾸어서 똑같이 한다. 교사는 미소를 띠며 'Very good. Class dismissed.'라고 말한다.

그 날의 수업이 끝난다. 교사도 학생들도 열심히 공부했다. 학생들은 그 기간 동안 영어로만 듣고 말했다. 교사는 모든 진행을 맡아서 했기 때문에 피곤하지만, 수업이 잘 진행된 것으로 느끼는 것에 대해 기뻐한다. 학생들은 대화의 문장들과 훈련 유형(Drill pattern)에서 교사가 제시하는 지시에 대해 머뭇거림 없이 대답하는 것을 배웠다.

이번 주 다음 수업들에서 교사는 다음의 일을 할 것이다:

1) 대화를 복습한다.
2) 'I'm going to the post office. I need a few stamps.'처럼 몇 줄 더 추가함으로써 대화를 확장한다.
3) 새로운 문장을 연습하고 새로운 문장을 통해 몇 개의 새로운 단어들을 소개한다. 예를 들면,

I'm going to the supermarket.	I need a little butter.
I'm going to the library.	I need a few books.
I'm going to the drugstore.	I need a little medicine.

4) 'a little/a few'를 물질과 수량으로 대조함으로써, 불가산명사(Mass nouns)와 가산명사(Count nouns)의 차이를 공부한다. 어떤 문법 규칙도 학생들에게 제시되지 않을 것이다. 학생들은 교사가 제시한 예들을 공부함으로써 규칙들을 발견하도록 지도받는다.
5) 대조분석을 통해 교사는 학생들이, /i/를 포함하는 'little'과 같은 단어들의 발음에 특별히 곤란을 겪게 될 것이라고 예상했다. 학생들은 실제로 이 단어가 /iy/를 포함하고 있는 것처럼 발음한다. 그 결과, 교사는 그 주 동안 여러 번 /i/와 /iy/ 간의 차이에 대해 연습시킨다. 각 쌍의 단어들 간의 발음의 차이를 학생들이 먼저 듣게 하기 위해, 교사는 'sheep'과 'ship', 'leave'와 'live', 그리고 'he's'와 'his'와 같은 최소대립어(Minimal-pair words)를 사용한다. 그 뒤에, 학생들이 준비가 되었

다고 느낄 때, 교사는 그들에게 두 소리들을 발음하도록(처음에는 그것들 자체만을, 나중에는 단어 · 어구 · 문장 내에서) 연습을 시킨다.

6) 그 주 마지막쯤에 교사는 대화를 칠판에 쓴다. 교사는 학생들에게 문장을 달라고 요구하고, 학생들이 그것들을 말할 때 그 문장을 적는다. 그들은 공책에 그 대화를 옮겨 쓴다. 그들은 이 대화로 약간 제한된 쓰기 공부도 한다. 어느 연습문제에서는 교사가 확장된 대화에서 15 개의 선정된 단어들을 삭제했다. 학생들은 그들의 공책에 대화를 다시 써야 하는데, 이전에 옮겨 쓴 완전한 대화를 보지 않고 빠진 단어들을 채워 넣는다. 다른 연습으로 학생들은 I, go, supermarket과 he, need, butter와 같은 단어를 가지고 구술로 훈련했던 것처럼 완벽한 문장을 쓰도록 요구된다.

7) 금요일에는 교사가 'supermarket alphabet game'으로 학생들을 지도한다. 그 게임은 철자 'A'로 시작하는 식품을 필요로 하는 학생부터 시작한다. 그 학생은 'I am going to the supermarket. I need a few apples.'라고 말한다. 그 다음 학생은 'I am going to the supermarket. He needs a few apples. I need a little bread(혹은 'a few banana' 또는 철자 'B'로 시작하는 슈퍼마켓에서 찾을 수 있는 다른 음식)'라고 한다. 세 번째 학생이 계속해서 'I am going to the supermarket. He need a few apples. She needs a little bread. I need a little cheese.'라고 말한다. 이 게임을 각 참가자가 알파벳의 다음 철자로 시작하는 식품을 계속 덧붙인다. 그러나 참가자는 자신의 식품을 덧붙이기 전에 자기 이전의 다른 학생들의 식품들을 말해야 한다. 만약 학생이 한 가지 식품을 생각해 내는 데 어려움을 가질 때에는 다른 학생들이나 교사가 돕는다.

8) 교사는 이 게임 다음에 미국에 있는 슈퍼마켓들을 제시한다. 교사는 영어로 의미를 이해시키기 위해서 열심히 노력한다.

수업 내용과 교수법 원리

청화식 교수법에 대한 매우 짧은 경험이라는 것이 사실이지만, 교사의 행동과 기술에 대해 우리가 몇 가지 관찰을 할 수 있는지 알아보자. 이 관찰들로부터 우리는 청화식 교수법에 내재한 원리를 발견해 낼 수 있어야 한다.

수업 내용	교수법 원리
1. 교사는 새로운 대화를 소개한다.	영어 형태는 문맥 내에서 가장 자연스럽게 나타난다.
2. 언어 교사는 교실에서 목표언어만을 사용한다. 의미를 부여하기 위해 동작, 그림, 또는 실물 교재가 사용된다.	모국어와 목표언어는 각각 다른 언어체계를 갖는다. 학생들의 모국어는 목표언어 습득의 시도에 가능한 한 방해를 적게 줄 수 있을 정도로 양자는 서로 구별되어야 한다.
3. 영어 교사는 대화를 시범 보임으로써 소개한다. 목표언어의 적절한 음을 시범 보임으로써 잘못된 발음을 교정한다.	영어 교사의 주요 역할들 가운데 하나는 목표언어의 시범을 보이는 역할이다. 교사들은 학생들에게 모국어 화자와 같은 시범을 보인다. 어떻게 소리 나는 가를 들음으로써 학생들은 그 시범을 흉내 낼 수 있어야 한다.
4. 학생들은 새로운 대화의 각 행을 여러 번 반복한다.	영어학습은 습관형성의 과정이다. 어떤 것은 자주 반복되면 될수록 습관은 더 강해지고 학습은 늘어난다.
5. 학생들은 그 대화의 문장 가운데 어느 문장에서 더듬거린다. 교사는 이 행에 대해서 역방향 완성 훈련(Backward build-up drill)을 사용한다.	학생들이 오류를 하지 않도록 막아 주는 것은 중요하다. 잘못이 생기면 이 잘못은 교사에 의해 즉시 고쳐져야 한다.
6. 교사는 각 학생이 다른 학생에게 인사하는 연쇄 훈련(Chain drill)을 시작한다.	영어학습의 목적은 의사소통하기 위해 그 언어를 어떻게 사용하는지에 배우는 것이다.

7. 교사는 단일 공란 대체 훈련과 복수 공란 대체 훈련을 사용한다.	특정 품사들은 문장에서 특정의 "공란"(slots)을 차지한다. 새로운 문장을 생성하기 위해서 학생들은 어떤 품사가 어느 공란을 차지하는가를 배워야 한다.
8. 학생들이 옳게 대답할 때 교사는 "Very good"이라고 말한다.	긍정적 강화는 학생들이 올바른 습관을 배양하는 데 도움을 준다.
9. 교사는 구두 지시(spoken cues)와 그림 지시(picture cues)를 사용한다.	학생들은 언어 자극과 비언어 자극(nonverbal stimuli)에 반응하는 법을 배운다.
10. 교사는 변형훈련과 문답 훈련을 수행한다.	각 영어는 한정된 숫자의 문형들을 가지고 있는데 문형연습은 학생들로 하여금 그 문형들을 사용 가능하게 하는 습관 형성에 도움이 된다.
11. 학생들이 사용할 수 있을 때 교사는 빠르게 질문한다.	학생들은 초과 학습해야 한다. 학생들은 생각해내기 위해 머뭇거림 없이 자동적으로 대답하도록 배워야 한다.
12. 교사는 학생들에게 지시를 제공하기도 하고, 학생 개개인의 이름을 부르기도 하고, 격려하는 미소를 짓기도 하고, 그림들을 하나씩 집어들기도 한다.	교사는 목표언어로 지휘하고, 인도하고, 통제하는 교향곡의 지휘자처럼 되어야 한다.
13. 새로운 단어는 대화의 행에서 소개되며, 단어는 매우 제한된다.	영어교육의 주요 목표는 학생들이 구조문형(structural patterns)을 습득하는 것에 두어야 하며, 그 이후에 학생들은 어휘를 배우게 될 것이다.
14. 학생들에게는 어떤 문법 규칙들도 제시되지 않으며, 문법사항은 예문과 훈련을 통해서 학습된다.	영어 학습은 모국어 습득과 동일해야 한다. 목표언어를 사용하기 위해 필요한 규칙들은 스스로 발견해 내거나 예문에서 추출해 낼 수 있을 것이다.
15. 교사는 학생들이 어려움을 겪을 것으로 예상되는 지점을 찾아내기 위하여 목표언어와 학생들의 모국어 간의 대조분석을 실시한다.	영어 교육의 주요 과제는 학생들이 자기 모국어의 습관을 극복하게 하는 데 있다. 모국어와 목표언어를 비교해 보면 교사는 자기 학생들이 어려움을 겪을 것으로 생각되는 부분을 알 수 있다.

16. 교사는 그 주의 말씀에 대화를 칠판에 쓴다. 학생들은 제한된 쓰기 연습을 한다.	말은 글보다 더 기본적인 것이다. 어린이들이 모국어를 배울 때 순서인 기능 습득의 '자연스러운 순서(natural order)'는 듣기 말하기, 읽기 그리고 쓰기의 순서이다.
17. 슈퍼마켓 알파벳 게임과 미국의 슈퍼마켓과 축구에 대한 논의가 포함된다.	언어는 문화에서 분리될 수 없다. 문화는 문학과 예술뿐 아니라, 그 목표언어를 쓰는 사람들의 일상적인 행동이기도 하다. 교사의 책임 가운데 하나는 문화에 대한 정보를 제공하는 것이다.

교수법의 의의

1. 청화식 교수법(Audiolingual Method)을 사용하는 교사의 목표는 무엇인가?

교사는 학생들이 목표언어를 사용하여 의사소통할 수 있기를 원한다. 이것을 하기 위해서, 그들은 생각하기 위해 멈추지 않고 목표언어를 자동적으로 사용하도록 배워서 목표언어를 초과학습 할 필요가 있다고 믿어진다. 그들의 학생들은 이것을 목표언어로 새로운 습관을 형성하고 그들의 모국어의 습관을 극복함으로써 이루어 낸다.

2. 교사와 학생들의 역할은 무엇인가?

교사는 학생들의 언어 행동을 지휘하고 통제하는 교향곡의 지휘자와 같다. 또한 교사는 학생들에게 모방을 위한 훌륭한 시범을 제공할 책임도 있다. 학생들은 교사의 시범이나 교사가 시범으로 말하는 사람으로 제공하는 테이프를 모방한다. 그들은 교사의 지시사항을 따르고 가능한 한 정확하고 신속하게 반응한다.

3. 교수와 학습 과정의 특징들은 무엇인가?

새로 나온 단어와 구조들은 대화를 통해 보여진다. 대화는 모방과 반복을 통해 배워진다. 반복, 역방향 완성(Backward build-up), 연쇄(Chain), 대치(Substitution), 변형(Transformation)과 문답(Question-and-answer)과 같은 훈련들은 대화에 나타난 유형에 기초하여 수행된다. 학생들의 성공적인 반응은 긍정적 강화된다. 문법은 주어진 예문에서 얻어지며, 명시적 문법 규칙들은 제공되지 않는다. 문화 정보는 대화에서 문맥에서 나타나거나 교사에 의해 보여진다. 학생들의 읽기와 쓰기 공부는 이전에 연습했던 구두 연습에 기초한다.

4. 학생–교사와 학생–학생의 상호관계의 본질은 무엇인가?
학생과 학생 간의 상호작용은 연쇄 훈련이나 학생들이 대화에서 각각 다른 역할을 맡은 경우에 있지만, 이런 상호작용은 교사의 지시이다. 대부분의 상호작용은 교사와 학생 간에 이루어지며, 교사에 의해 시작된다.

5. 학생들의 감정은 어떻게 처리되는가?
이 부분에 관련되는 교수법의 원리는 없다.

6. 언어는 어떤 관점으로 보여지는가? 문화는 어떤 관점으로 보여지는가?
청화식 교수법에서의 관점은 기술 언어학자들(Descriptive linguists)의 영향을 받았다. 모든 언어는 자체의 특별한 체계를 갖고 있다고 보여진다. 이 체계는 여러 개의 음운론적, 형태론적 그리고 통사적 단계로 구성된다. 각 단계는 자체의 구별 가능한 유형들을 지니고 있다.

청화식 교수법에서는 일상의 말이 강조된다. 그러나 일상의 말의 복잡성의 단계에 등급을 매겨서, 초급 학생들에게는 단순한 유형들만 보여진다. 문화는 일상 언어 행동과 목표언어를 말하는 사람들의 생활양식으로 구성된다.

7. 언어의 어떤 분야들이 강조되는가? 어떤 언어 기능들이 강조되는가?

단어는 학생들이 소리체계와 문법적 유형을 배우는 동안 최소화한다. 문법적 유형은 문장 안에서 똑같지 않다.

영어 기능의 순서는, 듣기 · 말하기 · 읽기 그리고 쓰기의 순서이다. 구두 · 청취 기능이 가장 주목받는다. 발음은 처음부터 배우는데, 때때로 최소 대립어(Minimal pair)들을 구분시키기 위해서 어학 실습실에서 일하는 학생들에게 배우기도 한다.

8. 학생들의 모국어의 역할은 무엇인가?

학생들의 모국어의 습관은 영어를 배우는 데 방해가 되는 것으로 생각된다. 교실에서 학생들의 모국어가 아닌 영어가 사용된다. 학생들의 모국어와 영어의 대조 분석은 교사가 가장 방해라고 예상하는 지점을 보여 줄 것이다.

9. 평가는 어떻게 실시되는가?

이 학급의 학생들이 형식적인 시험을 치르는 것을 우리가 실제로 관찰하지 않았기 때문에 이 문제에 대한 대답은 분명하지 않다. 만일 우리가 관찰했더라면, 자연히 시험에서 질문은 목표언어의 한 부분에만 초점을 둔 부문별 강조 유형을 보았을 것이다. 예를 들면, 학생들은 최소 대립어로 나타나는 단어들을 구분하거나, 문장 속에 적절한 동사형을 채우도록 질문받을 것이다.

10. 교사는 학생들의 오류에 어떻게 반응하는가?

학생들의 오류는 학생들이 어려워 할 부분을 교사가 미리 인식하고 그들이 말하도록 배워야 할 내용을 제한해서 가능한 피하게 된다.

교수법에 사용된 기술

대화 암기

두 사람 간의 대화나 짧은 회화가 새 단원을 시작할 때 사용된다. 학생들은 모방을 통해서 대화를 기억하는데, 보통 학생들이 대화 중의 어느 한 사람 역할을 하고, 교사가 다른 사람의 역할을 한다. 학생들이 한 사람의 문장들을 배운 뒤, 그들은 역할을 바꾸어 다른 사람의 문장들을 기억한다. 두 역할들을 연습하는 다른 방법으로는 학생들의 절반이 한 사람의 역할을 하고, 다른 절반이 다른 사람의 역할을 맡는 것이다. 대화의 암기가 끝난 후, 각각 쌍을 이룬 학생들은 나머지 시간 동안 대화를 연습할 수도 있다.

청화식 교수법에서는 어떤 문장 유형들과 문법 사항들이 대화에 포함된다. 이 유형들과 사항들은 나중에 대화의 문장에 대한 훈련 속에서 연습한다.

역방향 확장 훈련(Backward Build-up Drill)

이 훈련은 대화의 긴 문장이 학생들에게 어려움을 주는 경우에 사용된다. 교사는 이 문장을 여러 부분으로 나눈다. 학생들은 보통은 그 문장의 마지막 어구인 그 문장의 일부분을 반복한다. 그리고 교사의 지시에 따라 학생들은 전체 문장을 반복할 수 있을 때까지 반복하는 내용을 조금씩 확장한다. 교사는 가능한 한 자연스러운 문장 억양을 유지하기 위해서 문장의 끝 부분에서 시작한다. 그리고 끝에서부터 역으로 연습한다. 이것은 학생의 관심을 새로운 정보가 나타나는 문장의 끝 부분으로 집중시킨다.

반복 훈련

학생들은 가능한 한 교사의 시범을 정확하게 그리고 신속하게 반복하도록 요구된다. 이 훈련은 종종 대화의 문장들을 가르치는 데 쓰여진다.

연쇄 훈련(Chain Drill)

연쇄 훈련은, 학생들이 한 사람씩 서로에게 묻고 대답할 때, 교실에서 형성되는 대화에서 그 이름을 얻었다. 교사는 특정학생에게 인사를 하거나 그에게 질문을 함으로써 연쇄를 시작한다. 그 학생이 대답한 다음, 옆에 앉은 학생에게 말을 한다. 첫 번째 학생은 두 번째 학생에게 인사를 하거나 질문을 하고 연쇄는 계속된다. 연쇄 훈련은 비록 제한적이지만 약간 통제된 의사소통을 허용한다. 연쇄 훈련은 교사에게 각 학생의 말을 점검할 기회를 준다.

단수 대체 훈련(Single-slot Substitution Drill)

교사는 보통은 대화에 있는 문장을 말한다. 그 다음 교사는 '지시'라고 부르는 단어나 어구를 말한다. 학생들은 교사가 주는 문장을 반복하는데, 지시를 그 문장의 적절한 곳에 대체한다. 이 훈련의 주요 목적은 한 문장의 공란을 찾아내고 채우도록 학생들에게 연습을 제공하는 것이다.

복수 대체 훈련(Multiple-slot Substitution Drill)

이 훈련은 단일 공란 대체 훈련과 비슷하다. 차이점은 교사가 대화 문장 안의 다른 공란에 채워질 지시 어구들을 한 번에 한 개씩 주는 것이다. 학생들은 각 지시가 어느 품사에 속하고 문장의 어디에 들어가며, 주어-동사 일치와 같은 다른 어떤 변화들을 만드는지 인식해야한다. 그들은 그 다음에 지시 어구를 그것이 속하는 문장에 넣어서 그 문장을 말한다.

변형 훈련(Transformation Drill)

교사는 어떤 종류의 문장, 예를 들어 긍정문을 학생들에게 제시한다. 학생들은 이 문장을 부정문으로 변형시키도록 질문받는다. 학생들에게 요구할 변형의 다른 예로, 서술문을 의문문으로, 능동문을 수동문으로, 또는 직접 화법을 간접 화법으로 바꾸는 것이 있다.

문답 훈련(Question-and-answer Drill)

이 훈련은 학생들에게 질문에 답하는 연습을 제공한다. 학생들은 교사의 질문들에 매우 빨리 대답해야 한다. 비록 우리가 이 수업에서 보지 못했지만 교사가 학생들에게 질문을 하기 위해서 '지시어'를 제공할 수도 있다. 이것은 학생들에게 질문의 유형에 대한 연습을 제공한다.

최소 대립어(Minimal Pair)의 사용

교사는 하나의 음에서만 차이가 나는 단어들의 짝, 예를 들어 'ship/sheep'을 연습한다. 학생들은 처음에는 이 두 단어들 간의 차이를 인식하도록 질문 받고 나중에 두 단어를 말할 수 있도록 요구된다. 교사는 학생들의 모국어와 그들이 배우고 있는 언어를 비교한 비교 분석 뒤에 연습할 음을 선택한다.

대화 완성

학생들이 배운 대화에서 선택된 단어들을 지운다. 학생들은 빈칸에 빠진 단어들을 채워서 대화를 완성한다.

문법 게임

이 장에서 묘사된 '슈퍼마켓 철자 게임'과 같은 게임들이 청화식 교수법에서 사용된다. 게임들은 학생들이 문맥 내에서 한 가지 문법 사항을 연습하도록 고안되었다. 이 게임에서는 비록 매우 제한적이지만 학생들은 자신을 표현할 수 있다. 이 게임에는 많은 반복도 있다는 것을 알 필요가 있다.

결론

앞서 말한 것처럼, 청화식 교수법은 언어학과 심리언어학적 이론에 근거한 이론이다. 1940년대와 1950년대의 구조주의 언어학자들은 여러 언어들에 대해 과학적이고 기술적인 분석을 해 왔다. 교수법도 그러한 언어학적 패턴에 맞게 바뀌어 갔다. 동시에, 행동주의 심리학자들도 청화식 교수법과 같은 모방훈련과 패턴 연습을 중심으로 하는 조건화와 습관형성을 강조했다. 언어는 형식적이며, 규칙 · 지배 규칙이므로 형식적으로 조직하여 교육 효과를 최대한 높이는 데 있다. 청화식 교수법은 언어학습의 기능적 측면을 강조하고 있는 것이다.

4. 침묵교수법(Silent Way)

Chomsky는 인간이 생전 들어보지도 못한 말을 창조하고 이해하는 것으로 보아, 언어 습득은 습관형성을 통해서 이루어지는 것은 아니라고 보았다. 그 대신에 그는 말을 이해하고 창조할 수 있게 하는 기저의 추상적인 규칙에 대한 지식을 사람들이 가지고 있다고 생각했다. 즉 습관 형성의 산물이 아니라 규칙 형성의 산물이라는 것이다. 따라서 언어 습득은 그들이 습득하려고 하는 언어의 규칙을 발견하기 위해 그들이 생각하는 과정이나 인지를 사용하는 과정이라 할 수 있다.

인간의 인지에 대한 강조는 인지적접근에 대한 발달을 이끌어 내었다. 주어진 환경에 단순히 반응하는 것이 아니라 목표 언어의 규칙을 찾기 위해 가설을 설정하는 등 다소 역동적으로 참여하게 된다. 실수는 불가피한 것이며 그것은 학습자가 그들의 가설을 검증하는데 필요한 것이다. 1970년 초에 잠시 언어교육에 연역적이고 귀납적인 자료를 연결하는 새로운 인지적 접근이 있었다. 그러나 그런 인지적 접근에서 직접적으로 실제 언어 교수법으로 발전하진 않았다. 그 대신 많은 혁신적인 교수법이 나타났다.

Caleb Gattegno의 침묵교수법은 인지적 접근에 직접 뿌리를 두진 않았지만 원리는 같이 하고 있다. 예를 들어, 침묵교수법의 가장 기본적인 원리 중 하나는 "가르치는 것은 배우는 것에 종속되어야 한다" 는 것이다. 다시 말해서 "가르친다는 것은 지배한다기보다는 배우는 과정을 위해 봉사해야 한다는 의미로 해석해야 한다"고 본다. Gattegno는 언어 학습이라는 것을 아기와 어린 아이들이 배우는 방식으로 생각해야 한다고 한다. 그리고 그는 학습이 지각 · 의식 · 인지 · 상상력 · 직관력 · 창조성 등을 동원하여 시작하는 과정이라고 결론을 내린다. 이 학습의 과정에서 새로운 것은 무엇이나 조정할 수 있고 다음 단계의 학습을 위한 디딤돌로 사용할 수도 있다.

침묵교수법을 예를 설명하기 위하여 어떤 영어 수업의 첫 시간을 관찰해 본다. 이 수업에는 24명의 중등학교 학생이 참여하고 일주일에 3번, 하루에 2시간씩 행해진다.

수업 내용 및 절차

수업이 시작되자마자 교사는 모국어로 침묵교수법 소개를 마친다. 교사는 교실 앞으로 걸어 나가 포인터를 꺼내고 칠판에 걸린 차트를 가리킨다. 차트는 검은색 바탕에 줄맞춰 작은 직사각형 모형으로 배열되어 있다. 각각의 모형은 다른 색깔로 되어 있다. 이것을 음색차트(Sound-color chart)라고 한다. 각각의 직사각형은 하나의 영어 소리를 나타낸다. 차트의 가운데에는 하얀색 수평선이 그어져 있는데 위쪽의 직사각형은 모음을 나타내고, 선 밑은 자음을 나타낸다.

아무것도 말하지 않고 교사는 연속적으로 선 위에 있는 다섯 개의 블록 하나하나를 가리킨다. 침묵만이 있을 뿐이다. 교사는 같은 다섯 개의 블록을 가리키면서 이 순서를 반복한다. 다시 아무도 대답을 하지 않는다. 교사가 세 번째로 지적할 때 그는 첫 번째 블록을 가리키면서 /a/라고 발음한다. 교사는 계속하고 포인터로 다른 네 개의 블록을 톡톡 가리킨다. 이렇게 함에 따라 몇몇의 학생들이 /e/, /i/, /o/, /u/라고 말한다. 교사는 학생들이 이미 알고 있을 것 같은 모음들부터 시작한다.

교사는 /e/를 나타내는 직사각형을 가리킨다. 그는 두 손바닥을 같이 모았다가 학생들이 이 모음을 길게 발음하게 하기 위해 손바닥을 떨어뜨린다. 포인터를 움직임으로써 그는 영어의 이중모음 /ey/ 발음을 부드럽게 끊지 않는 것이 필요하다는 것을 보여 준다. 그는 학생들의 /ey/ 발음이 영어의 모음과 근접할 때까지 계속 한다. 그는 /iy/, /ow/, /uw/도 같은 방법으로 한다. 그리고 교사는 앞줄에 있는 여학생에게 포인터를 건네준다. 그녀는 교실의 앞으로 나와서 맨 윗줄에 있는 하얀 블록을 가리킨다. 학생들은 'a'라고 대답한다. 하나씩 다음 세 블록을 가리킬 때마다 학생들은 /ey/, /iy/, /ow/라고 정확하게 대답한다. 그러나 그녀는 마지막 블록을 찾는데 어려움을 느끼고 셋째 줄의 어떤 블록을 가리킨다. 몇몇의 학생들이 '아니야!'라고 소리친다. 그녀는 같은 줄의 다른 블록을 다시 가리키지만 그녀의 친구들은 '아니야!'라고 다시 외친다. 그녀가 포인터를 한 블록 왼쪽으로 옮기면 학생들은 /uw/라고 외친다. 교사는 그 순서를 다시 해 보라는 사인을 보낸다. 이 때 그녀는 좀 더 빨리 진행하고 /uw/를 나타내는 블록을 찾는 데 어려움을 느끼지 않게 된다. 교사는 다른 학생에게 그 학생과 바꾸라고 하고, 학생들이 대답하는 다섯 개의 블록을 가리키라고 한다. 그리고 교사는 개개인을 교실 앞으로 나오라고 하고, 각각 교사가 말한 소리를 연속적으로 가리키라고 한다. 교사는 제스처를 통해 학생들과 같이 하고, 때때로 가능한 한 정확하게 영어 모음을 하게 하기 위해 모국어로 지시하기도 한다. 그는 그 자신이 소리를 내지는 않는다.

학생들이 다섯 개의 소리를 정확하게 낼 수 있을 때, 교사는 다른 순서로 다섯 개의 블록을 가리킨다. 몇몇의 학생들은 주저하지만 대부분의 학생들은 블록과 정확한 소리를 연결시킬 수 있게 된다. 교사는 여러 번 이 순서를 바꾸고 학생들은 적절하게 대답한다. 다음으로 교사는 두 번째 줄에 앉은 남학생을 가리킨다. 교사는 차트로 움직이고 다섯 개의 블록을 가리킨다. 선 위에 있는 이 블록들 중 두 개는 이미 그들이 알고 있는 /ey/와 /uw/이다. 다른 세 블록들은 선 아래에 있고 그들에게 새로운 것이다. 학생들 중 두 명이나 세 명이 그 학생의 이름을 외친다. 다른 학생들은 그의 이름의 소리들(/p/, /ey/, /d/, /r/, /uw/)을 나타내는 블록을 지시할 때 도와준다. 2명이나 3명의 다른 학생들도 똑같이 한다. 이런 방식으로 학생들은 영어에 /p/, /d/, /r/ 소리가 있음을 배우게 되고 음색 차트에 이 음들이 어디에 위치하는지 알게 된다. 학생들은 /r/을 발음하는 데 어려움을 느끼므로 교사는 더 나아가기 전에 그 연습을 하게 된다.

교사는 다음 한 학생을 가리키고 여덟 개의 직사각형을 톡톡 건드린다. 다 같이 학생들은 그의 이름을 말하고, 그들이 앞에서 연습했던 것처럼 그의 이름을 연습해 본다.

몇몇의 학생들이 세 이름들을 가리킨 후에 교사는 포인터를 가지고 새 활동을 소개한다. 그는 나머지 학생들이 그들 뒤에 모여 있는 동안 여덟 명의 학생들에게 교실 앞 큰 테이블 주위로 와서 같이 앉으라고 말한다. 교사는 테이블 중간에 다양한 길이의 파랗고 초록색이고 분홍색의 나무로 된 막대들을 놓는다. 그는 막대들 중 하나를 가리키고 음색 차트의 세 직사각형을 가리킨다. 어떤 학생들은 'rod'라고 말하려 노력한다. 그들은 이미 음과 색깔의 조합하는 법을 배웠기 때문에 이것을 할 수 있는 것이다. 교사는 색깔의 블록을 다시 가리키고, 이 때 모든 학생들이 'rod'라고 말한다. 교사는 /a/를 나타내는 색깔의 블록을 가리킨다. 그는 그의 입을 가리키고 학생들에게 그가 턱을 들어 올리고 그의 입이 닫히는 것을 보여 준다. 그럼으로 학생들에게 그들이 이미 알고 있는 음으로 시작하는 새로운 영어 소리를 어떻게 만들어 내는지 보여 주는 것이다. 학생들은 그들에게 새로운 소리인 /ə/와 가까운 무언가를 말한다. 교사는 색깔 블록에 첫째로 가리키면서 따라하고 연속적으로 빨리 네 개의 색깔 블록을 가리킨다. 학생들은 'A rod'라고 대답한다. 그는 벽에 있는 다른 차트로 간다. 이것은 다른 색깔로 되어 있고 단어가 적혀져 있다. 그는 'a'와 'rod' 단어를 가리키고 학생들은 각각의 철자가 그 철자가 의미하는 음과 같은 색깔이라는 것을 알게 된다.

'a'와 'rod'를 가리키고 난 후, 교사는 테이블에 학생들과 앉아서 아무것도 말하지 않는다. 한 소녀가 나와서 막대를 가리키고 'A rod'라고 말할 때까지 모두 잠시 동안 침묵한다. 교사는 학생에게 포인터를 건네주고 학생은 우선 음색 차트로 가서 음을 가리키고, 단어 차트로 가서 'a'와 'rod'라는 단어를 가리킨다. 몇몇 다른 학생들이 이 순서를 따라한다.

다음, 교사는 특별한 막대를 가리키고 'a blue rod'를 가리킨다. 그리고 그는 단어차트에서 'blue'라는 단어를 가리킨다. 한 소년이 막대를 가리키고 'A blue rod'라고 말한다. 그는 단어 차트로 가서 거기서 이 구의 세 단어들을 찾아낸다. 다른 학생들이 똑같이 한다. 교사는 유사하게 'green'이라는 단어를 소개한다.

그리고 교사는 분홍색 막대를 가리키고 차트에서 /pɪnk/를 두드린다. /ɪ/ 모음은 학생들에게 새로운 것이다. 교사는 /iy/를 나타내는 색깔 블록을 가리키고 제스처를 통해 학생들이 이 음을 소리내기 위해 경과 음을 짧게 하고 입을 좀 더 벌리라고 지시한다.

'a pink rod'라고 말하려는 첫 번째 학생이 'pink'라는 발음에 어려움을 가지고 있다. 그는 교사를 바라보고 교사는 다른 학생들에게 제스처 한다. 그들 중 하나가 'pink'라고 말하고 교사는 그의 발음을 받아들인다. 첫 번째 학생이 다시 노력해 보고 이 때 교사는 그가 말하는 것을 받아들이게 된다. 다른 학생이 그 구를 말하는 데 어려움을 겪는 것처럼 보인다. 구의 각각의 단어를 나타내기 위해 손가락을 사용하여, 교사는 그에게 구가 어떻게 나뉘는지 보여 준다. 그리고 그의 두 번째 손가락을 두드리면서 그는 그 학생의 문제가 두 번째 단어에 있음을 가르쳐 준다.

다음 교사는 모음을 말하고 학생에게 제스처로 모음이 학생이 말하고 있는 것보다 짧다는 것을 보여 준다. 그 학생은 그가 한 대로 입을 만들어 보려 노력하고 비록 다른 학생들이 할 수 있는 것처럼 목표언어의 음에 가깝게 나타나진 않지만 발음이 약간 좋아지게 된다. 다른 학생들이 참석한 채로 그는 학생과 좀 더 공부한다. 교사가 주의 깊게 듣고 때때로 발음을 고쳐 주기 위해 간섭하면서 학생은 말하는 것과 세 색깔의 단어와 구를 가리키는 연습을 한다.

교사는 다른 그룹의 학생들을 테이블에 앉은 처음 여덟 명의 자리에 앉힌다. 교사는 학생들 중 한 명에게 돌아서서 'Take a green rod'라고 말한다. 학생은 응답하지 않고 교사는 기다린다. 다른 학생이 초록색 막대를 집어 들고 같은 문장을 말한다. 교사로부터의 제스처를 통해 그는 그가 다른 학생들에게 명령을 지시해야 한다는 것을 이해한다. 두 번째 학생이 이 움직임을 행하고 'Take a blue rod'라고 세 번째 학생에게 말한다. 그는 그것을 받는다. 다른 학생들이 순서대로 말하고 특정한 색깔의 막대를 집으라는 명령을 수행한다.

다음 교사는 몇 개의 파랗고 초록색의 막대를 테이블의 중간에 놓는다. 그는 파란색 막대를 가리키고 학생들 중 한 명에게 'Take a blue rod'라고 말한다. 교사는 그리고 'and'라고 말하고 초록색 막대를 가리킨다. 같은 학생이 'and take a green rod'라고 말한다. 교사는 전체 문장을 말해야 한다고 지시하고 학생은 'Take a blue rod and take a green rod'라고 말한다. 학생이 각각의 단어를 말할 때마다 교사는 그의 손가락 하나를 가리킨다. 학생이 두 번째 'take'를 말할 때, 그는 문장으로부터 'take'를 없애버리라고 제스처를 보낸다. 학생은 'Take a blue rod and a green rod'라고 다시 시도하면 교사는 받아들인다. 학생들은 이제 유사한 합성 목적어를 형성하고 명령을 수행하는 연습을 한다.

그리고 교사는 단어 차트를 가리키고 학생들 중 한 명에게 다른 학생들이 차트의 문장을 말할 때 가리키라고 한다. 후에 학생들은 교대로 단어 차트에 그들의 선택한 문장을 가리켜 본다. 어떤 학생들은 단순한 명령을 가리키기도 하고, 어떤 학생들은 합성 목적어가 포함된 문장을 가리키기도 한다.

학생들은 책상으로 돌아온다. 교사는 학생들에게 이 수업에 대한 반응을 모국어로 물어본다. 한 학생은 언어 학습이 어렵지 않다는 것을 배웠다고 말한다. 다른 학생은 어려웠다고 말한다. 그는 음과 색깔을 연결시키는 연습을 좀 더 해야 할 것 같다고 말한다. 세 번째 학생은 마치 게임을 하는 것같이 느꼈다고 덧붙인다. 네 번째 학생은 다소 혼돈스럽다고 말한다.

이때 수업은 끝나게 된다. 다음 몇 번의 수업동안 학생들은 다음의 것을 하게 될 것이다.

1) 새로운 음을 연습하고 단어와 문장으로 정확한 억양과 강세 형태를 배운다.
2) 색깔로부터 좀 더 영어 단어를 배우고, 새로운 음이 음색 차트의 어디에 위치하는지 알게 된다.
3) 다음 목록을 가지고 문장 만드는 연습을 한다.

Give it to me/her/him/them, too.

put.... here/there

4) 그들이 벽의 차트에 만들어 낸 문장을 읽는 연습을 한다.

5) 영어에서 다른 음 모두의 철자를 요약해 놓은 차트를 가지고 공부한다.

우리가 이 수업을 분석하기 전에, 침묵교수법으로 수업한 다른 교실을 보자. 이 수업은 높은 수준의 단계에 있다. 학생들은 테이블 주위에 앉아 있고 교사는 전형적인 집의 각 층에 대한 계획을 하기 위해 막대를 사용하고 있다. 그는 학생들에게 'front door'와 'back door'를 붙이게 함으로 집의 앞과 뒤를 만든다. 그는 네 개의 방 각각을 가리키고 학생들로부터 'living room', 'dining room', 'kitchen', 'bedroom'이라는 것을 이끌어낸다. 그리고 교사는 각각의 벽을 가리킨다. 이것은 'inside/outside wall'을 나타내는 것이다. 단지 각각의 벽을 가리킴으로써 교사는 학생들에게 'the front wall of the living room', 'the outside wall of the dining room' 등과 같은 구를 만들어 내는 연습을 많이 하게 할 수 있다. 다음 교사는 막대를 들고 'table'이라고 말한다. 그는 그들이 어디에 그것을 놓아야 하는지 그에게 말해야 한다는 것을 지시하기 위해 어깨를 으쓱해 본다. 한 학생이 'dining room'이라고 말하지만, 교사는 좀 더 구체적인 지시를 필요로 한다고 말한다. 학생이 'Put the table in the middle of the dining room'이라고 말한다. 교사는 이것을 행한다. 그는 더 조그마한 막대를 집어 든다. 다른 학생이 'chair'라고 말한다. 교사는 어디에 의자를 두어야 하는지 말해야 한다고 지시한다. 교사는 학생이 'Put the chair in the dining room at the head of the table'이라고 말할 때까지 새로운 단어를 소개하기 위해 차트를 사용한다. 이 수업은 교사 매우 조금 말하고, 학생들이 'Put the table at one end of the sofa near the outside wall of the living room'과 같은 복잡한 문장을 많이 연습하는 방식으로 진행된다.

수업 내용과 교수법의 원리

침묵교수법의 과정에서 보여 준 수업활동 행위 및 각각의 교수법 원리를 알아보도록 하자.

수업 내용	교수법의 원리
1. 교사가 아무 말 없이 다섯 개의 영어 모음이 적혀진 블록을 가리킨다.	교사는 학생들이 이미 알고 있는 어떤 것을 가지고 시작해야 하고, 그것으로부터 알지 못하는 것을 배워 나가야 한다. 언어는 가장 기본적인 여러 음과 특징들을 공유한다.
2. 교사가 색깔 블록 다섯 개를 다시 가리킨다. 학생이 아무 대답이 없으면 교사는 첫 번째 블록을 짚고 /a/라고 발음해 준다. 몇몇의 학생들은 나머지 네 개의 블록을 교사가 짚는 대로 /e/, /i/, /o/, /u/라고 발음해 본다.	언어를 배우는 사람들은 이미 배움에 대한 경험이 있기 때문에 교사는 꼭 필요한 도움만을 제공한다.
3. 교사는 새로운 소리를 먼저 읽어 주지 않고 대신 어떻게 모국어의 발음을 고치는지 제스처를 통해 설명한다.	언어는 모델을 따라 반복해서 읽음으로 학습되어지는 것이 아니다. 학생들은 그들 자신만의 내적인 정답에 대한 기준을 개발해야 한다. — 목표언어에서 그들 자신이 만들어 낸 것에 책임감을 가지고 신뢰하기 위해서이다.
4. 학생들이 차례대로 나와서 소리 차트를 두드린다.	학생들의 반응으로 그들이 알았는지의 여부를 알 수 있다.
5. 한 학생이 다른 학생을 도와준다.	학생들은 서로 의지하여 배워야 한다.
6. 교사는 일반적으로 몸동작으로 설명을 하고 때때로 가능한 정확하게 목표언어를 발음할 수 있게 하기 위해서 목표언어를 사용하여 지시하기도 한다.	교사는 학생들이 공부하는 동안 함께해야 한다.
7. 학생들은 자신의 친구의 이름을 가리켜 가면서 새로운 소리를 학습하게 된다.	교사는 학생들이 이미 알고 있는 것을 사용하여야 한다. 교사가 학생들에게 스스로 할 수 있는 것을 더 많이 줄수록 그들은 스스로 덜하게 될 것이다.

8. 교사는 막대를 가리키고 음색 차트의 세 블록을 가리킨다. 학생들은 대답한다.	학습은 새로운 내용으로 바꾸는 것을 포함한다.
9. 교사는 단어 차트에서 'a'와 'rod'라는 단어를 가리킨다.	읽기는 처음부터 시작하고 단 학생들이 말하는 것을 배운 것부터 따라한다.
10. 교사는 테이블에 앉아 침묵한다. 얼마 후 한 여학생이 나와 막대를 가리키고 'A rod'라고 말한다.	침묵은 하나의 도구이다. 이것은 자율성을 조장하고 창의적 사고를 연습하게 도움을 준다. 또한 주의의 중심으로부터 교사를 벗어나게 하고 그럼으로써 그는 듣고 학생들과 함께할 수 있다. 교사는 오직 필요할 때만 말한다.
11. 교사는 특이한 막대를 가리키고 음색 차트에서 'a blue rod'를 두드린다.	의미는 번역을 통해서가 아니라 학생들의 지각작용을 통해서 명백히 이해된다.
12. 한 학생은 'a pink rod'를 말하려고 하나 하지 못하고 교사를 바라보지만 교사는 침묵을 지키고 다른 학생들을 쳐다본다.	학생들은 서로에게서 배울 수 있고 교사의 침묵은 그룹 협동을 조장할 수 있다.
13. 첫 번째 학생이 다시 'a pink rod'라고 말하려고 시도해 본다. 이때 교사는 그 학생의 옳은 발음을 받아들이게 된다.	만약에 교사가 학생을 칭찬하면(혹은 꾸짖으면), 그들은 다소 덜 자기 의존적이게 될 것이다. 교사의 행동이 학생들이 자신만의 기준을 세우는 데 방해가 될 수 있다.
14. 다른 학생이 'a pink rod'라는 구의 어떤 부분을 발음하지 못한다면 몸 동작을 사용하여 잘못된 부분을 지적한다.	실수는 중요하고 학습하는 데 필요하다. 그것은 무엇이 틀린 것인지 교사가 알게 해 준다.
15. 학생의 잘못을 지적한 후에, 교사는 학생 스스로 잘못을 고치려는 노력들이 모두 실패로 돌아갈 때까지 정답을 말해 주지 않는다.	스스로 고치려는 노력 없이 쉽게 정답을 알게 된다면 그들은 쉽게 잊어버릴 것이다.
16. 교사의 입으로 정확한 음을 표현하지만 발음하지는 않는다.	학생들은 자신에게 들리는 것을 배우려고 해야 한다.
17. 학생의 발음은 점점 향상되지만 다른 학생이 할 수 있는 만큼의 목표언어의 발음과 정확하지는 않다. 교사는 수업을 더 진행시키기 전에 그 학생과 좀더 공부한다.	처음에 교사는 완벽함이 아니라 진보를 위해서 노력해야 한다. 학생들의 배우는 속도는 다 다르다.

18. 교사는 세심하게 듣는다.	교사의 침묵은 학생들의 행동을 잘 관찰할 수 있게 해 준다.
19. 교사는 'Take the green rod'라고 오직 한 번만 말한다.	학생들은 교사가 말하는 것을 놓치지 않기 위해서 주의력을 교사에게 주어야 한다는 것을 배우게 된다. 학생들의 주의력이 학습의 핵심이다.
20. 학생들은 교대로 어떤 색깔의 지팡이를 취하라는 명령을 수행한다.	학생들은 반복 없이 많은 의미 있는 연습에 참여해야 한다.
21. 학생들은 합성목적어를 가지고 명령을 따라해 본다.	언어의 구성 요소들은 논리적으로 도입하고 학생들이 이미 알고 있는 것에서 확장시켜 나가야 한다.
22. 학생들은 교대로 단어 차트에 있는 그들이 선택한 문장을 두드려 본다.	학생들은 경험하고 선택함으로써 언어에서 자율성을 획득한다.
23. 어떤 학생들은 단순한 지시를 두드려 보기도 하고 다른 학생은 복잡한 것을 두드리기도 한다.	언어는 자기표현이다.
24. 교사는 학생들에게 이 수업에 대한 반응을 물어본다.	교사는 학생들의 반응에서 중요한 정보를 얻을 수 있다. 예를 들면 교사는 다음에 어떻게 공부해야 할지를 알게 된다. 학생들은 그들 자신의 학습을 위해 어떻게 책임감을 받아들이는지 배우게 된다.
25. 학생에게 부여된 숙제는 없다.	어떤 학습은 자연스럽게 우리가 자는 동안 일어나기도 한다. 학생들은 자연스럽게 다음 수업에 임할 수 있다.
26. 다음 수업에서 학생들은 다른 언어 구조를 사용하는 것을 배우게 될 것이다.	강의 계획서는 언어 구조로 이루어진다.
27. 학생들은 이 구조의 다른 조합을 통해 문장을 만드는 연습을 하게 될 것이다.	강의 계획은 한 방향으로 이루어져 있지 않고 다소 순환적이다.
28. 학생들은 그들이 만들어 낸 문장을 써 보는 연습을 하게 될 것이다.	말하기, 읽기, 쓰기의 기술은 각각 강화시킬 수 있다.

교수법의 의의

침묵교수법은 매우 많은 원리들을 가지고 있다. 몇 가지 기준으로 그 의의를 알아본다.

1. 침묵교수법을 이용하는 교사들의 목표는 무엇인가?

학생들은 자신들의 생각 · 인식 · 감정을 표현하기 위해그 언어를 이용할 수 있어야만 한다. 이렇게 하기 위해서는 학생들은 교사로부터 독립심을 발달시키고 옳고 그른 것에 대한 그들이 가진 내면의 기준을 신장시킬 필요가 있다. 학생들은 그들 자신들에게 의지함으로써 독립적으로 된다. 그러므로 교사는 학생들이 절대적으로 그들의 배움을 촉진시킬 필요가 있는 것만을 그들에게 전해야 한다.

2. 교사와 학생들의 역할은 무엇인가?

교사는 기술자이거나 공학자이다. "오직 학습자만이 학습을 할 수 있다." 그러나 학생들이 이미 알고 있는 것에 의지하는 교사는 필요한 것에 도움을 줄 수 있으며, 학생들의 인식에 초점을 두며, '그들의 자각을 끌어내며' 그 언어로 그들의 유창성을 확실히 하기 위해 훈련을 제공한다.

교사는 새로운 도전을 가지고 관련시키고 상호 작용하려는 학습자들의 시도에 있어 학습자들의 자율성을 존중해야 한다.

학생들의 역할은 그들이 알고 있는 것을 이용해서 그들의 최대한도의 관심을 학습과제에 두는 데에 방해하는 모든 장애물에 대하여 그들 자신을 구속되지 않게 하는 것이며, 그 언어에 대한 연구에 적극적으로 착수하는 것이다. 어느 누구도 우리를 대신해서 학습할 수는 없다는 태도와 학습하는 것은 우리의 개인적인 책임이라는 자세가 중요하다.

3. 교수와 학습 과정의 특징들은 무엇인가?

학생들은 그들의 영어 공부를 그 언어의 기본 골격인 그것의 음을 통하여 시작한다. 이 기본적인 골격들은 영어 특유의 음/색 도표를 통하여 소개되어진다. 학생들이 그들 모국어에 대한 지식으로부터 이미 어떤 음들을 알고 있느냐에 따라서 교사들은 학생들이 목표언어의 음들과 특정한 색채를 연결시키도록 지도한다.

그 후에 색채가 부호로 씌어진 도표를 통해 그 소리들에 해당하는 철자들을 배우고, 색이 부호로 씌어진 단어 도표를 통해 단어들을 적절히 읽고 발음하는 방법을 배우는 것에 도움을 주기 위해 이와 같은 색채들이 사용되어진다.

교사는 학생의 관심을 언어의 구조들에 집중시키게 하는 상황들을 설정한다. 이 상황들은 학생들에게 의미를 파악하기 위한 수단을 제공한다. 이러한 상황들은 어떤 때에는 막대의 사용을 요구하고 어떤 때에는 요구하지 않기도 하나, 이 상황들은 일반적으로 한 번에 하나의 구조만을 포함한다. 최초의 구두의 신호들이 주어지면 학생들은 이 구조를 만들어 내도록 지도받는다. 교사는 학생들과 함께 공부하면서 목표언어의 모국어 화자에게 이해되어질 수 있는 발음을 배우려고 노력한다.

교사는 학생들의 실수를 그 언어가 학생들에게 불분명한 부분의 증거로, 그러므로 공부할 부분에 대한 증거로서 이용한다.

학생들은 그것 자체의 반복 없이 주어진 목표언어의 구조에 대한 매우 많은 연습을 받는다. 그들은 주어진 목표언어 구조를 탐구하고 선택함으로써 그 언어의 자율성을 얻는다. 교사는 학생들에게 그 수업이나 그들이 배웠던 것에 대한 그들의 반응을 서술해 보라고 말한다. 이것은 교사에게 귀중한 정보를 제공하며 학생들이 그들이 가진 학습에 대한 책임을 받아들이는 것을 조장한다. 학생들이 수면을 취하는 동안 좀 더 많은 학습이 일어난다.

4. 학생-교사와 학생-학생의 상호작용의 본질은 무엇인가?

학생-교사의 상호작용의 대부분에 교사는 침묵한다. 그러나 교사는 아직도 매우 적극적인 역할을 수행한다. 또한 인식을 일깨우는 것을 이끄는 상황들을 설정하며 학생들의 말을 주의 깊게 들으며, 말을 하지 않는 몸짓들과 교사가 이용할 수 있는 도구들을 통해서 학생들의 발음에 대해 조용히 연구한다. 교사가 말을 할 때에도 그것은 언어에 대한 본보기를 보이기 위한 것이 아니라 신호를 주기 위한 것이다.

학생-학생 간의 구두를 통한 상호작용은 바람직한 것이다. 왜냐하면 학생들은 서로에게서 배울 수 있기 때문이다. 교사의 침묵은 이것을 실행하기 위한 한 가지 방법이다.

5. 학생들의 감정은 어떻게 다루어지는가?

교사는 끊임없이 학생들은 관찰한다. 그들이 감정을 방해받을 때, 교사는 학생들이 이 감정들을 극복할 좋은 방법들을 갖기 위해 노력한다. 또한 수업의 끝 부분에 이루어지는 피드백 수업을 통해서 학생들은 그들이 어떻게 느꼈는지를 표현할 기회를 갖는다. 교사는 학생들이 말한 것을 고려하며, 그렇지 않으면 그들의 학습에 방해를 했었을지도 모르는 부정적인 감정들을 학생들이 극복하는 것을 돕기 위해 학생들과 함께 공부한다.

마지막으로, 학생들은 각각의 수업동안 서로 협력하도록 격려받기 때문에 편안하고 즐거운 학습 환경이 만들어져야 할 것이다.

6. 언어와 문화는 어떤 관점에서 보여지는가?

언어와 문화는 불가분의 관계에 있기 때문에, 수업 동안에 일어나는 상호

작용은 이러한 문화의 습득을 염두에 두고 이루어진다.

7. 언어의 어떤 영역들이 강조되는가? 어떤 언어의 기능들이 강조되는가?

언어의 소리는 어느 언어에서나 기본이 되기 때문에 처음부터 발음을 연습한다. 학생들이 언어의 멜로디를 습득하는 것은 중요하다. 또한 비록 명백한 문법 규칙들이 제공되지 않는다 하더라도 언어의 구조들에 초점을 둔다. 어휘는 처음에는 다소 제한된다.

일방적으로 고정되어 있는 강의요목은 없다. 그 대신에 교사는 학생들이 알고 있는 것에서 언어 구조에 대한 지식이 확장됨에 따라서, 이전에 소개된 구조들이 계속해서 재순환되고 있다. 강의 요목은 학습 요구에 따라서 개발된다. 비록 학생들이 이미 발음했던 것을 읽고 쓰는 방법을 배운다는 점에 있어서 언어의 4가지 기능들(읽기 · 쓰기 · 말하기 · 듣기) 간의 순서가 있긴 하지만, 이 교과 과정이 시작될 때부터는 4가지 기능 모두를 공부한다. 이 기능들은 학생들이 학습하는 것을 강화시켜 준다.

8. 학생들의 모국어의 역할은 무엇인가?

번역에 의한 것이 아닌 인지력에 초점을 맞춤으로써 의미는 명확해진다. 그러나 필요할 때에 가르침을 주기 위해, 예를 들어 한 학생의 발음을 향상시키기 위하여 그 학생의 모국어가 사용되어질 수 있다. 모국어는 또한 피드백 수업시간에도 사용된다. 보다 더 중요한 것은, 학생들이 이미 그들의 모국어에 대하여 갖고 있는 지식은 목표언어의 교사에 의해서 활용되어질 수 있다는 것이다.

예를 들면, 학생들의 모국어에 있어서 많은 언어의 음들이 목표언어의 언어의 음들과 동일하지는 않더라도 유사하다는 것을 교사는 알고 있다. 그래서 교사는 목표언어에 있는 새로운 언어의 음들을 소개하기 위해 이와 같은 존재하는 지식을 발판으로 삼을 수 있다고 가정한다.

9. 평가는 어떻게 이루어지는가?

비록 교사가 학생들에게 절대로 형식적인 시험을 치르게 하지는 않더라도 그는 항상 학습을 평가한다. '교수는 학습에 종속되어 진다'라는 것 때문에 교사는 즉각적인 학습 요구에 반응적이어야 한다.

교사의 침묵은 그로 하여금 그의 학생들에게 관심을 쏟게 하고 이 같은 학습 요구를 인식할 수 있게 해 준다. 이 요구는 학생들의 행동을 관찰하는 교사에게는 명백해질 것이다. 학생들이 학습을 이루었는지 아닌지에 대한 한 가지 평가기준은 배운 것을 새로운 상황으로 전이시킬 수 있는 그들의 능력이다. 교사는 학생의 행동을 칭찬하거나 비난하지 않는데 왜냐하면 이렇게 할 경우 학생들이 그들 자신들의 내적인 평가기준을 개발하는 데 방해가 될 것이기 때문이다. 또한 교사는 학생들이 서로 다른 속도로 학습해 나가기를 바라며 완전보다는 점진적인 진보를 탐색한다.

10. 교사는 학생의 오류에 어떻게 대응하는가?

학생들의 실수는 학습과정의 자연스럽고 필수적인 부분이라 할 수 있다. 학생들은 언어를 탐구하도록 격려받기 때문에 실수를 피할 수는 없다. 교사는 학생들에게 더 많은 공부가 필요한 부분을 결정하기 위한 데이터를 얻기 위해 학생들의 실수를 수집한다. 교사는 학생들이 스스로 자기 교정을 할 수 있도록 조력자로서 함께 노력한다. 교사가 단지 정확한 언어를 제시하는 것만으로 학생들이 많은 것을 배우리라고 생각되어지지는 않는다. 학생들은 그들 자신들의 말을 듣고 자신들이 개발한 내적인 기준으로 자신들이 가진 표현을 비교하는 방법을 배울 필요가 있다. 만일 학생들이 자기 교정을 할 수 없고 동료들이 도움을 주지 못할 경우에는 교사는 정확한 언어를 제시할 수 있으나 그것은 오직 마지막 수단으로 사용되어진다.

교수법에 사용된 기술

음색 도표(Sound Color Chart)

이 도표는 채색된 직사각형 모양의 블록들을 담고 있는데, 각각의 블록들은 영어 음을 나타낸다. 교사는 학생들이 음절 · 단어 그리고 문장들까지도 만들 수 있도록 채색된 블록을 가리킨다. 때로 교사는 단어 하나를 구성해 낼 때 특정의 채색된 블록을 가볍게 두드릴 것이다. 이러한 방법으로 교사는 단어의 강세 유형을 가르쳐 줄 수 있다. 이 도표는 학생들로 하여금 반복을 통하지 않고 영어의 음 결합을 만들 수 있게끔 한다. 이 도표는 학생들의 주의를 끌게 하며 그들로 하여금 교사가 아닌 언어에 집중하도록 한다. 어떤 음 대조는 학생들에게 새로운 것이어서, 그들이 두 음들 중 어느 것을 발음하고 있는지 파악하지 못할 때 음색 도표는 학생들이 어느 음을 발음하는지에 대한 피드백을 제공하는 데 사용되어질 수 있다.

마지막으로, 음색 도표가 목표언어의 모든 언어의 음들을 한 번에 나타내기 때문에 학생들은 그들이 배운 것이 무엇이고 무엇을 배울 필요가 있는지 알고 있다. 이것은 학습자의 자율성의 문제와 관련이 있다.

교사의 침묵

교사는 필요한 만큼의 도움만을 제공한 다음 침묵한다. 혹은 교사가 한 가지 명백한 상황을 설정하고 하나의 언어 구조를 차례로 연습하게 한 다음 침묵한다. 심지어 오류 교정에 있어서도 교사는 오직 구두 대답을 마지막 수단으로서 제공할 것이다.

동료들의 교정

학생들은 다른 학생이 어려움을 겪고 있을 때, 그 학생을 돕도록 격려받는다. 어떤 도움도 경쟁적인 방법이 아닌 협조적인 방법으로 제공되어져야 한다는 것이 중요하다. 교사는 방해가 아니라, 그 도움이 유용하게 되도록 하기 위해 그 도움을 감시한다.

막대

어떤 언어구조에 대한 분명한 행동이나 상황을 제공하거나, 언어구조를 소개하거나 또는 학생들로 하여금 언어 구조를 사용하는 것을 연습할 수 있게 하기 위해 막대가 사용되어질 수 있다. 막대는 의미를 유발 한다: 막대를 가지고 의미가 분명해질 수 있도록 상황을 만들 수 있으며 그렇게 될 경우 언어는 의미와 연결된다. 시작 단계에서 막대들은 색채들과 숫자를 가르치는 데 사용되어질 수 있다. 이후에 막대들은 좀 더 복잡한 구조들 예를 들면 전치사가 있는 서술문과 조건문을 위하여 사용되어질 수 있다.

이 막대들은 또한 추상적으로도 사용되어질 수 있는데, 예를 들면 목표언어로 시간을 말하는 방법을 배울 때 학생들에게 시계를 만들게 하거나, 가계도를 만들거나, 학생들의 집 바닥을 까는 계획을 세워 이후에 그들의 학급 동료들에게 그것을 설명한다. 때때로 교사들은 막대들을 책상 위에 일렬로 올려놓고, 문장 안의 각각의 단어들을 나타내기 위해 다른 막대기를 사용한다. 각각의 막대를 차례로 가리킴으로써, 교사가 침묵하는 동안, 교사는 학생들로부터 그 문장을 이끌어 낼 수 있다. 교사는 또한 문장의 형태를 학생들에게 구체적으로, 예를 들면, 의문문을 만들기 위해 주어와 조동사의 위치를 바꾸는 것을 필요로 하는 것과 같이 만들 수 있다. 그러므로 막대는 매우 쓰임이 다양하다. 막대는 좀 더 추상적으로 다른 실체들을 나타내는 데에 사용되어질 수 있다. 막대는 학생들에게 창의적이고 상상력 있게 해주며 행동이 언어에 수반하여 일어나도록 해 준다.

자기 교정 동작

우리는 이미 직접교수법의 장에서 몇 가지 자기 교정 기술에 관해서 살펴보았다. 이 목록에 침묵교수법의 몇몇 특정한 몸짓들이 추가되어질 수 있다. 예를 들면 우리가 참여한 수업에서 교사는 학생들이 연습하고 있는 특정 모음을 길게 발음해야 할 필요성을 학생들에게 신호로 나타내기 위하여 그의 손바닥을 함께 모았다가 바깥쪽으로 편다. 또 다른 예로, 교사는 그의 손가락이 각각 문장의 한 단어를 나타내며 이것이 학생들에게 발음하기 어려운 지점을 찾아내 주기 위해 쓰인다는 점을 지적했다.

단어 차트

교사는 그리고 이후에 학생들이 그들이 말한 문장들을 큰소리로 읽을 수 있게 하기 위해 도표 위에 있는 단어들을 차례대로 가리킨다. 철자들의 색이 입혀진 방식들은 (음색 도표에서 사용된 색들) 학생들의 발음에 도움을 준다. 이 도표들은 영어의 기능적인 어휘들을 포함한다. 비록 우리가 이 수업에서 그것을 관찰하지는 못했다 하더라고 학생들은 또한 그들의 어휘와 그 언어에 대한 유창함을 좀 더 확대시키기 위하여 침묵교수법의 그림들과 책들을 가지고 공부한다.

피델 차트(Fidel chart)

교사는 그리고 이후에 학생들은 학생들이 그 언어의 음과 철자를 연관시키도록 하기 위해 색채로 부호화한 피델 차트를 가리킨다. 예를 들면, /ey/ 음의 색깔 블록과 함께 목록에 실리고 동일하게 색칠된 것들로는 “ay” “ea” “ei” “eigh” 등이며 이들은 영어의 /ey/ 음이 철자로 나타내어지는 모든 방법이라는 것을 보여 준다. (e.g. "say" "steak" "weil" "weigh")

영어에서 언어의 음이 철자로 나타날 수 있는 방식은 무수히 많기 때문에 모두 8개의 Fidel 도표가 있다. 마찬가지로 다른 언어로 이용되어질 수 있는 많은 수의 도표가 있다.

구조화된 피드백

학생들은 그 날의 수업과 그들이 배웠던 것이 무엇인가에 대해 관찰하도록 이끌려진다. 교사는 학생들의 논평을 비방어적인 태도로 받아들이며 학급 학생들이 다시 만날 때 그가 해야 할 일의 방향을 제시하는 데 도움이 되는 것들을 듣는다. 학생들이 수업에서 학습 전략들을 어떻게 사용하는가를 인식하고 이를 조절함으로써 학생들이 가진 학습에 대한 책임을 지는 것을 배운다. 피드백 수업시간의 길이와 빈도는 교사와 수업에 따라서 달려 있다.

결론

침묵교수법은 정의적(Affective) 영역보다는 인지적(Cognitive) 영역에 기초한 교수법이다. 그 이론적 특징은 다음과 같다.

1) 학습은 배운 것을 암기하고 반복하는 것이 아니라 발견하고 창조하는 것이다.
2) 학습은 물리적 대상을 수반하며 이루어진다.
3) 학습은 배워야 할 물질과 관련하여 문제 해결 능력을 키워 가는 과정이다.

5. 암시교수법(Desuggestopedia)

암시교수법은 Celce–Murcia가 정서적 · 인본주의적 접근이라 부르는 한 교수법으로 학생들의 감정을 존중하는 접근이다. 침묵교수법(Silent Way)의 C. Gattegno와 마찬가지로 언어 학습은 보통 일어나는 것보다 더 빠른 속도로 발생할 수 있다. G. Lozanov는 언어학습의 비효율성에 대한 이유는 학습에 대한 심리적 장애물들을 세워 놓기 때문이라고 주장한다. 우리가 수행할 수 없을 것이라는 사실과 우리가 실패할 것이라는 두려움 등이 언어 학습에 장애 요인이다. Lozanov에 따르면, 우리는 정신능력의 5−10퍼센트만 사용하는 것 같다고 한다. 우리의 보존된 능력을 더 잘 사용하기 위하여 우리가 가지고 있다고 생각하는 능력의 한계가 '제거될' 필요가 있다. 암시의 연구를 교육학에 적용하는 암시교수법은 학생들이 성공하지 못할 것이라는 감정이나 학습에 대해 가질 수 있는 부정적 연상을 제거하는 데 도움을 주기 위해 개발되고, 그리하여 그들이 학습하는 데 장애물을 극복하도록 도와주기 위해 개발되었다.

지금부터 어떻게 암시교수법의 원리들이 언어 교수에 적용되는지 살펴보자. 우리는 이 교수법으로 영어를 배우는 초급자 단계 과정의 학생들이 있는 한 대학 학급의 예를 들어본다. 그 학급은 1주일에 3번, 오전에 2시간 동안 수업을 한다.

수업 내용 및 절차

암시교수법은 지금까지의 교수법과는 달리 밝고 색깔이 화려하다. 벽에는 여러 개의 포스터가 걸려 있다. 소수는 문법 정보를 포함한다. 한 포스터에는 동사의 어형 변화 'to be'와 '주격 대명사'가 들어 있다. 몇몇 리듬이 있는 악기들이 올려진 테이블도 있다. 그것들 옆에 몇 개의 모자와 마스크, 그리고 다른 보조물들이 있다. 교사는 학생들과 모국어로 인사하고, 학생들에게 언어학습에서 새롭고 흥미 있는 경험을 시작하게 될 것이라고 설명한다. 교사는 "여러분은 배우려고 노력할 필요가 없을 것입니다. 그것은 단지 자연스럽게 이루어질 것입니다"라고 자신 있게 말한다.

"먼저 여러분들은 모두 새로운 영어 이름들을 갖게 될 것입니다. 그것은 재미있을 것입니다"라고 교사는 말한다. 게다가 그들은 이 새로운 경험과 어울리는 새로운 경험을 필요로 할 것이라고 교사가 말한다. 교사는 학생들에게 색깔 있는 로마 알파벳으로 씌어진 다른 영어 이름들이 있는 포스터를 보여 준다. 그 학생들은 이전의 불어 학습으로 인하여 로마 알파벳에 친숙해 있다. 한쪽에는 남자 이름들이 있고 다른 한쪽 난에는 여자 이름들이 있다. 교사는 그들에게 각자 하나의 이름을 택하라고 말한다. 교사는 각각의 이름을 발음하고 학생들에게 그 발음을 반복하도록 한다. 학생들 한 명씩 그들이 어떤 이름을 택했는지 말하고 교사는 그들의 선택에 만족을 표현한다.

다음으로, 교사는 그 과정의 시간 동안 그들은 새로운 신분의 삶에 관한 상상에 의한 전기를 만들 것이라고 말한다. 그러나 지금으로서는 그들은 새 이름에 맞는 하나의 직업을 선택해야 한다고 교사는 말한다. 학생들의 이해를 돕기 위해 무언극(pantomime)을 사용하여, 교사는 조종사 · 가수 · 목수 · 예술가 같은 다양한 직업들을 연기해 보인다. 학생들은 그들이 되기 원하는 것을 선택한다. 교사는 각각의 학생들과 그들의 이름을 이용하여 인사하고, 그들의 새 직업에 대해 영어로 몇 가지 질문들을 한다. 교사의 동작으로 학생들은 교사의 질문의 의미를 이해하고 yes/no로 대답한다. 여기에는 많은 양의 새 언어의 재생 이용이 존재한다. 그 후 교사는 그들에게 두 사람이 서로 인사하고 서로의 직업이 무엇인지를 묻는 짧은 영어 대화를 가르친다. 집단과 대화를 연습한 후, 그들은 교사에게 그들 스스로 소개한다. 그리고 그들은 이름 노래를 부르면서 교사가 가져온 다양하고 리듬이 있는 악기들을 연주한다.

다음으로, 교사는 그들이 새 모험을 시작하게 될 것이라고 알린다. 교사는 20페이지 분량의 유인물을 배부한다. 그 유인물은 "To want to is to be able to"(되고자 하는 것은 해낼 수 있는 것이다)라는 제목의 긴 대화 글을 포함하는데, 그것을 교사는 모국어로 번역한다. 교사는 학생들이 페이지를 넘기도록 한다. 오른쪽 페이지에는 두 개의 세로 난이 있다. 왼쪽 세로 난에는 영어 대화가 있고 오른쪽 세로 난에는 모국어 번역이 있다. 왼쪽 페이지에는 맞은편 페이지에 있는 대화에서 접할 영어 어휘와 문법적 구조들에 대한 해설이 모국어로 되어 있다. 이런 요소들은 대화에서 굵은 활자체로 되었다. 완전히 20페이지는 고전적 그림들의 재생인 것이다.

일부는 모국어로, 일부는 영어로, 그리고 일부는 무언극을 통해, 교사는 대화에서 이야기의 윤곽을 나타낸다. 또한 교사는 왼쪽 페이지에 나와 있는 어휘나 문법에 관한 해설들에 대한 학생들의 관심을 요구한다. 그리고 교사는 그들에게 대화를 영어로 읽을 것이며 교사가 읽을 때 그들이 따라 해야 한다는 사실을 모국어로 말한다. 교사는 그들에게 영어와 모국어 대본 둘 다 볼 충분한 시간을 줄 것이니 즐기기만 하라고 교사는 결론짓는다.

교사는 어떤 음악을 들려준다. 그것은 모짜르트의 바이올린 협주곡이다. 2-3분 정도 지난 후, 조용한 음성으로 교사는 텍스트를 읽기 시작한다. 교사의 어조를 다양화하고 음악과 함께 리듬을 지키기 때문에 교사의 낭독은 그 음악에 의해 형성되는 것처럼 나타난다. 학생들은 그들의 모국어로 대화의 번역을 잠자코 읽을 충분한 시간을 허용하는 교사의 음성과 함께 따라 한다. 그들은 그 수업시간 동안 흥미를 집중시키고 주목하도록 격려받는다. 교사는 때때로 학생들이 음악 듣는 것을 허용하기 위해 정지하고, 시간에서 2-3분 동안 그들은 음성을 음악에 결합한 교사에 뒤따라 전체 그룹은 일어서고 반복한다.

이 음악적 수업을 따라한 후 수업은 멈춘다. 학생들이 돌아왔을 때, 그들은 교사가 교실 앞에 자연 안에 있는 고요한 전경의 그림을 걸어 놓은 것을 본다. 그 후 교사는 다시 그 대화를 읽을 것이라 설명한다. 이 시간 교사는 학생들이 대본을 내려놓고 듣기만 할 것을 제안한다. 교사가 이 대화를 두 번째 읽을 때에, 정상 속도로 말하는 것처럼 보인다. 교사는 음악을 헨델의 'Water Music'으로 바꾸었다. 교사는 이번에 자신의 음성을 음악에 맞추려고 시도하지 않는다. 두 번째 낭독이 끝나면서 수업이 끝난다. 과제는 부여되지 않는다. 그러나 교사는 만일 학생들이 무언가 하기를 원한다면, 자기 전에 한 번 그리고 아침에 일어나서 한 번 그 대화를 읽을 수 있다고 제안한다.

우리는 교사가 제시한 새 자료를 가지고 어떻게 수행할 것인가를 보기 위해 다음 수업에 참석하기로 결정한다. 교사는 학생들과 인사한 후 그들의 새로운 신분으로 그들 스스로를 다시 한 번 소개하도록 하고 학생들에게 대화 대본을 꺼내도록 요구한다.

다음에는 교사가 가방에서 모자 하나를 꺼낸다. 교사는 그것을 머리에 쓰고 자신을 가리키면서 대화에서의 한 인물의 이름을 말한다. 교사는 자신 외에 누군가 그 모자 쓰는 것을 원한다고 지시한다. 한 여학생이 그렇게 하겠다고 지원한다. 교사의 가방에서 3개의 모자가 더 꺼내지고, 그것들은 우스꽝스럽게 나누어진다. 교사는 모자를 쓴 4명의 학생들을 향해서 그들이 쓰고 있는 모자의 소유자가 어떤 인물인지 상상하면서, 그들에게 대화의 일부분을 읽으라고 요구한다. 그들이 대화의 일부분 낭독을 마친 후, 4명의 다른 학생들이 그 모자들을 받아쓰고 대본 읽기를 계속한다. 이 집단은 슬픈 방식으로 읽는 것이 요구된다. 다음 집단의 4명은 수동적으로 읽고, 마지막 4명의 집단은 활기찬 방식으로 읽는다.

그리고 교사는 4명의 새 지원자들을 요구한다. 교사는 그들에게 브로드웨이 연극에서 한 배역에 대한 오디션을 받고 있다는 것을 말한다. 그들은 그 배역을 얻는 것을 매우 많이 원한다. 연극의 제작자에게 인상을 남기기 위하여, 그들은 대본을 매우 극적으로 읽어야 한다. 첫 번째 집단은 대화의 여러 페이지를 이 방식으로 읽고 다음 집단들도 마찬가지로 그렇게 한다.

다음으로 교사는 대화에 대해 영어로 질문들을 한다. 교사는 역시 학생들에게 모국어로 된 문장의 영어 번역 그리고 그 반대의 경우를 요구한다. 가끔 교사는 학생들에게 영어 한 문장을 자기를 따라 반복하라고 요구한다. 또 다른 때에, 교사는 학생 개개인에게 그 대화로부터의 한 가지 질문을 한다. 교실 환경은 매우 활발하고 명랑하다.

그 후, 교사는 학생들에게 영어 이름들과 직업들을 포함하는 어린이들의 알파벳 노래를 가르친다. 학생들은 함께 노래하면서 웃고 손뼉을 친다.

노래가 끝난 후, 학생들을 일어서게 하고 원을 만들도록 한다. 교사는 중간 크기의 소프트볼을 꺼낸다. 교사는 그 공을 한 학생에게 던지고, 그것을 던지는 동안 영어로 그의 이름이 무엇인지 묻는다. 그는 "내 이름은 Richard입니다"라고 말하면서 그 공을 잡는다. 교사는 그가 또 다른 학생에게 질문을 하면서 공을 던져야 한다고 지시한다. Richard는 "What you do?"라고 묻는다. 교사는 아주 부드러운 음성으로 "What do you do?"라고 말하면서 바로잡는다. 학생은 "나는 지휘자입니다"라고 대답한다. 게임은 학생들이 공을 던지면서 서로에게 질문을 하는 식으로 계속된다. 이제 두 번째 수업이 끝난다. 학생이 원한다면 그 대화를 읽어 보는 것 외에 과제는 없다.

그 주의 세 번째 수업 시간 동안, 학생들은 이 대화를 가지고 수행을 계속할 것이다. 그러나 그들은 그것을 읽는 것에서 벗어나 새로운 언어를 창조적인 방법으로 사용하는 쪽으로 이동할 것이다. 그들은 몇 가지의 경기를 하고, 역할극과 촌극(Skits)을 한다. 다음 주에, 이 학급은 새로운 대화를 소개받을 것이고 우리가 여기에서 관찰했던 강의의 기본적인 순서가 반복된 것이다.

옆 교실에서는 중간 학급이 학습 중이다. 학생들은 직사각형의 테이블 주위에 앉아 있다. 또, 교실 주위에는 포스터들이 있는데, 이번에는 더욱 복잡한 문법이 들어 있다. 우리가 들을 때, 교사는 한 독자로부터의 어떤 이야기를 소개한다. 교사는 새 언어를 위한 동의어나 설명을 준다. 교사는 이야기의 일부를 읽고, 학생들은 합창을 한 뒤 다른 부분을 각자 읽는다. 새로운 단어들, 단어들의 어족들, 그리고 표현들의 참조를 위해 이야기의 끝에 실린다. 중간 학급의 학생들은 그들의 번역과 함께, 수업을 위한 그들 자신의 새로운 단어들과 그들을 추가하도록 촉구된다. 학생들은 더 복잡한 시제와 언어 구조를 사용한다.

교사는 첫 번째 이야기를 제시하고 초급자의 대화가 읽혀지는 것만큼 똑같은 방식으로 베토벤 피아노 협주곡과 관련된 단어들과 구조들을 기록한다. 그 후의 날들에는 읽기 · 노래하기 · 토론 · 이야기 말하기 · 문법과 발음의 게임들 · 쓰기 · 창작적이고 명랑한 양식으로 만들어진 모든 것들을 포함한다.

수업 내용과 교수법의 원리

다음은 암시교수법에 나타난 수업 내용과 그것이 의미하는 교수법의 원리에 대해 살펴본다.

수업 내용	교수법의 원리
1. 교실은 밝고 색깔이 화려하다.	학습은 기분 좋은 환경에서 촉진된다.
2. 교실 사방에 걸려 있는 포스터들 중에는 문법적 정보를 포함하는 여러 개가 있다.	학생들은 교실에서 배우지 않았더라도, 환경에 나타난 것으로부터 배울 수 있다.

3. 교사는 자신 있게 말한다.	학생들이 교사의 권위를 신뢰하고 존경한다면 정보를 더 잘 받아들이고 유지시킬 수 있다.
4. 교사는 학생들에게 목표언어를 학습하는 것이 쉽고 즐거울 것이라는 인상을 주도록 한다.	교사는 학습자들이 학습 상황에 어떤 심리적 장애 요인들을 가져온다는 사실을 인식해야 한다. 교사는 이러한 것들을 '제거하기 위해' 노력해야 한다.
5. 학생들은 새로운 이름들과 신분들을 선택한다.	새로운 신분이 학생들의 안정감을 높이고 그들이 더욱 개방적이 되도록 허용한다는 것을 가정한다. 그들의 실천이 정말로 자신과는 다른 사람의 것이므로 그들은 덜 억압됨을 느낀다.
6. 학생들은 교사에게 스스로를 소개한다.	학생들이 배우는 대화는 그들이 즉시 사용할 수 있는 언어를 포함한다.
7. 그들은 노래 부르면서 리듬이 있는 악기들을 연주한다.	노래들은 '말할 때 사용되는 근육들을 풀어 주는 데에' 유용하고 긍정적 정서를 불러 일으킨다.
8. 교사는 학생들에게 긴 유인물을 나누어 준다. 그 대화의 제목은 "To want to is to be able to"(되고자 하는 것은 곧 해낼 수 있다는 것이다).	교사는 간접적 긍정적인 암시들("여러분이 할 수 있는 것에 한계는 없다")을 학습 상황에 통합해야 한다.
9. 교사는 간단하게 영어 문법과 어휘에 관한 몇몇의 핵심 사항들을 언급한다. 이 것들은 이전에 나누어 준 유인물 내용 안에 굵은 글씨로 인쇄되어 있다.	교사는 문법과 어휘를 학생들에게 제시하고 설명해야 한다. 그러나 그것에 대해 너무 길게 제시하거나 설명해서는 안 된다. 유인물에서 굵은 글씨는 학생들로 하여금 그들이 전체적인 내용으로 돌아가기 전에 전체적인 내용에서 세부적인 내용으로 학생들의 집중이 이동할 수 있도록 해 준다. 전체적인 내용과 그 내용의 부분들 간에 있어서 다양한 상호작용은 중요하다.
10. 교재 전반에 걸쳐서 고전적인 옛 그림들의 복제화가 실려 있다.	훌륭한 예술 작품은 학생들에게 긍정적인 암시, 시사를 제공한다.

11. 유인물 내용 왼쪽에는 목표언어로 되어 있다. 오른쪽에는 그 내용에 대한 모국어로의 번역이 있다.	의미를 확실하게 만드는 데 있어서 한 가지 방법은 모국어 번역을 통한 것이다.
12. 교사는 유인물 내용을 음악적인 반주와 함께 읽는다. 교사는 그녀의 목소리를 음악 반주의 고저와 리듬에 맞춘다.	의사소통은 두 가지 면에서 일어난다 : 한 면에서는 언어적인 메시지가 암호화된다; 그리고 다른 한 면에서는 언어적인 메시지에 영향을 미치는 요인들이 있다. 의식적인 면에서, 학습자는 언어에 참여한다; 하위 의식적인 면에서는, 음악이 학습자에게 배우는 것은 쉽고 바람직하다고 암시한다. 의식과 하위 의식 간에 통합이 이루어지면, 학습은 강화된다.
13. 교사는 학생들이 청취함에 따라, 두 번째로 스크립트를 읽는다. 이것은 위에서와 다른 종류의 음악 반주에 적용된다.	음악회에 가서 음악을 청취할 때 겪는 그러한 정도의 고요한 상태는 학생들이 심리적인 장애를 극복하고, 또 잠재적인 학습의 장점을 살리는 데 있어서 이상적이라 할 수 있다.
14. 숙제로 학생들은 저녁 때와 아침에 수업 시간에 배운 대화 내용을 읽는다.	이런 시기에는, 의식과 하위 의식 간에 구별이 가장 흐려진다. 그러므로 학습이 일어날 수 있는 것이다.
15. 교사는 학생들에게 대화 내용 속에 있는 여러 인물들에 맞는 모자를 준다. 학생들은 차례를 돌아가면서 대화 내용 속에 있는 인물들의 대사를 읽는다.	내용을 각색하여 연극화하는 것은 수업 재료를 학생들로 하여금 놀기 좋아하게 활성화시키는데 있어서 특히 값진 방법이다. 공상은 학습하는 데 있어서의 장애들을 감소시킨다.
16. 교사는 학생들에게 그들이 연극을 위해 오디션을 보는 것이라고 이야기해 준다.	훌륭한 예술(음악, 미술, 그리고 연극)은 위의 교육적인 암시들이 하위 의식으로의 도달을 가능하게 한다. 그러므로 예술은 교수 과정으로 가능하면 많이 통합되어야 한다.

17. 교사는 학급을 대화 내용을 포함한 여러 가지 다양한 학습활동으로 이끌어야 한다. 예를 들어 학습활동에 있어 질문하고 대답하기, 반복하기 그리고 번역하기 등이 있다.	교사는 학생들이 수업 재료를 그들이 노출된 상황에 활동적으로 동원하도록 도와야 한다. 이렇게 하는 데 있어 방법은 다양하게 함으로써 반복을 최대한 많이 피한다. 새로움은 학생들이 내용을 취득할 수 있도록 돕는다.
18. 교사는 학생들에게 어린이들의 노래를 가르친다.	음악과 움직임은 언어적인 재료를 강화한다. 학생들이 유아화의 상태를 취득하도록 하여 그들이 학습하는 데 더 열린 마음과 자세를 갖게 하는 것은 매우 바람직하다. 만일 그들이 교사를 신뢰한다면, 그들은 이 상태로 더 쉽게 접근할 수 있다.
19. 교사와 학생들은 질문하고 답하기 놀이를 한다.	놀이를 하는 분위기 속에서, 학습자의 의식적인 주의 집중은 언어적인 형태에 초점을 두지 않고 오히려 언어를 사용하는 데 둔다. 학습은 재미있을 수 있다.
20. 학생은 'How you do?'라고 말함으로써 틀리게 되고, 교사는 그 문장에서 틀린 것을 부드러운 목소리로 수정해 준다.	틀린 부분이 있으면 그것은 강압적이고 직접적인 방법이 아닌, 온화한 방법으로 수정되어야 한다.

교수법의 의의

암시교수법이 영어 교육에서 차지하는 의의는 무엇일까? 앞서 제시한 10개의 질문을 통해 그 의의를 알아본다.

1. 암시교수법을 사용하는 교사들의 목적은 무엇인가?

교사들은 일상적인 의사소통을 위한 외국어 사용을 학생들이 배우는 데 있어 그 과정이 빠르고 정확하게 이루어질 수 있기를 기대한다. 이렇게 하기 위해서는 더 많은 학생들의 정신적인 능력이 선양되어야 한다. 이것은 학습자들이 배우는 상황 속으로 가지고 들어오는 심리적인 장애를 암시하지 않음으로써, 또 완전한 의식 바로 밑에 있는 부분을 활성화시키는 기술을 사용함으로써 이루어질 수 있다.

2. 교사와 학생의 역할은 무엇인가?

교사는 교실에서 권위를 지닌 존재이다. 이 수업 방식이 성공적이기 위해서는 학생들은 교사를 존경하고 존중해야 한다. 학생들은 그들이 신뢰감을 가지고 있는 사람에게 더욱 정보를 잘 얻을 수 있다. 왜냐하면 그들은 교사가 그들이 학습을 성취할 수 있는 것이 얼마나 쉬운 것인지를 설득하고, 그들의 한계를 암시하지 않을 때 더욱 더 반응을 보이기 때문이다. 한번 학생들이 교사를 신뢰하면 그들은 더욱 더 안전하다고 느끼게 된다. 그들이 만일 그렇게 느끼게 된다면, 그들은 더욱 더 즉각적으로 반응하게 되고 적극적으로 변화하게 된다.

3. 교수와 학습 과정에 있어서의 특성은 무엇인가?

이 교수 방법의 과정은 밝고 활기찬 학급에서 이루어진다. 목표언어에 대한 문법적인 정보가 담긴 벽보들이 학생의 주변적인 학습에 있어서 그것의 장점을 취하려는 의도 아래 학급 벽 주위에 걸려 있다. 벽보들은 학습자의 환경에 있어 새로움에 대한 감각을 창조하기 위해 대략 1–2주마다 바뀌어 걸린다.

학생들은 목표언어에서 새로운 이름과 새로운 직업을 고른다. 수업 중에는 그들이 고른 새로운 정체에 관련된 새로운 인생 전기를 구성한다.

교재로 배부되는 유인물은 길이가 긴 대화(800단어 정도)가 목표언어로 담겨 있다. 그 대화 옆에는 학생들의 모국어로 된 번역이 있다. 거기에는 대화에 실린 굵은 글씨로 된 용어들과 상응하는 어휘와 문법에 관해 적혀 있다.

교사는 대화 내용을 첫 번째 주요 구성으로 이루어진 두 개의 노래 도중에 제시한다. 첫 번째 노래에서는 교사가 대화 내용을 읽고 교사의 목소리를 리듬과 음악의 고저에 맞춘다. 이런 방식으로 학생들의 뇌 전체가 활성화된다. 학생들은 목표언어 대화 내용을 교사가 크게 읽는 것에 따라 읽는다. 그들은 그것에 대한 번역도 함께 챙긴다. 두 번째 노래 도중에는 학생들은 조용히 교사가 보통의 속도로 대화 내용을 읽는 것을 경청한다. 숙제로 학생들은 그 대화 내용을 잠자기 바로 전과 그 다음 날 아침 일어나면 읽는다.

그 다음으로 이어지는 것은 두 번째 주요 구성이다. 여기서 학생들은 새로운 재료에 있어 그들이 쉽게 할 수 있도록 고안된 다양한 학습활동을 하게 된다. 학습활동에는 역할 극 · 게임 · 노래 · 질문하기 · 대답하기 등이 있다.

4. 학생과 교사, 학생과 학생 상호 간의 작용에서 그 본질은 무엇인가?

교사는 언어 학습이 시작할 때부터 학생 전체와 나아가서는 학생 개개인들과의 상호작용을 시작한다. 처음에 학생들은 그들이 전에 연습한 몇몇 개의 목표언어 단어들로 반응을 할 수 있다. 그 후에 학생들은 목표언어에 대한 지배능력이 더 많이 생기고, 더욱 더 적절하게 반응할 수 있게 되고 나아가선 심지어 그들 스스로 상호작용을 시작할 수 있게 된다.

5. 학생들의 감정은 어떻게 다뤄지나?

이 학습 방법에서 학생들의 감정에 대해 굉장히 많은 주의와 관심이 이루어진다. 만일 학생이 편안하고 자신감이 있는 상황이라면 그는 언어를 배우기 위해 많이 노력하거나 배울 필요가 없을 것이다. 이것이 이 교수방법의 주요한 원리 중에 하나이다.

이 방법에서는 학생들을 동기 되지 못하도록 하는 심리적인 장애에 대해 굉장히 중요하게 다루고 있다. 간접적이고 긍정적인 암시가 학생들의 자신감을 높이고 그들의 성공은 가능한 것이라는 것을 느낄 수 있게 한다.

학생들은 또한 새로운 정체성으로 인해 학생들을 더욱 더 소중하게 느낄 수 있도록 목표 언어에서 이름을 고른다. 이로 인해 학생들은 학습에 있어 더욱 더 열린 마음과 자세를 가지게 된다.

6. 언어와 문화는 어떻게 보이게 되는가?

언어는 의사소통 과정에서 언어적인 메시지에 영향을 주는 요인들이 있다. 학생들이 배우는 문화는 사람들이 매일 사용하는 언어와 관계있다.

7. 언어에서 어떤 분야가 강조되는가? 어떤 언어 기술이 강조되는가?

어휘가 강조된다. 이 방법에서 성공을 주장하는 사람들은 종종 습득될 수 있는 많은 양의 단어들에 초점을 맞춘다. 문법은 자세한 설명으로 되어있지만 그 수는 소량으로 다룬다. 사실상 학생들의 의식적인 집중이 언어의 형태가 아니라, 언어의 사용에 맞춰져 있으면 학생들은 가장 잘 학습할 수 있다고 믿어진다. 그 후에 의식구조 아래에 있는 언어 구조가 규칙을 흡수할 것이다.

8. 학생들의 모국어가 하는 역할은 무엇인가?

모국어 번역은 대화의 내용을 더욱 더 확실하게 만든다. 교사 또한 교실에서 필요한 경우에 한해 모국어를 사용한다. 학습이 진행됨에 따라 교사는 모국어를 점차 줄여서 사용한다.

9. 평가는 어떻게 이루어지나?

평가는 주로 학생들이 학급에서 하는 평소의 학습에 의거하여 이루어진다.

형식적인 시험이 아닌 참여도와 수업과정에서 평가는 이루어진다.

10. 교사는 학생들의 오류에 어떻게 반응하나?
학생들의 오류는 교사가 말하는 부드러운 목소리와 함께 온화하고 부드럽게 수정되어진다.

교수법에 사용된 기술

다음은 암시교수법에 나타난 수업 기술이다. 이러한 기술들이 교수법에서 어떤 의의를 갖고 있는지에 대해 알아본다.

역할극

학생들은 그들이 그 시간 동안만은 다른 사람이라고 생각하고, 그렇게 행동하길 요구받는다. 그리고 자신이 마치 그 사람인 것처럼 목표언어로 행동하도록 요구받는다. 그들은 종종 상황에 맞게 그들 자신의 대화를 만들어내도록 시켜진다. 우리가 관찰한 그 수업에서 학생들은 그들이 다른 사람인 것처럼 행동하고 그 사람인 것처럼 자신을 소개하도록 요구받는 것을 볼 수 있다.

노래

이 노래는 수업에서 학생들에게 잘 받아들여지는 요소들이다. 교사가 대화 내용과 관련된 이야기를 소개한 후에, 그 속에 담겨져 있는 문법적인 사항들을 점검하며, 교사는 목표언어로 그 대화 내용을 읽는다. 학생들은 그들의 모국어와 목표언어로 된 대화 내용의 복사본을 가지고 교사가 읽어나감에 따라 반응한다.

노래가 불러지고 난 후, 교사는 천천히 읽기를 한다. 이때 음악 반주와 함께 고저를 맞추며 읽는다. 음악 반주는 전통적인 것으로 한다. 교사의 목소리는 음악 반주와 함께 올라갔다가 내려갔다가 한다.

이 두 번째 수준에서, 학생들은 그들의 대화 내용이 담긴 복사본을 옆쪽에다 놓도록 요구받는다. 그들은 그냥 교사의 보통 속도의 강독을 듣는다. 교사는 앉아서 음악 반주와 함께 대화 내용을 강독한다. 그 내용은 교사가 스크립트를 읽는 방식을 결정한다. 이 콘서트의 결말에 가서는 하루의 수업이 끝이 난다.

그룹 활동

이 수업 기술은 수업의 활동적인 측면을 이루는 요소들이다. 학생들은 노는 것처럼 큰소리로, 목표 언어로 된 대화 내용을 읽고 또 읽는다. 이것은 개인별로 혹은 그룹별로 행해진다. 우리가 관찰했던 수업에서, 세 그룹의 학생들이 그들만의 독특한 방식으로 대화 내용의 부분들을 읽었다. 첫 번째 그룹은 슬프게 그 다음 그룹은 화난 것처럼, 마지막 그룹은 활기차게 읽었다.

창조적 적응

학생들은 그들을 도와주기 위해 고안된 새로운 수업재료를 가지고 다양한 학습활동에 몰두한다. 그리고 그것을 매우 즉각적으로 사용한다. 학습활동은 특히 노래하기 · 춤추기 · 연극하기 · 게임하기 등을 포함하는 이러한 측면을 추천한다. 중요한 점은 이러한 학습활동들은 서로 다르게 되어있고, 학생들로 하여금 언어적인 메시지의 형태에 초점을 맞추게 하는 것이 아니라, 단지 의사소통에 필요한 것에만 초점을 맞추게 한다는 것이다.

결론

불가리아 심리학자 Georgi Lozanov에 의하면, 인간의 두뇌는 학습에 올바른 조건이 주어진다면 많은 학습량을 처리할 수 있다고 보고 있다. 편안한 상태에서 최대의 기억을 할 수 있으며, 그 방법으로 음악이 교수법의 중심에 있다. 그러나 암기를 강조하는 기술이 많이 나타나고 있어 언어 습득에 부정적 기능을 하는 단점도 있다.

6. 의사소통 공동체 언어학습(Community Language Learning)

의사소통 공동체 언어학습은 교사에게 그들의 학생들을 '모든 인격체'로 고려할 것을 권고하고 있다. 모든 인격 학습은 학생의 지성 뿐 아니라 학생들 간의 느낌 · 신체 반응 · 본능적 방어 반동 · 배움에의 갈망을 고려해야 함을 의미한다. 공동체 언어학습법은 Charles A. Curran에 의해 전개된 상담학습 접근의 원리를 취한다. Curran은 수 년간 성인 학습을 연구했다. 그는 Carl Rogers의 인본주의 심리학(Humanistic psychology)의 영향도 받았고, 성인의 경우 새로운 학습 상황에 자주 위협을 느낀다는 것을 발견했다. 그들은 학습에서의 변화와, 자신이 하찮게 보일 수 있다는 생각에 위협받는다. Curran은 학생들의 두려움을 다루는 방법은 교사들이 언어 상담역(Language Counselors)이 되는 것이라고 믿었다. 언어 상담역은 누군가의 심리적 훈련을 의미하는 것이 아니다. 그것은 다른 언어를 흡수하고 맞이할 수 있는 숙련된 이해자를 의미한다. '학생들의 두려움과 예민함을 이해함으로서, 그는 학생들이 부정적인 생각을 극복하고, 그들의 학습을 긍정적인 힘으로 전향시키는 데 도움을 줄 수 있다.

어떻게 Curran의 견해가 공동체 언어학습의 연습으로 실행되는지를 살펴보기 위해 어떤 어학연구소에서 야간 시간을 이용해 학습하는 한 학급을 살펴본다. 수업은 1주일에 2번, 2시간씩 이루어진다.

수업 내용 및 절차

학생들은 도착하여 그들의 자리에 앉는다. 의자들은 녹음테이프가 올려져 있는 테이블을 원형으로 둘러싸고 있다. 학생들과 인사한 후, 교사는 자신을 소개하고 학생들 스스로를 소개하게 한다. 모국어로 그 날 저녁에 학생들이 무엇을 할지를 말해 준다. 그들은 그의 도움으로 영어로 대화를 할 것이다. 대화는 녹음이 될 것이고, 그 후에 그들은 대화를 문서로 기록할 것이다.

교사는 다음과 같이 말한다. '언제든지 여러분 중 무언가를 말하고 싶은 사람이 있으면, 손을 드세요. 그러면 나는 그 학생 뒤에 서겠어요. 나는 여러분이 하고 싶은 말을 영어로 말해 주는 것을 제외하고는 대화에 참여하지 않을 거예요. 무엇을 말하고 싶은지 (모국어로) 말해 보세요; 나는 번역한 영어를 제공할게요. 나는 번역한 것을 구절로 제공해 주겠어요. 한 사람 한 사람씩 그 구절을 녹음해요. 대화가 끝나면 우리는 녹음된 문장이 전체적으로 들리는 것을 들을 수 있을 거예요. 여러분의 영어로 된 목소리만 테이프에 담겨져요. 이것이 여러분의 첫 번째 영어회화가 되고, 여러분은 그것을 간단하게 남겨두고 싶어할지도 몰라요. 우리는 10분 동안 이 활동을 할 거예요.'

처음엔 아무도 말하지 않는다. 그러다가 한 학생이 손을 든다. 교사는 그 학생의 의자 쪽으로 걸어간다. 그는 학생 뒤에 선다. 모국어로 학생이 말하면 교사는 번역한다. 그 후 학생의 대답을 교사는 녹음한다.

다른 학생이 손을 든다. 교사는 그에게 걸어가서 그의 의자 뒤에 선다. 모국어로 질문을 하면 역시 교사는 그에 해당하는 영어 대답을 천천히 구절 단위로 발음해 주며 이를 녹음한다.

이런 각각의 영어 발언은 이전의 방식으로 녹음된다. 교사는 각각의 학생들마다 어떤 크기의 구절을 자신감 있게 다룰 수 있는지에 신경을 쓰도록 노력한다. 그리고 교사는 5분이 남았다고 알려준다. 이 시간 동안 다른 사람에게 '영어를 왜 공부하세요? 직업이 무엇입니까? 당신의 취미는 무엇입니까?'와 같은 질문을 한다. 이 대화에서 테이블 주위의 각각의 학생은 약간의 영어 발언을 테이프에 녹음한다.

대화가 끝나면, 교사는 원 안에 앉아서 모국어로 이 체험에 대해 어떻게 느끼는지 학생들에게 물어본다. 한 학생이 그가 방금 들은 영어를 하나도 기억하지 못하겠다고 말한다. 교사는 그의 말을 인정하고 대답한다. '여러분은 영어를 아무것도 배우지 않은 것에 대해 걱정해요?' 학생들은 '네'라고 대답한다. 또 다른 학생도 또한 아무 것도 배우지 않았다고 말한다; 그는 대화에도 열중했었다. 교사는 이 비평을 인정하고 대답한다. '여러분의 주의력이 영어에 있지 않고 대화에 있었어요.' 또 다른 학생은 자신이 어떤 영어도 기억하지 못한다는 사실도 신경 쓰지 않았다고 말한다. 대화를 즐겼다. 교사는 학생의 평을 받아들이고 그들이 아직 영어 단어를 배울 기회가 없을 것이라고 말해서 모든 학생들을 안심시킨다. '누구 또 하고 싶은 말 있나요?' 교사가 물어본다. 조용하다. 교사는 계속 말한다. '그렇다면 좋아요. 여러분의 대화를 들어보지요. 내가 테이프를 재생시키겠어요. 영어로 말한 여러분의 목소리에 귀 기울이세요.' 학생들은 듣는다. '좋아요,' 교사는 말한다. '나는 테이프를 다시 틀고 각각의 문장의 끝에서 멈추겠어요. 여러분이 했던 말이 상기될 수 있는지 보세요. 그리고 모든 사람들이 그게 무슨 말이었는지 이해할 수 있게 모국어로 다시 말해보세요. 만약 여러분 자신의 문장이 상기가 되지 않으면 우리 모두가 도와줄 수 있어요.' 그들은 무엇을 말했는지 상기시키는 데 아무 문제가 없다.

다음으로 교사는 그가 대화를 칠판에 적는 것을 보기 위해 그들의 의자를 반원형으로 옮길 것을 제안한다. 교사는 누구든 녹음기를 조종하여 각각의 문장의 끝에서 멈춰달라고 제안한다. 아무도 지원하지 않아서 교사가 직접 조종한다. 그리고 교사는 각각의 영어 문장에 번호를 붙여 한 줄 한 줄 적는다. 한 학생이 문장들을 베껴도 되냐고 물어본다. 교사는 그에게 적히는 단어들에 초점을 맞추는 것을 유지하라고 권하고, 나중에 쓸 시간을 주겠다고 안심시킨다. 이번 시간에 하지 못하면, 다음 시간에 하자고 권한다.

교사는 모든 영어 문장을 적는다. 모국어 상당어 구를 집어넣기 위해 돌아가기 전에 조용히 첫 번째 영단어에 밑줄을 치고 잠시 멈춘다. 그는 학생들에게 모국어 상당어 구를 말해줄 것을 요구한다. 지원자가 없으므로, 몇 초 뒤에 그는 글자대로의 모국어를 번역하여 쓴다. 그는 이런 방법을 불필요한 반복은 제외하고 모든 문장들이 번역될 때까지 계속한다.

다음으로, 교사는 학생들에게 뒤로 앉아서 긴장을 풀라고 말하고 영어 회화 필기물을 읽어 준다. 그는 그것을 세 번 읽는데, 학생들의 과업이 매번 변화한다. 처음엔 학생들은 그냥 듣기만 한다. 다음 번엔 그들은 눈을 감고 듣는다. 그리고 마지막에 그들은 교사가 대화를 읽을 때 같이 조용하게 속삭인다.

다음 활동인 '인간 컴퓨터(Human Computer)'를 위해 학생들은 활기찬 태도로 말하는 이야기를 접하게 된다. "다음의 5분에서 10분 정도의 시간에 나는 '인간 컴퓨터'가 되겠어요. 여러분들은 필기물에 있는 어떤 영어 단어나 구절, 또는 전체 문장의 발음을 연습하기 위해 나를 사용하는 거예요. 손을 들면 그 학생 뒤로 가겠어요. 그러고서 여러분은 문장 번호나 영단어, 또는 모국어를 말해요. 컴퓨터인 나는 오직 정확한 영어만 돌려주도록 프로그램되어 있어요. 그러니까 여러분은 여러분이 말한 것과 내가 말한 것이 필적하는지를 보기 위해 주의 깊게 들어야 해요. 여러분은 단어 · 구절 · 문장을 여러분이 원하는 대로 수차례 반복할 수 있어요. 나는 여러분이 멈출 때만 멈출 거예요. 여러분은 나를 제어할 수 있어요. 컴퓨터를 켜고 끌 수 있지요."

한 학생이 손을 들고 'Thank you.'라고 말한다. 그는 'thank'라는 말소리를 시작하는 데 있어서 곤란함을 갖고 있었다. 교사는 그의 뒤에서 그 구절을 반복하고 그 학생은 그것을 다시 말한다. 교사가 반복한다. 학생은 'Thank you'라는 말을 컴퓨터가 세 번 더 반복하게 한다. 교사가 세 번 그 말을 반복하게 한 후, 컴퓨터를 중단시킴으로 인해 그 학생은 멈춘다.

또 다른 학생이 손을 들어 'What do you do?'라는 의문문을 말한다. 다시 교사는 그 학생 뒤로 이동하고, 그 학생이 연습하기 위해 고른 문장을 반복한다. 그 학생은 처음 학생이 했던 것처럼 몇 번을 반복해 시행한다. 몇몇의 다른 학생들이 비슷한 방법으로 필기물의 부분들을 연습한다.

그 다음, 교사는 학생들에게 필기물에 있는 단어와 구절에 기초한 새로운 문장을 만들기 위해 세 그룹을 만들기를 권한다. 각각의 그룹은 그 문장들을 적어 내려간다. 교사는 그룹들 사이를 오가며 도와준다. 첫 번째 그룹은 'Mary not work in a bank.'라고 적는다. 교사는 그 그룹에게 옳은 문장을 제공한다. 'Mary does not work in a bank.' 두 번째 그룹은 'What is my name?'이라고 적는다. '좋아요.' 교사는 말한다. 그룹들을 도와주는 것이 끝나고 나면 각각의 그룹들은 학생들에게 그들의 문장을 읽는다.

교사는 테이프를 두 번 더 재생하고, 그 동안 학생들은 듣는다. 최종적으로 교사는 학생들에게 수업시간이 10분 남았다고 말한다. 그는 그 날 저녁의 경험, 그들의 영어, 그리고 그들의 학습과정에 대해 이야기해달라고 요구한다. 학생들이 대답하면, 교사는 주의 깊게 듣고, 각각의 느낌을 그 학생들에게 다시 나타내준다. 대부분의 학생들은 그 경험에 대해 긍정적이고 한 학생은 기초 언어수업을 이렇게 편하게 느낀 건 처음이라고 말한다.

'나는 이제 내가 영어를 배울 수 있다고 생각해요.' 학생은 말한다.

다음 두 수업을 위해 교사는 학생들이 만든 문장들을 갖고 계속 공부하게 해야겠다고 다짐한다. 그 활동 중 일부는 다음과 같다.

1) 교사는 필기 물에서 'be' 동사를 고르고, 그와 학생들은 인칭과 현재 시제 안에서의 수에 따라 변화시킨다. 'do'도 같은 방식으로 변화시키고 규칙 변화되는 'work'도 변화시킨다.
2) 학생들은 새로운 방식으로 문장을 만들기 위해 소그룹을 결성한다. 그들은 그들이 만든 문장들을 다른 그룹들과 공유한다.
3) 학생들은 필기 물을 읽는 기회를 갖는다. 한 학생은 영어로, 그리고 다른 학생은 모국어로 읽는다. 그들은 영어 발음을 공부할 수 있는 기회를 또 한 번 갖게 된다.
4) 교사는 칠판에 한 사람 사진을 놓고, 학생들은 그들이 그를 방금 만난 것으로 가정하여 그 사람에 대한 질문을 한다.
5) 학생들은 그들이 만든 대화를 재구성한다.
6) 그들은 대화에서 배운 말들을 사용해서 새로운 대화를 만든다.

이러한 활동이 끝나면 학생들은 다른 대화를 하고, 그것을 녹음한 다음, 다음 활동을 위한 기초로써 새로운 필기록을 사용한다.

수업 내용과 교수법의 원리

다음은 공동체 언어학습에 나타난 수업 내용과 교수법의 원리에 대해 생각해 보자.

수업 내용	교수법의 원리
1. 교사는 학생들과 인사하고, 자기 자신을 소개하고, 학생들 스스로를 소개하게 한다.	학생들과 학생들 사이의 관계 형성은 매우 중요하다.
2. 교사는 학생들에게 그날 저녁에 무엇을 할 것인지를 말해 준다. 그는 첫 번째 활동의 절차를 설명하고, 시간제한을 설정한다.	새로운 학습 경험은 위협적일 수 있다. 학생들이 각각의 행동에서 무엇이 일어날 것인지에 대한 생각을 할 때, 그들은 종종 조금 더 안정을 느낀다. 사람들은 안전하다고 느낄 때 거리낌 없이 배운다.
3. 학생들은 대화를 한다.	언어는 의사소통을 위한 것이다.
4. 교사는 학생의 뒤에 선다.	교사의 상위의 지식과 힘은 위협적일 수 있다. 교사가 교실의 앞쪽에 머물러 있지 않으면 위협이 감소되고, 학생들의 학습이 촉진된다. 또한 이러한 촉진 상호작용은 학생에서 교사로 보다 학생들 사이에서 더 잘 이루어진다.
5. 교사는 학생들이 말하고 싶어 하는 것을 큰 단위들로 번역한다.	교사는 학생들의 자신감 수준에 신경 써야 하고, 그들이 원하는 것을 성공적으로 제공해야 한다.
6. 교사는 대화 시간이 몇 분밖에 되지 않는다는 것을 상기시킬 수 있도록 말해 준다.	활동에 있어서의 시간 제약이 있다는 것을 알 때 학생들은 더 안도감을 느낀다.
7. 학생들은 대화하는 동안 그들이 어떻게 느꼈는지를 말할 기회를 갖는다.	교사와 학생은 모두 인격이다. 그들의 학습 경험의 공유는 배우는 이들이 서로를 알고 공동체를 이루도록 해 준다.
8. 교사는 학생들이 하는 말을 받아들인다.	지식에 의해 가르침을 받는 데 있어서, 학습자 개개인이 독특해서, 교사는 순응하는 분위기를 조성한다. 학습자들은 거리낌을 낮추기 위해 자유를 느끼고 학습 경험이 덜 위협적이 된다.
9. 교사는 학생들이 하는 말을 이해한다.	교사는 학생에게 권고한다. 조언을 제공하는 게 아니라, 오히려 그들에게 그가 진실로 그들의 말에 귀 기울이고 그들이 말하는 것을 이해한다는 것을 보여 준다. 학생이 어떻게 느끼는지를 이해함으로 인

	해 교사들은 다른 방법으로 그들의 학습을 방해할 수 있는 그들의 불안한 느낌을 변형시켜, 학생들 자신의 학습 방법에서의 통찰력을 기를 수 있도록 도와줄 수 있다.
10. 학생들은 테이프의 내용을 듣고 모국어로의 번역을 한다.	학생들의 모국어는 의미를 명확하게 알게 하기 위해 쓰이고, 아는 것에서부터 모르는 것으로 이어지는 다리 역할을 한다. 학생들은 모든 것을 이해할 때 안도감을 느낀다.
11. 교사는 칠판 앞으로 반원형을 만들어 앉길 요구한다. 그래야 쉽게 볼 수 있다.	교사는 활동 완성의 성공을 위한 가능성의 가장 적절한 방법에서 명확하게 활동을 구성하기 위해 책임의식을 가져야 한다.
12. 교사는 학생들이 나중에 문장들을 베낄 시간이 있다고 안심시킨다.	기초단계의 학습은 학생들이 한 과업을 한 번에 따라갈 수 있으면 촉진된다.
13. 교사는 필기물에서 다른 구절을 가리키며 학생들에게 모국어에서의 상당어구를 물어본다. 그는 첫 구절을 가리키고 잠시 멈춘다. 만약 아무도 지원하지 않으면, 그가 직접 적는다.	교사는 학생들의 발언권과 독립심을 촉진하고, 불안한 정적 속에서 더듬거리거나 실수하도록 내버려두지 않는다.
14. 교사는 필기물을 세 번 읽는다. 학생들은 긴장을 풀고 듣는다.	학생들은 배우기 위해 조용한 시간을 원한다.
15. 인간 컴퓨터 활동에서, 학생들은 발음을 연습하길 원하는 구절을 고른다 ; 교사는, 학생의 인도에 따라, 학습자가 만족하고 멈출 때까지 구절을 반복한다.	학생은 그들이 연습하는 데서 선택을 할 때 가장 잘 배운다. 학생들은 공부하고 싶어 하는 부분에 대한 내적인 지혜를 발전시킨다. 학생이 제어하는 것을 느끼면, 그들은 자신의 학습에 대한 책임의식을 더 가질 수 있다.
16. 학생들은 그들이 말하는 것이 교사가 말하는 것과 필적하는지를 보기 위해 주의 깊게 듣는다.	학생들은 잘 구별하기 위해 배우기를 원한다. 예를 들면 목표언어 형태 사이에서의 차이점을 지각하는 데에서 발견된다.
17. 학생들은 세 그룹으로 나뉘어 함께 작업한다.	그룹에서, 학생들은 공동체 의식을 느끼기 위해 시작할 수 있고, 교사에게서만큼 서로 서로 배울 수 있다. 경쟁이 아닌 협동이 장려된다.

18. 교사는 학생들이 만든 문장들을 정확하게 반복함으로써 바르게 한다.	교사는 학습자가 창작한 것에 대해서 위협적이지 않은 방법으로 작업해야 한다.
19. 학생들은 학급의 다른 학생들에게 그들의 문장을 읽어준다.	학생들 사이의 공동체를 발전시키는 것은 신뢰감을 형성하고 새로운 학습상황에서의 위협을 감소시키는 데 도움을 줄 수 있다.
20. 교사는 테이프를 두 번 더 재생하고, 그동안 학생들은 듣는다.	학습은 자료가 너무 새롭거나, 반대로 너무 친숙하면 이루어지지 않는 경향이 있다. 기억은 새로운 경험과 친밀감 사이 어딘가에서 가장 잘 이루어질 것이다.
21. 학생들은 그 날 저녁의 경험에 대해 얘기할 기회를 다시 한 번 갖는다.	언어에서의 숙고에 더하여, 학생들은 그들이 학습한 것들에 대해 반성한다. 이런 방법에서, 그들은 언어를 배우는 기회를 갖고 그들 스스로 학습하고, 공동체 안에서 서로 배우는 방법을 알게 된다.
22. 첫 번째 대화 필기물을 이용한 다른 활동이 일어난다. 그러고 나서, 학습자는 새로운 대화를 한다.	기초단계에서는 강의의 요강이 주로 학생에 의해 발생된다. 학생들은 자료를 그들 스스로가 창조할 때, 배우려는 의욕을 가진다.

교수법의 의의

여기서는 공동체 언어학습이 갖고 있는 의의를 10가지 항목의 질문을 토대로 알아보기로 한다.

1. 공동체 언어학습 방법을 사용하는 교사들의 목표는 무엇인가?

공동체 언어학습법을 사용하는 교사들은 그들의 학생들이 어떻게 목표언어를 잘 말할 수 있게 사용할 것인가를 배우기를 원한다. 또한 그들은 그들의 학생들이 스스로 학습하는 것을 배우고 그것에 대한 책임감을 상승시키며, 타인과 서로 배우는 방법을 배우기를 원한다. 이 모든 목표들은 교사와 학습자들이 서로를 사고와 느낌 모두의 평가에서 모든 인격체로 대우한다면, 거리낌 없는 행동으로 달성될 수 있다.

2. 교사와 학생들의 역할은 무엇인가?

교사의 처음의 임무는 우선 상담자의 역할이다. 이것은 교사가 치료자라는 것이다. 이것은 가르치지 않는 것을 의미하는 것이 아니다. 오히려 그것은 성인 학습자에게 새로운 학습 상태가 얼마나 위협적인지를 깨닫게 해주는 것이다. 그래서 그는 솜씨 있게 이해하고 그의 학생들에게 목표언어를 자유로이 구사할 수 있도록 노력할 수 있게 힘을 북돋는다.

처음에 학습자들은 매우 교사 의존적이다. 그러나 시간이 지나면서 학생들은 점점 독립적으로 되어 간다. 공동체 언어 학습론 자들은 이 의존으로부터 교사와 상호의존으로의 다섯 단계를 증명했다. 첫 번째, 두 번째, 그리고 세 번째 단계에서, 교사는 언어뿐만이 아니라 학습자의 학습과정에 협력적인 것에 초점을 맞춘다. 네 번째 단계에서는 학생들의 언어와 수정을 통한 이익을 보기 위한 준비성에서의 큰 안도감 때문에, 교사는 정확성에 더 초점을 맞출 수 있다. 이 정확성은 또한 앞의 세 단계에서도 항상 인식되어야 한다. 그러나 그것은 유창함에 종속된다.

3. 교수법과 학습 과정의 특징은 무엇인가?

학생들은 대체로 그들의 모국어를 사용하여 대화한다. 교사는 그들의 말을 목표언어로 번역하여 큰 단위로 제공함으로써 그들이 말하기를 원하는 것을 표현하도록 돕는다. 이러한 단위의 표현들은 녹음되고, 그것들이 재생될 때, 그것은 꽤 부드러운 대화같이 들린다. 그 뒤에 그 대화의 필기물이 만들어지고, 모국어 상당어구가 목표언어 단어의 바로 밑에 씌어진다. 대화 필기물은 학생들이 학습할 때 표본이 된다. 학생들에게 그들이 생성한 언어를 더 나아가 탐구하는 것을 제공하는 다양한 활동이 수행된다. (예를 들면, 어법 면에서의 고찰, 특정 구절 발음 학습, 또는 필기물의 단어를 이용해 새로운 문장을 만드는 것 등) 수업 진행 기간 동안, 학생들은 그들이 어떻게 느끼는지 말할 수 있는 기회를 갖고 교사는 그들을 이해한다.

Curran에 따르면, 거리낌 없는 학습에 필요한 여섯 가지 요소가 있다고 한다. 첫 번째는 '안도감(Security)'이다. 다음은 '적극성(Aggression)'인데, 여기서 Curran은 이것은 학생들이 자기 자신을 옹호할 수 있는, 적극적으로 학습경험에서 자신을 투자하는 기회를 가져야 하는 것을 의미한다고 말한다. 그리고 우리가 관찰한 수업에서 이것을 보여주는 한 방법은, 학생들이 그들 자신의 대화를 이끌어 내는 것이었다. 세 번째 요소는 '집중(Attention)'이다. 제2언어 또는 외국어를 학습하는 데 있어서 필요한 기술 중 하나는 동시에 많은 요소를 수행할 수 있는 것이다. 이 기술은 학습을 좀 더 쉽게 하는데, 특히 기초학습 과정에서 효과적이다. 교사는 집중할 수 있는 범위를 좁히는 것을 도와준다. 교사가 학생들에게 그가 칠판에 적는 동안 글을 베끼지 말 것을 요구한 것을 상기 해보라. 대신에 그는 그들이 그가 쓰는 것에 집중할 것을 원했고, 그들이 필기물을 완성하기 위해 번역한 것을 덧붙이길 원했다.

네 번째 요소는 '사색(Reflection)'이다. 여기에는 두 가지의 다른 방법이 발견된다. 하나는 교사가 필기물을 세 번 읽음으로써 학생이 언어를 투영하는 것이다. 또 하나는 그들이 갖고 있던 활동 경험들을 생각해 볼 기회를 잠시 동안 갖는 것이다. '유지(Retention)'가 다섯 번째 요소인데, 모든 자기 자신 안에서 대신하는 새로운 자료의 완성이다. 마지막 요소는 목표언어 형태 사이에서의 차이를 정리하는 식별력이다. 우리는 이 요소가 학생들이 인간 컴퓨터에 귀 기울일 것을 요구받을 때와, 컴퓨터의 발음과 그들의 발음을 필적하기 위해 시도할 때 보았다.

4. 학생–교사와 학생들 간의 상호작용의 본질은 무엇인가?

공동체 언어학습 방법에서의 학생–교사 간의 상호작용의 본질은 수업 사이에서의 변화와 시간을 극복하는 것이다. 대화를 할 때, 때때로 학생들은 단정적이다. 이럴 때에 교사는 그들의 그들 스스로의 목표언어로의 표현 가능성을 촉진시켜준다. 그는 실제로 스스로 원으로부터 빠져나온다. 그로 인해 학생들은 서로 상호 작용하는 데 힘을 북돋을 수 있다. 수업의 다른 시간엔 교사는 설명과 방향 제공에서 분명해져야 한다. 모든 시간의 처음에 교사는 수업을 구성한다. 다음 단계에서 학생들은 이것에 대해 더 책임의식을 느낄 지도 모른다. Rardin & Tranel(1988)은 공동체 언어학습 방법은 학생 중심이지도 않고, 교사 중심이지도 않은, 그러나 둘 다 수업에서 의사결정자가 되는 다소 교사–학생 중심의 방법이라고 말했다.

학생들 간의 관계를 형성하는 것은 매우 중요하다. 신뢰하는 관계에서는, 학생들이 느끼는 불안이 약해질 수 있고, 학생들이 학습 과정에서 개방된 상태를 유지할 수 있도록 돕는다. 학생들은 교사와의 상호작용처럼 학생들 서로간의 상호작용을 통해 배울 수 있다. 경쟁이 아닌 협동정신은 효과를 나타낼 수 있다.

5. 학생들의 감정은 어떤 방식으로 다루어지는가?

학생들의 느낌에 순응하는 것은 상담학습에 있어서 매우 중요하다. 규칙적인 활동은 학생들이 어떻게 느끼는지를 평하는 것을 제공한다. 교사는 각각의 비평에 대해 주의 깊게 듣고 신중하게 대답한다. 그가 학생들이 어떻게 느끼는지를 이해한다는 것을 보여 줌으로써, 교사는 그들이 그들의 학습을 방해할 수 있는 불안한 느낌을 극복하도록 도와줄 수 있다.

이 수업에서의 학생들의 안도감은 몇 가지의 방법에서 미리 제공된다. 예를 들면, 교사가 학생들의 모국어를 사용하는 것, 학생들이 수업하는 동안 한 행동을 교사가 꼼꼼하게 말해 주는 것, 확정된 시간제한의 존중, 학생에게 조종할 수 있는 짧은 시간 안에서 언어를 제공하는 것, 그리고 명확하게 행동 구성에 대한 책임의식을 갖는 것이다. 안도감은 학습과정에서 기본적인 동시에 학습자가 의존하는 단계가 변할 것이라는 것을 제공하는 방법이기도 하다.

6. 언어와 문화는 어떻게 보여지는가?

언어는 대화를 위한 수단이다. Curran은 '학습은 인격이다'라고 기록했는데, 이것은 교사와 학생들이 학습과정에서 서로에 대한 신뢰감을 형성한 상태에서 작업하는 것을 의미한다. 학습과정의 초기에는, '언어 과업을 통한 개개인들 간의 공유와 친밀 관계'에 초점을 맞춘다. 그러고 나서 초점은 그룹의 개개인과 공유된 일치성으로 변화하는 영어로 더 이동하게 된다.

Curran은 이러한 종류의 협력적 학습 과정에서, 문화는 언어 학습의 완전한 한 부분이다.

7. 어떤 부문의 언어와 기능이 강조되는가?

대체로 학생들은 영어로 말할 수 있기를 원하는 것을 결정한 이후로 계속 자료를 생성한다. 그 후에 학생들이 조금 더 안도감을 느낀다고 생각될 때, 교사는 명확한 자료를 준비하거나 출판된 교본으로 수업할 수 있다.

특수한 문법부문 · 발음 모형 · 어휘는 학생들이 생성한 언어에 기초하여 함께 작용한다. 가장 중요한 기술은 처음에 영어를 읽기와 쓰기로 강화시키면서 이해하고 말하는 것이다.

8. 학생들의 모국어는 어떤 역할을 하는가?

학생들의 안도감은 그들의 모국어 사용에 의해 처음으로 강화된다. 모국어 사용의 목적은 익숙한 것에서 낯선 것으로의 다리를 준비하기 위함이다. 가능한 곳에서, 문자의 모국어 상당어 구는 번역된 영어 단어로 주어진다. 이것은 그들의 뜻을 명확하게 해 주고, 학생들이 새로운 문장을 만들기 위해 다른 방법으로 영어를 결합하는 것을 허용한다. 학생들이 수업시간 동안 그들의 느낌과 이해한 것을 표현하는 방향은 모국어에서 이끌어진다. 다음 단계에서, 물론 점점 더 목표언어가 쓰인다. 시간이 흘러 학생들이 세 번째 네 번째 단계에 오면, 그들은 모국어 단어나 구절은 거의 사용하지 않고 말한다. 학생들이 다양한 모국어를 사용하는 학급에서는 영어로 시작할 수 있도록 바르게 이루어져야 한다. 뜻은 다른 방법으로도 만들어진다.

9. 평가는 어떻게 이루어지는가?

공동체 언어학습 방법에서 미리 정해진 특별한 평가방법은 없지만, 평가는 모두 방법의 원리로 이끌어진다. 만약, 예를 들어 학교에서 학생들이 학기말에 시험을 치길 요구한다면, 교사는 학생들이 적절하게 시험을 치를 준비를 할 수 있도록 보여 줄 것이다.

또한 교사가 만든 학기 시험은 분리된 형태라기보다는 통합된 테스트가 될 가능성이 높다. 학생들은 재빨리 오직 한 가지로 언어를 적어야 하는 문제에 대답하는 방식으로보다는, 단락을 쓰거나 구술 면접을 보는 형식의 시험을 볼 것이다.

최종적으로, 교사들은 학생들이 자신들의 학습을 바로 보고 자신이 향상되는 것을 자각할 수 있게 해서 자기 평가를 하도록 돕는다.

10. 학생의 오류에 대해 교사는 어떻게 반응해야 하는가?

교사들은 학습자가 위협을 받지 않는 방식으로 이끌어져 학습할 수 있도록 노력해야 한다. 이 중 한 방법은 교사가 학생이 잘못 말한 오류에 더 주의를 기울이지 않도록 하면서 바르게 반복해 주는 것이다. 기술은 학생들의 다섯 단계의 학습 과정에 의존한다. 그러나 이것은 교사와 학생 간의 존중과 거리낌 없는 관계를 유지하는 것이 일관되어야 한다.

교수법에 사용된 기술

우리는 이 수업에서 묘사한 기술들을 복습하고, 공동체 언어학습에 사용된 교수 기법에 대해 알아본다.

학생 대화 테이프 녹음

이 기법은 학생이 생성한 언어를 녹음하는 것 및 일어나는 집단 학습에 대한 기회를 주는 기법이다. 무엇을 그리고 언제 말해야 하는지의 기회를 학생들에게 줌으로서, 학생들은 그들 자신의 학습에 있어서 책임의식을 느낄 수 있는 좋은 위치에 놓인다. 학생들은 그들의 그룹에서 일반적 언어의 모국어를 사용하여 대화할 것을 요청 받는다. 여러 나라의 말을 하는 그룹에서는, 다른 것들의 의미는 사용되어야 한다. 실례로, 학생들은 그들의 교차한 뜻을 몸동작을 통해 표현할 수 있다. 각각의 모국어 발언이나 몸동작 후에, 교사는 학생들이 말하거나 행동한 것을 목표언어로 번역한다. 교사는 영어를 적당한 크기의 큰 단위로 번역하여 제공한다. 각각의 단위는 녹음되고 녹음된 것은 오직 목표언어만 담겨 있는 목소리로 들려지는 데 쓰인다.

학생 대화 녹음은 12명 또는 더 적은 수의 학생들에게 가장 효과적이다. 학생들은 대화에서 적어도 한 번의 기회를 가질 수 있기 때문이다.

필기물

교사는 학생들이 녹음한 영어 대화 내용을 글로 쓴다. 각각의 학생들은 그들의 발언을 번역할 기회를 갖게 되고, 교사는 목표언어 단어 밑에 모국어 상당어구를 적는다. 학생들은, 정확하게 칠판 또는 큰 포스터 크기의 종이에 쓰여진 뒤에 그 쓰여진 것을 베낄 수 있고, 또는 교사가 복사를 해서 그들에게 제공할 수도 있다. 필기 물은 앞으로 일어날 활동의 기초가 된다. 만약 포스터 크기의 종이가 사용되었으면, 필기물은 나중에 참조될 수 있도록, 그리고 학생들의 안도감을 증가시킬 목적으로 교실에 보존될 수 있다.

체험의 반성

교사는 스스로 학습자로서의 학생들의 학습체험, 그리고 그들의 다른 학생들과의 관계를 어떻게 느끼는지를 반성할 기회를 주기 위해 다양한 활동의 시간을 갖는다. 학생들이 그들의 반응을 제공함에 따라, 교사는 학생들이 한 말에 대한 가장 적절한 이해력 있는 대답을 제공함으로써 그가 주의깊게 듣고 있다는 것을 보여 주면서 그들을 이해한다. 그는 학습자가 말한 것을 반복하지 않고, 오히려 그것의 본질을 이해한다는 것을 보여 준다. 교사가 학생들의 대화로 투영시킨 것을 이해한 수업으로 다시 돌아가고 싶어 할지도 모른다. 그러한 대답들은 학생들을 그들의 독특한 언어 · 활동 · 교사 및 학생들과 학습 강화를 장려할 수 있다.

상호 경청

학생들은 긴장을 풀고 목표언어로 테이프에 녹음한 자신의 목소리를 듣는다. 또 다른 가능한 기법은 교사가 학생들이 그들의 눈을 뜨거나 감고 부담없이 들을 수 있도록 읽어 주는 것이다. 세 번째 가능성은 학생들이 교사가 읽을 때 같이 조용하게 속삭이는 것이다.

인간 컴퓨터

한 학생이 발음을 연습하기 위해 필기물 중 일부분을 고른다. 학생은 자신이 단어나 구절을 말하려 노력할 교사를 '제어'한다. 교사는, 학생이 연습하기 원하는 대로 구절을 반복해 주면서 학생의 지휘에 따른다. 교사는 어떤 경우에도 학생의 틀린 발음을 고쳐 주지 않는다. 이것은 단어나 구절을 명확하게 반복하는 교수의 일관된 행동을 통해 학생이 교사의 방법을 모방하면서 스스로 교정할 수 있도록 한다.

소그룹 과업

우리가 관찰한 교실의 소그룹은 필기물에 있는 단어를 이용한 새로운 문장을 만들 것을 요구받는다. 그 후에 그룹들은 다른 학생들과 그들이 만든 문장들을 공유한다. 한 주 뒤에, 학생들은 만들어진 문장을 쌍을 이루어 서로 다른 동사변화로 작업한다.

학생들이 소그룹으로 작업할 때 일어날 수 있는 많은 다른 활동들이 있다. 소그룹 활동을 사용하는 교사들은 학생들이 서로 간에 배울 수 있고, 소그룹으로 작업을 하면 영어를 더욱 많이 학습할 수 있다고 믿는다. 또한, 소그룹은 학생들 서로를 더 잘 알 수 있도록 도와준다. 이것은 학급 일원들 간의 유대관계를 발전시킬 수 있도록 이끌 수 있다.

결론

공동체 언어학습 에서 일어날 수 있는 가장 기본적 원리는 다음의 구절들로 요약된다. 1) '학습은 인격체이다' 모든 개개인이 다른 언어를 배우는데 있어서 전인격적 학습이 되어야 한다. — 교사와 학생 · 학생들 간의 신뢰 · 격려 · 그리고 협동의 관계 속에서 가장 잘 습득될 수 있다는 것을 의미한다. 그리고 2) '학습은 역동적이고 창조적이다.' 이것은 학습이 활기를 주고 발전적인 과정으로 가야 한다는 것을 의미한다.

공동체 언어학습은 정의적 영역을 강조한 고전적 교수법의 하나이다. C. Curran(1972)은 '상담학습(Counseling-Learning)' 모델에서 교사와 학생이 함께 하는 상호작용의 중요성을 강조한다. 전인적 개인을 중요하게 여기며 커뮤니케이션을 방해하는 활동은 모두 제거된다. 교사는 권위나 위협의 대상이 아닌 진정한 카운슬러이다. 교사와 학생은 교육적 공동체이다. 교사의 카운슬링을 통해 학생은 독립심과 자신감 그리고 내면적 동기를 키워준다. 그러나 단점도 제기된다.

첫째, 교사와 학생 사이에 직접적 지시가 없다는 문제가 생긴다. 제2언어 학습 초기단계에서는 교사의 직접적인 지시가 어느 정도 필요하기 때문이다.

둘째, 공동체 언어학습은 너무 학습전략에 의존하고 있다고 본다. 초반 학습에서 필요한 전략은 귀납적이 아닌 연역적 전략이다. 교사의 연역적 수업방법이 성공적일 때 비로소 그 다음 단계에서 학생들은 독립심과 자신감을 회복하고 귀납적인 단계로 갈 수 있기 때문이다.

마지막으로, 교사의 번역에 너무 많이 의존하는 것이 공동체 언어학습의 또 다른 문제이다. 번역과정은 미묘하고 복잡한 과정이므로 교사의 조그마한 실수로 학생들은 큰 오해와 영어에 대한 잘못된 생각에 접할 수 있기 때문이다. 그러므로 교사의 수업운영 방법과 적용은 상대적으로 중요하다고 본다.

7. 전신반응교수법(Total Physical Response)

전신반응교수법은 언어와 행동의 결합을 기초로 새워진 교수법이다. 행동주의 심리학자들의 견해를 토대로 육체적 자극이 많을수록 그 학습의 반응은 커진다는 구조주의 언어학에 기초한다.

한편 이 교수법은 인본주의 심리학자들과 함께 언어학습에서 정의적 요소의 역할을 강조한다. 즉 게임과 같은 방법을 통해 학습자들의 스트레스를 낮춰 학습을 보다 수월하게 할 수 있게 해 준다는 것이다. Asher의 이해접근법(Comprehension Approach)은 듣기 이해가 중요하다고 보고 있다. 다시 말해 이해능력이 생산기술(Productive skills)을 선행하며, 말하기 수업은 이해력 기술이 확립될 때까지 연기되어야 한다는 것이다. 듣기를 통해 습득된 기술은 다른 영역의 기술로 이전되며, 가르치는 수업의 내용은 형태가 아닌 의미 중심이 된다.

이 교수법에서는 낮은 정의적 여과장치(Affective filter)를 창조하는 것이 좋은 학습 조건이다. 만약 불안이 감소한다면 학생들의 자신감은 올라간다. 뿐만 아니라 학생들이 말하는 결점을 늘리지 않게 된다는 사실에서 그 여과기는 낮게 유지된다. 따라서 수업 도중에 모르는 것이 생겨도 교사는 학생들이 대답할 준비가 되어 있을 때까지 기다린다.

이 방법에서 학생들은 동반된 그림들을 보는 동안에 녹음된 단어 · 구 문장을 듣는다. 그 말의 의미는 제공된 그림들의 내용에서 분명해진다. 학생들은 각각의 그림을 가리키거나, 그것을 묘사하거나 그들이 들었던 언어로 이해한 것을 보여 주는 것과 같은 몇 가지 방법으로 반응이 요구되어진다. 또한 그림이 삽입된 이야기들은 추상적인 의미를 전달하기 위해서 고안물로써 사용된다. 특히 낮은 수준에서는 교사는 학생들에게 영어의 어휘의 형태에 대한 인식을 상승시키는 연습과 행동을 준다. 학생들은 참여

속에서 아래와 같은 다양한 단어를 알아내는 데 용기를 얻는다.

Asher는 그의 연구에서 가장 빠르고, 덜 스트레스를 받으며 목표언어의 이해를 성취하는 방법을 생각했다. 여기서는 모국어의 번역 없이 수업이 이루어진다.

다음은 30명으로 구성된 기초반 영어 수업을 예로 들어 전신반응 교수법을 설명한다. 1주일에 3시간씩 1번 수업을 한다.

수업 모델 및 절차

이 수업은 첫 번째 수업시간으로 교사는 먼저 모국어로 수업할 내용을 설명한다. 교사는 수업 내용을 설명한 후 학생들에게 질문을 하게 한다. 손을 든 네 명의 학생에게 교실 앞으로 나오게 하고 다른 학생들과 마주보게 하고 나란히 있는 의자에 교사와 함께 앉는다. 교사는 다른 학생들에게 듣고 보라고 말을 한다. 교사는 영어로 말을 한다. 예를 들어 'Stand up!' 하고 말하면서 교사는 일어나고 4명의 학생에게 일어나라는 신호를 보낸다. 그들은 모두 일어선다. 'Sit down!' 교사가 말하고, 그들은 모두 앉는다. 교사의 명령에 따라서 교사와 학생들은 함께 여러 번 일어서고 앉는 행동을 한다. 학생들은 아무 말도 하지 않는다. 그 다음에 그들은 함께 일어선 다음에 교사의 새로운 명령에 따른다. 'Turn around!' 학생들은 교사의 행동을 따라 돌고 나서 의자를 향해 있게 된다. 'Turn around!' 교사는 다시 말하고 이번에 학생들은 그 전처럼 다른 학생들 쪽으로 돌게 된다. 'Sit down! Stand up! Turn around! Sit down.' 'walk!' 등등의 말을 한다. 그리고 학생들은 학생들의 의자의 줄 앞쪽으로 모두 따라서 걷기 시작한다.

'Stop! Jump! Stop! Turn around! Walk! Stop! Jump! Stop! Turn around! Sit down!' 교사가 명령을 하면 학생들은 모두 함께 그 행동들을 수행한다. 교

사는 이러한 명령을 다시 주고 그들의 순서를 변화시키고, 조용히 빨리 말을 한다. 'Stand up! Jump! Sit down! Stand up! Turn around! Walk! Stop! Turn around! Walk! Jump! Turn around! Sit down!'

교사는 한 번 더 명령한다. 그러나 이번에는 앉은 채로 한다. 4명의 지원자들이 교사의 명령에 반응한다. 'Stand up! Sit down! Walk! Stop! Jump! Turn around! Turn around! Walk! Turn around! Sit down!' 학생들은 완벽하게 반응한다. 다음으로 교사는 지원자 중의 1명에게 자신의 지시를 혼자 했으면 좋겠다는 뜻을 표시한다. 한 학생은 손을 들면 교사가 지시한 행동을 수행한다.

마지막으로 교사는 자신과 4명의 지원자를 관찰하면서 앉아 있던 다른 학생들에게 다가간다. 'Stand up!' 교사는 말하고 학생들은 반응한다. 'Sit down! Stand up! Jump! Stop! Sit down! Stand up! Turn around! Turn around! Jump! Sit down!' 그 학생들은 전에 그 행동을 하지 않았을지라도, 그 학생들은 교사의 지시에 따라서 수행할 수가 있다.

교사는 그 학급이 이러한 6가지의 지시를 익혔다는 것에 만족스러워 했다. 교사는 몇 가지 새로운 것들을 소개하기 시작했다. 'Point to the door!' 교사는 자신의 오른팔과 오른쪽 둘째손가락으로 그 교실의 맞은편에 있는 문 쪽으로 쭉 가르켰다. 지원자들은 교사와 함께 가리켰다. 'Point to the desk!' 교사는 교실의 앞에 있는 큰 교탁을 가리켰다. 'Point to the chair!' 교사는 자신의 책상의 뒤에 있는 의자를 가리키고, 학생들은 따라서 행동했다. 'Stand up!' 학생들이 일어섰다. 'Point to the door!' 학생들이 가리켰다. 'Walk to the door!' 그들은 함께 걸었다. 'Touch the door!' 학생들은 교사와 함께 문을 만졌다. 교사는 계속해서 아래와 같이 지시했다: 'Point to the desk! Walk to the desk! Touch the desk! Point to the door! Walk to the door! Touch the door! Point to the chair! Walk to the chair! Touch the chair!' 교사는 계속해서 학생들과 행동을 수행한다. 그러나 지시의 순서는 변한다. 이러한 새로운 지시를 몇 번씩 학생들과 연습한 뒤에 교사는 자리에 그대로 앉아있고, 4명의 지원자들이 그들 스스로 지시를 실행한다. 오직 한 번 학생들은 교사가 지시를 반복하고 그들과 함께 행동을 수행할 때 혼란해 한다.

다음으로 교사는 교실의 나머지 학생들에게 주위를 돌려서 뒷줄에 앉아있는 학생들에게 따라 할 수 있는 지시를 준다: 'stand up! Sit down! Stand up! Point to the desk! Point to the door! Walk to the door! Walk to the chair! Touch the chair! Walk! Stop! Jump! Walk! Turn around! Sit down!' 교사가 지시를 변화시킬지라도, 학생들은 그 순서를 따라 하는 데 어떠한 문제를 가지는 것 같지는 않다.

다음으로 교사는 4명의 학생들에게 시선을 돌려서 말한다. 'Stand up! Jump to the desk!' 학생들은 결코 이러한 지시를 전에 들을 수 없다. 그들은 1초 동안 망설이다가 그들이 말했던 것처럼 책상 위로 뛰어오른다. 모든 사람들은 이 광경에 웃는다. 'Touch the desk! Sit on the desk!' 다시, 교사는 새로운 지시를 사용한다. 그들은 전에 연습을 한 적이 없다. 교사는 그리고 나서 복잡한 문장의 형식으로 된 2개의 지시를 내린다. 'Point to the door and walk to the door!' 다시, 그 그룹은 지시한 것대로 수행한다. 마지막 단계에서, 교사는 새로운 지시를 칠판에 쓴다. 매번 교사는 지시 문장을 쓰고 그것을 완전히 행동한다. 학생들은 그 문장을 칠판을 보면서 노트에 따라 적는다. 수업이 끝이 났다. 교사를 제외한 어느 누구도 한마디도 하지 않았다. 그러나 몇 주 후에 우리가 그 교실에 들어갔을 때 우리는 다른 목소리를 들었다. 우리는 잠시 동안 멈추어서 들었다. 학생들 중의 한 명이 말하고 있었다. 교사는 'Raise your hands! Show me your hands! Close your eyes! Put your hands behind you! Open your eyes! Shake hands with your neighbor! Raise your left foot!' 우리는 그 학생이 다른 학생과 지시를 한 교사에게 지시하는 것을 보았다. 그들은 어떤 말도 하지 않았다. 그들은 단지 그 학생의 지시를 따를 뿐이다.

수업 내용과 교수법 원리

여기서는 전신반응교수법(Total Physical Response)의 수업 내용과 각각의 내용이 교수법에서 의미하는 바를 정리해 본다.

수업 내용	교수법 원리
1. 교사는 영어로 지시를 주고, 그것을 가지고 학생들은 수행한다.	영어에서의 의미는 주로 행동을 통하여 전달할 수 있다. 기억은 학습자의 반응을 통하여 행동화된다. 영어 교육을 시작하는 것은 말로 할 수 없는 행동을 통제하는 뇌의 우반구에서 기억할 수 있다. 목표언어는 단지 한 단어가 아니라 상당한 양을 나타낼 수 있다.
2. 학생들은 아무 말도 하지 않는다.	영어에 대한 학생들의 이해는 말하기 전에 개발될 수 있다.
3. 교사는 지시를 조용하고 빠르게 준다.	학생들은 그들의 몸을 움직이면서 영어의 한 부분을 처음에 배울 수가 있다.
4. 교사는 앉아서 지원자들에게 지시를 내린다.	명령문은 교사가 학생들의 행동을 지도할 수 있다는 점에서 강한 언어학의 기구이다.
5. 교사는 지원자들보다 학생들을 가리킨다.	학생들은 그들 스스로 행동을 수행할 뿐만 아니라 행동을 관찰하면서 학습할 수 있다.
6. 교사는 자신이 첫 번째 6개의 지시를 해낸 것에 대해 만족한 후에 새로운 지시를 소개한다.	학생들이 성공을 느낀다는 것은 매우 중요한 것이다. 성공의 느낌과 낮은 불안은 학습을 촉진한다.
7. 교사는 지시의 순서를 바꾼다.	학생들은 정해진 순서를 기억하지 않아야 한다.
8. 그 학생이 실수를 했을 때, 교사는 그것을 완전히 끝낼 때까지 그 지시를 반복한다.	정정은 겸손한 태도에서 수행될 수 있다.

9. 교사는 학생들에게 전에 들어보지 않았던 지시문을 준다.	학생들은 상당한 양의 영어의 새로운 종류의 조합을 융통성 있게 이해하는 것을 발달시켜야만 한다. 학생들은 연습을 통하여 정확한 문장보다 더 많이 이해할 필요가 있다. 새로운 것은 또한 동기가 된다.
10. 교사는 말한다. 'Jump to the desk!' 모든 사람들이 웃는다.	영어를 배우는 것은 그것이 재미있을 때 더욱 효과적이다.
11. 교사는 칠판에 새로운 지시문을 쓴다.	말하는 영어는 쓰는 영어 이상으로 강조되어야만 한다.
12. 몇 주 후에 전에 말하지 않았던 학생이 지시문을 준다.	학생들은 그들이 준비가 되었을 때 말하는 것을 시작할 수 있다.
13. 한 학생이 말한다. 'Shake hand with your neighbor!'	학생들은 그들이 첫 번째로 말하기 시작했을 때 실수를 만드는 것을 당연하다고 생각한다. 교사들은 그들에게 너그러워야 한다. 언어의 자세한 공부를 할 수 있기 위해서는 학생들이 어느 정도 숙달될 때까지 미루어야만 한다.

교수법의 의의

다음은 전신반응교수법이 의의를 몇 가지 항목에서 알아보기로 한다.

1. 전신반응교수법을 사용하는 교사들의 목적은 무엇인가?

전신반응 교수법을 사용하는 교사들은 외국어의 의사소통을 학습할 때에 학생들이 경험은 즐거움을 가지고 하는 것이 중요하다고 믿는다. 사실 전신반응 교수법은 외국어를 배우는 학생들과 시작단계에서 더 나아지려는 학생들이 느끼는 스트레스를 감소시키기 위해서 개발되었다.

Asher는 이렇게 하는 방법은 아이들이 그들의 모국어 학습에서 외국어 학습이 기초한다고 생각한다.

2. 교사들과 학생들의 역할은 무엇인가?

처음에 교사는 모든 학생의 행동을 지시한다. 학생들은 말을 사용하는 않는 교사의 행동을 모방한다. 보통 10시간에서 20시간 지시 후에, 일부 학생들은 대답할 준비를 하게 될 것이다. 그 점에서 교사와 다른 학생들을 지시하는 개인적인 학생들의 역할이 반전될 것이다.

3. 교수와 학습과정의 특징에는 어떤 것들이 있는가?

수업의 첫 번째 면은 모델링 중의 하나이다. 그 지시자는 몇 학생들에게 지시를 내린다. 그리고 그들과 함께 그 행동을 수행한다. 두 번째 면은 이러한 같은 학생들은 그들이 혼자 그것들을 수행함으로써 지시를 이해한다는 것을 증명한다. 관찰자들은 또한 그들의 이해를 증명할 기회를 가지고 있다.

교사는 다음에 학생들이 친숙하지 않은 말들을 이해하고 융통성을 개발시키기 위해서 그 지시들의 요소를 다시 결합한다. 학생들이 수행하는 이러한 지시들은 종종 재미가 있다.

몇 가지 말로 지시를 하는 것에 반응하는 것을 배운 이후에 학생들을 그것들을 읽고 쓰는 것을 배운다. 학생들이 말하는 것을 준비가 되었을 때 그들은 그 지시를 하는 학생이 된다. 학생들이 말을 시작한 후에 재미있는 질문과 게임들을 포함한 넓은 활동을 한다.

4. 학습자-교사 및 학습자-학습자 간의 상호작용의 본질은 무엇인가?

교사는 학생들 전체의 집단과 개개인의 학생들과 상호작용을 한다. 처음에 그 상호작용은 교사의 말과 학생들의 비언어적으로 반응하는 것에 의해서 특징 지워진다. 나중에 학생들에게 더 언어적으로 되고 교사는 비언어적으로 반응한다.

학생들은 활동을 함께 수행한다. 학생들은 서로 보면서 배울 수 있다. 그러나 몇 가지 점에서 Asher는 관찰자는 그 지시들을 유지하기 위해서 그 지시를 이해했다는 것을 증명해야만 한다고 생각했다. 학생들이 말을 시작할 때 그들은 다른 학생들뿐만 아니라 교사에게도 지시를 한다.

5. 학생들의 감정을 어떻게 다룰까?

전신반응교수법을 사용하는 주요한 이유 중의 하나는 학생들이 영어를 공부할 때 느끼는 스트레스를 감소시키는 것이다. 이것이 성취되는 근본적인 방법 중의 하나는 그들이 준비가 됐을 때, 말하기를 배우는 것을 따르는 것이다. 그들에게 말하기를 강요하는 것은 그전에 불안을 만들게 될 것이다. 또한 학생들이 말하기를 시작했을 때 완벽성은 기대해서는 안 된다.

불안을 감소시키는 다른 방법은 가능한 재미를 가지고 언어를 배우게 만드는 것이다. 익살스러운 지시와 우스꽝스러운 문장의 사용은 언어 학습은 재미일수 있다는 것을 보여 주는 두 가지 방법이다.

마지막으로 너무 많은 모방이 되지 않는 것이 중요하다. 그러나 학생들은 너무 서두르지 않는 것도 중요하다. 성공의 기쁨과 낮은 불안은 학습을 촉진하게 한다.

6. 언어와 문화를 어떻게 생각할까?

모국어의 취득에서처럼 말의 형식은 원시적이다. 문화는 그 언어를 모국어로 말하는 사람들의 생활양식이다.

7. 강조되어지는 언어의 영역과 기술은 무엇일까?

어휘와 문법적인 구조는 다른 언어범위에서는 강조되어진다. 이것들은 명령법 내에 끼워 넣는다. 명령법은 하나의 단어와 다양한 언어 덩어리이다.

명령법을 사용하는 한 가지 이유는 말을 할 때 모국어를 학습하는 어린 아이들에게 지시하는 산출의 횟수 때문이다.

구두 언어를 이해하는 것은 그것의 생산을 진행시켜야만 한다. 말하는 단어는 쓰는 언어보다 강조되어진다.

8. 학생들의 모국어의 역할은 무엇인가?

전신반응교수법은 보통 학생들의 모국어로 소개되어진다. 그 소개 이후에 거의 그 모국어는 사용되지 않는다. 말의 의미는 신체의 움직임을 통하여 분명해진다.

9. 성취된 평가는 어떻게 하는가?

교사는 학생들의 행동을 관찰함으로써 그들이 이해했는지 안 했는지를 즉시 알 수가 있다. 형식적인 평가는 개개인의 학생들에게 연속적인 행동을 수행하게 함으로써 간단하게 실시할 수 있다. 학생들은 그들이 수행하는 짧은 과제가 더 진보하게 되면서 그들에 대한 평가는 나아질 수 있다.

10. 교사는 학생들의 실수에 어떻게 반응하는가?

학생들은 처음 말하기를 시작할 때 실수를 하는 것은 예상되어진다. 교사들은 학생들에게 너그러워야 하며 오직 중요한 실수를 고쳐 준다. 이것들은 겸손하게 정정해 주어야 한다.

교수법에 사용된 기술

우리가 관찰한 수업에서 본 것처럼, 중요한 기술은 직접적인 행동을 하기 위한 지시문들의 사용이다. Asher는 이 기술이 중요할지 모르지만 학생들이 흥미를 유지할 수 있기 위해서 다양한 활동을 준비해야 한다고 했다.

명령문 사용하기

우리가 교실에서 관찰한 것 중 분명한 것은 명령문의 사용이 전신반응 교수법의 중요한 부분이라는 것이다. 명령문은 행동을 수행하는 학생들에게 주어진다. 그 행동은 그 명령을 분명한 의미를 갖게 한다. Asher는 그 속도를 유지해야 한다고 제안했다. 교사가 수업시간에 소개할 명령들을 미리 계획하는 것은 교사들에게 반드시 필요하다. 만약 교사가 수업을 진행하면서 그것들을 생각하려고 노력한다면 수업 진행속도는 너무 느려질 것이다.

첫 번째로, 교사들이 학생들과 함께 그 행동들을 수행하는 것은 의미를 분명하게 하기 위한 것이다. 다음으로 교사는 학생들에게 혼자 지시한다. 그 학생들의 행동은 학생들이 이해를 했는지 아니했는지를 교사에게 말해주는 것이다. 우리가 관찰한 수업에서 본 것처럼, Asher는 교사가 언어와 함께 그 행동들을 연결시키지 않고 연속적인 행동들을 간단히 기억하지 않게 하기 위해서 연속적인 지시들을 변경해야 한다고 충고했다.

Asher는 학생들이 성취감을 느끼는 것은 가장 중요하다고 믿었다. 그러므로 교사는 너무 빨리 다른 지시들을 소개하지 말아야 한다. 교사는 한번에 3가지 내외의 지시를 표현해야 한다. 학생들이 이것들로 성공감을 느낀 후에 3개 이상을 가르칠 수 있다. 한편, Asher는 모든 문법형태는 상호작용을 통하여 의사소통이 될 수 있다고 주장한다.

역할 전도(Role reversal)

학생들은 몇 가지 행동을 수행하기 위해서 그들의 교사와 학급에게 지시를 한다. Asher는 몇몇 학생들이 더 오래 걸릴지라도 학생들은 오랜 시간의 교수 후에 말하기를 원할 것이라고 말한다. 학생들은 그들이 준비될 때까지 말하기를 촉진하지는 않는다.

연속적인 행동

우리는 교사가 3가지의 연결된 지시들을 주는 것을 보았다. 예를 들면, 교사는 학생들이 문을 가리키고, 문으로 걸어가고, 그 문을 만지라고 말한다. 학생들이 목표언어를 더 많이 배우면서 전체적인 과정에 함께 포함된 더 길고 연속적으로 연결된 지시가 주어진다. 우리는 첫 번째 학급에서 긴 연속적인 행동을 보지 않았었지만, 나중에 학생들이 아래 나와 있는 지시를 받을지도 모른다. 예를 들어 보자.

Take out a pen.

Take out a piece of paper.

Write a letter.

Fold the letter

Put it an envelope.

Seal the envelope.

Write the address on the envelope.

Put a stamp on the envelope.

Mail the letter.

이러한 연속적인 지시들은 연속적인 행동이나 작용 등을 부른다. 편지 쓰기 같은 모든 많은 활동들은 학생들이 수행하기 위해서 요구되어질 수 있는 하나의 연속적인 행동에서 많은 것을 배울 수 있다.

결론

전신반응교수법은 제2언어 습득 분야에서 '이해'의 역할을 강조하고 있으며, 다른 분야의 기술과 조화를 이루며 가르칠 수 있는 교수법이다. 이러한 교수법은 학생들이 큰 소리로 대답할 수 있는 자신감을 갖게 됐을 때, 비로소 교실 대화와 수업활동이 이루어지는 의사소통 교수법이다. 언어학습의 몸동작을 통한 학습을 추구하는 것이 특징이다.

그러나 단점도 제기된다. 초급 수준의 학습자에게는 효과적이지만 학습자가 언어능력을 향상시켜 감에 따라 그 효과는 줄어든다고 볼 수 있다.

한편, 듣기를 말하기보다 강조하고 있으며 듣기는 육체적 반응과 함께 나타나게 된다. 이 학습법은 우반구 언어 기능이 좌반구 언어 기능보다 우선한다는 점을 부각하고 있다. 교사는 연기와 듣기를 학생들에게 많이 요구하며, 지시적으로 연기와 언어실습을 이끌어 간다.

8. 의사소통 언어수업(Communicative Language Teaching)

1970년대 중반 이후로, 교사들은 의사소통능력 향상과 언어와 의사소통의 상호의존 관계를 바탕으로 언어의 4기능을 가르치는 교수법에 관심을 갖게 되었다. 또한 언어학적 구조를 숙달하는 것보다 의사소통할 수 있는 것이 더 많이 필요하다는 것에 주목했다. 학생들은 사회적 맥락 안에서 특정한 기능, 예를 들어 약속 · 초대 · 거절 등을 수행하며 의사소통능력을 기를 수 있었다. 이것은 언제 누구에게 · 무엇을 · 어떻게 말해야 하는지를 알 수 있는 의사소통 능력을 요구한다. 이러한 의견은 1970년대 후반과 1980년대 초반에 언어학적 구조를 중심으로 하는 접근에서부터 의사소통 접근으로의 변화에 기여하였다.

의사소통 언어 수업의 특징은 다음과 같다.

1) 의미 중심적이다.
2) 의사소통을 위해 대화문을 암기하지 않는다.
3) 문맥화(Contextualization)가 기본 전제가 된다.
4) 언어학습은 의사소통을 목적으로 한다.
5) 언어 훈련은 부차적으로 이루어진다.
6) 이해할 수 있는 발음(Comprehensible pronunciation)을 추구한다.
7) 모국어 사용은 필요할 경우 사용 가능하다.
8) 학생들에게 필요할 경우 번역을 할 수 있다.
9) 영어 체계는 의사소통 과정을 통해 배운다.
10) 의사소통 능력 습득이 수업의 목표이다.
11) 언어적 변형은 수업 방법에서 필수적이다.
12) 수업 내용 · 언어 기능은 흥미로운 자료로 이루어져야 한다.
13) 교사는 학생들이 언어를 재미있게 공부하도록 동기를 부여해 주어야 한다.
14) 언어는 많은 시행착오를 겪으며 창조되는 것이다.
15) 유창성(Fluency)이 수업의 주된 목표이다. 반면 정확성(Accuracy)은 문맥에서 배울 수 있다.
16) 학생들에게는 다른 학생들과의 상호작용이 요구된다. 그룹 활동이나 2인 활동이 학생들에게 필요하다.
17) 교사는 학생들이 정확히 무슨 말을 사용할지 알 수가 없다.
18) 내면적 동기는 언어를 통해, 의사소통된 흥미 있는 내용에 의해 생긴다.

다음은 의사소통 수업이 어떠한 내용과 절차에 의해 이루어지는지를 알아보기 위해, 중급 수준의 학습자 20명을 대상으로 1주일에 2회, 2시간씩 이루어지는 수업을 살펴보기로 한다.

수업 내용 및 절차

교사는 학생들에게 인사하고 유인물을 배부한다. 양면에 글이 씌어 있다. 한 면은 최근 신문의 스포츠난을 복사한 것이다. 이는 신문기자가 월드컵에서 누가 승자가 될 것인가에 대한 논의이다. 교사는 학생들에게 그 기사를 읽고 신문기자가 쓴 예측에 밑줄을 긋도록 요구했다. 그는 영어로 모든 지시사항을 행한다. 학생들이 끝마쳤을 때, 그들은 그들이 밑줄 친 것을 읽는다. 교사는 칠판에 예측들을 쓴다. 그 후 교사와 학생들은 기자가 어떤 예측들에 대해서 더 확신을 갖게 되고, 어떤 예측들에 대해서는 덜 확신을 갖게 되는지에 대해 토론한다.

> Brazil is very likely to win the World Cup this year.
> Korea win if they play as well as they have lately.
> France probably will not be a contender again.
> England may have an outside chance.

그 후 그는 학생들에게 첫 문장을 보고, 이 문장과 동일한 예측을 표현할 다른 방법을 학급학생들에게 말해보라고 요청한다. 한 학생이 'Brazil probably will win the World Cup.'라고 말하자, 교사는 'Yes,'라고 말한다. 'Any others?' 아무도 응답하지 않는다. 교사는 'Brazil is almost certain to win the World Cup.'라고 제시한다. 'What about the next?' 교사는 학생들에게 묻는다. 한 학생이 'It is possible that Korea will win the World Cup.'라고 대답한다.

또 다른 학생은 'There's a possibility that Italy will win the World Cup.'라고 제시한다. 신문기자의 예측들의 각각은 이와 같은 방법으로 논의된다. 학생들이 제시하는 모든 문장은 신문기자의 본래의 예측과 동일한 정도의 확신을 전달하는지 확인하기 위해서 교사와 다른 학생들에 의해서 평가받는다.

다음으로, 교사는 학생들에게 유인물의 다른 면을 펴 보라고 요청한다. 여기에는 그들이 연습했던 신문기사의 모든 문장이 있다. 그러나 이 문장들은 순서가 바뀌어져 있다. 예를 들어, 유인물의 이쪽 면에 있는 처음 두 문장들은 다음과 같다.

England may have an outside chance.

In the final analysis, the winning team may simply be the one with the most experience.

첫 문장은 본래의 스포츠난의 중간에 있었던 문장이었다. 두 번째 문장은 본래 난의 마지막 문장이었다. 교사는 학생들에게 이 문장들을 정돈하고, 숫자를 매겨 적절한 순서대로 연결시켜 보라고 말한다. 그들이 마쳤을 때, 학생들은 그들이 했던 것과 유인물의 다른 면에 있는 본래의 문장들과 비교해 본다.

그 다음, 교사는 학생들이 한 가지 게임을 하게 될 것이라고 선언한다. 그는 학급 학생들을 각각 5명씩 소집단으로 나눈다. 그는 13개의 카드, 1벌을 각각의 그룹에게 나누어준다. 각각의 카드는 하나의 스포츠 용품 그림이 있다. 학생들이 이 품목을 식별함으로써, 교사는 칠판에 각각의 이름을 쓴다. 농구공 · 축구공 · 배구공 · 테니스 라켓 · 스키 · 아이스 스케이트 · 롤러스케이트 · 미식축구공 · 야구방망이 · 골프 클럽 · 볼링 공 · 배드민턴 라켓 · 하키 스틱 등이다.

카드들을 섞고 한 집단에서 학생들 중 4명에게 각각 3개의 카드가 주어진다. 그들은 그 밖의 어느 누구에게도 그들의 카드를 보여 주지 않는다. 여분의 카드는 집단의 한 가운데에 엎어둔다. 각 그룹의 5번째 학생은 어느 카드도 받지 못한다. 그 학생은 다른 학생이 다음 주말에 무엇을 할 것인지 예상해야 한다는 말을 듣는다. 5번째 학생은 'He may go skiing this weekend'와 같은 진술을 한다. 만약 그 학생이 속한 집단의 구성원들 중 하나가 스키가 그려진 카드를 가지고 있다면, 그 사람은 예를 들어 'He can't go skiing because I have his skis.'라고 대답할 것이다. 반면에, 만약 어느 누구도 스키가 그려진 카드를 가지고 있지 않다면, 5번째 학생은 그 학생이 스키를 타러 갈 가능성에 대해 강한 표현을 쓸 수 있다. 예를 들면, 그 학생은 'He will go skiing'이라고 말할 수 있다. 그 학생은 엎어져 있던 카드를 뒤집음으로써 그 학생의 예측을 확인할 수 있다. 만약 스키에 대한 카드라면, 그 학생은 자신이 맞았음을 알게 된다. 학생들은 정말 이 게임을 즐기는 듯했다. 그들은 학급친구가 어떻게 그들의 시간을 보낼 것인지에 대하여 예측하기 위한 기회를 각각의 사람이 갖도록 하기 위해 순서를 정한다.

그 다음 활동에 있어, 교사는 다음과 같은 많은 예측들을 읽는다.

By 2020, solar energy will replace the world's reliance on fossil fuels.

By 2050, people will be living on the moon.

학생들에게 이 예측들이 얼마나 가능성이 있다고 생각하며 왜 그들이 그렇게 믿는지에 대해 진술해 보라고 말한다. 또한 그들은 이 예측을 어떻게 느끼는가에 대하여 물었다. 이 예측들 중 하나를 논의함에 있어서, 한 학생은 22세기까지는 세계 정부가 수립될 것 같다고는 생각하지 않는다고 말한다. 교사와 학생들은 그의 오류를 무시하고 논의는 계속된다.

다음으로, 교사는 학생들을 3집단으로 나눈다. 20명의 학생들이 있기 때문에 3명씩 6집단, 2명씩 1집단이 있다. 각각의 집단의 한 구성원에게는 그림 이야기가 주어진다. 한 장의 종이에 한 줄로 6개의 그림들이 있지만, 아무 설명도 없다. 그림들은 하나의 이야기를 말해 준다. 그림 이야기를 가진 학생은 자기 집단의 다른 구성원들에게 첫 번째 그림을 보여 주고, 남은 5개의 그림들은 숨긴다.

다른 학생들은 두 번째 그림에서 무슨 일이 발생할 것인지 예측하기 위해 노력한다. 첫 번째 학생은 그들이 맞았는지 틀렸는지에 대해 말한다. 그런 후 그는 두 번째 그림을 그들에게 보여 주고 세 번째 그림은 무엇과 같을지 예측해 보라고 요청한다. 전체 일련의 그림들이 보여지고 난 후, 그 집단은 새로운 그림 이야기를 받고 그들은 역할을 바꾸어, 첫 번째 학생에게 한 동료와 함께 예측을 할 기회를 제공한다.

수업의 마지막 활동으로써, 학생들은 역할극을 하게 될 것이라는 말을 듣는다. 선생님은 4집단으로 나뉘게 될 것이라고 그들에게 말한다. 그들은 모두 같은 회사의 피고용인이라고 상상하게 된다. 그들 중 하나는 다른 사람들의 사장이다. 그들은 그들의 회사가 다른 회사와 합병한 결과, 발생될 가능한 일들이 무엇인지에 대하여 논의하는 회의를 갖고 있다. 그들은 시작하기 전에, 몇 가지 가능성들을 함께 논의한다. 그들은 자기들 회사에서 몇 명의 사람들이 실직을 당할 것인지, 이사를 해야 할 것인지, 어떤 정책들이 변해야 하는지, 그들은 더 많은 돈을 벌게 될 것인지 등과 같은 주제에 대해서 논의하기로 결정한다. 교사는 다음과 같이 상기시켜 준다.

'Remember that one of you in each group is the boss. You should think about this relationship if, for example, he or she makes a prediction that you don't agree with.'

15분 동안 학생들은 그들의 역할극을 수행한다. 교사는 질문에 대답하기 위해 집단 사이를 오가며 집단이 논의할 수 있는 것에 대하여 충고를 제안한다. 그것이 끝난 후, 학생들은 어떤 질문도 제기할 기회를 갖는다. 이런 식으로 그들은 약간의 적절한 어휘를 이끌어 낸다. 그런 후 그들은 어떠한 언어 형태가 그들의 사장과 대면할 때 적절한지에 대해 논의한다. 교사는 다음과 같이 설명한다.

'For example, what if you know that your boss doesn't think that the vacation policy will change, but you think it will. How will you state your prediction? You are more likely to say something like 'I think the vacation policy might change,' than 'The vacation policy will change.''

교사는 또 이렇게 말한다. 'What if, however, it is your colleague with whom you disagree and you are certain that you are right. How will you express your prediction then?' 한 학생은 'I know that the vacation policy will change.'라고 제안한다. 또 다른 학생이 'I am sure that the vacation policy will change.'라고 말한다. 세 번째 학생은 단순히 'The vacation policy will change.'라고 말한다.

수업은 거의 끝났다. 교사는 숙제를 내 주기 위해서 마지막 몇 분을 사용한다. 학생들은 그 날 밤 두 정당 후보들 간의 토론을 라디오로 듣거나, 텔레비전으로 봐야 한다. 그런 후 그들은 누가 선거에서 이길 것이라고 생각하는지, 그리고 왜 그렇게 생각하는지에 대한 그들의 예측을 영어로 쓰는 것이다. 그들은 다음 수업시간이 시작되면 학급 친구들에게 이를 읽어 주게 될 것이다.

수업 내용과 교수법의 원리

이상에서 보듯이, 의사소통 언어수업의 내용이 언어 기능을 강조한 의사소통 중심 수업인 것을 알 수 있다. 다음은 각각의 수업 내용이 시사하는 교수법의 원리에 대해 알아본다.

수업 내용	교수법 원리
1. 교사는 최근 신문 스포츠난의 복사본인 유인물을 배부한다.	가능하다면 실제성 언어(Authentic language)가 도입되어야 한다.
2. 교사는 학생들에게 신문기자의 글 중 예측에 관한 부분에 밑줄을 긋고, 그 신문기자가 그것들 가운데 어느 부분에 가장 확신을 갖고, 어느 부분에 적게 확신을 갖는지 말하도록 한다.	화자와 필자의 의도를 이해할 수 있는 것은 의사소통에서 유리하다는 것의 일부이다.
3. 교사는 학생들에게 목표언어의 활동 방향을 제시한다.	영어는 단지 연구대상이 아니라 학급 의사소통을 위한 수단이다.
4. 학생들은 서로 다른 단어를 가지고 신문기자의 예측을 진술하려고 한다.	하나의 기능은 많은 다른 언어 형태를 가질 수 있다. 이 과정의 초점은 실제 언어 사용에 있기 때문에, 다양한 언어 형태들이 함께 제시된다. 단지 언어 형태의 숙달보다는 다소 의사소통 과정에 중점을 둔다.
5. 학생들은 그 신문 기사의 문장을 정돈한다.	학생들은 담화 수준 또는 초문장(Suprasentential) 수준에서 언어를 학습해야 한다. 그들은 문장들을 함께 묶어주는 언어의 특성들인 결합성과 통일성에 대하여 배워야 한다.
6. 학생들은 영어 게임을 한다.	게임은 실제 의사소통 사례들과 공통적인 특징인, 교환의 목적을 갖고 있기 때문에 중요하다. 또한, 화자는 청자로부터 자신이 성공적으로 의사전달을 했는지의 여부에 대해 즉각적인 피드백을 받는다. 이런 방법으로 그들은 의미를 협의할 수 있다. 마침내, 학생들이 소집단으로 나누어 학습하게 하는 것은 그들이 받는 의사소통 연습의 양을 최대화한다.

7. 학생들은 예측들에 대하여 어떻게 느끼는지 질문을 받는다.	학생들에게 그들의 생각과 의견을 표현할 기회가 주어져야 한다.
8. 한 학생은 오류(Error)를 범한다. 교사와 다른 학생들은 이를 무시한다.	오류는 관대히 다루어지며 이것들은 의사소통 기술 개발의 자연스러운 결과로 취급된다. 이 활동은 유창성에 의해 결정되기 때문에 교사는 학생의 오류를 정정하지 않는다. 그러나 간단하게 그 오류를 기록하고, 이것은 그가 다음 시점에 되돌아오게 될 것이다.
9. 교사는 학생들 각각의 집단에 그림 이야기(Strip story)와 수행할 임무를 제공한다.	교사의 주된 책임 중 하나는 의사소통을 촉진할 법한 상황을 재연하는 것이다.
10. 학생들은 그림 이야기에서 다음 그림이 무엇과 같이 보이는지 동료 한 사람과 예측해 본다.	의사소통의 상호작용은 학생들 사이의 협력관계를 증진시킨다. 이는 학생들에게 협의하여 의미를 공부할 기회를 제공한다.
11. 학생들은 역할극(Role play)을 한다. 그들은 자신들이 모두 같은 회사의 피고용인이라고 상상한다.	의사소통 사례의 사회적 맥락(Social context)은 발화의 의미를 찾는 데 필수적이다.
12. 교사는 학생들에게 그들 중 하나가 사장 역할을 하고 그들은 그에게 말하는 동안 이를 기억해야 한다는 것을 상기시킨다.	언어 형태를 적절하게 사용하는 법을 배우는 일은 의사소통 능력의 중요한 부분이다.
13. 교사는 집단과 집단을 오가며 조언을 하고 질문에 대답한다.	교사는 의사소통 활동을 하는 동안 촉진자(Facilitator)로서 그리고 조언자(Advisor)로서 행동한다.
14. 학생들은 한 동료에게 하나의 예측을 진술하기 위해서 사용하는 선택적 형태를 제시한다.	의사소통할 때 화자는 무엇을 말할 것인가 뿐만 아니라 어떻게 말할 것인가에 대한 선택을 한다.
15. 역할극이 끝난 후, 학생들은 적절한 어휘를 이끌어낸다.	학생들이 배우는 문법과 어휘는 기능, 상황적 맥락(Situational context), 그리고 대화자의 역할로부터 나타난다.
16. 과제로서 학생들은 라디오 토론을 듣거나 텔레비전 토론을 시청해야 한다.	실제로 모국어 화자들에 의해 언어가 사용될 때 학생들에게 이 언어를 들을 수 있는 기회를 주어야 한다. 그들은 그들의 이해력을 향상시킬 방법을 위한 전략을 지도받게 될지 모른다.

교수법의 의의

의사소통 언어수업(CLT)은 영어 교수법에서 어떤 의의를 갖고 있는지 알아본다.

1. 의사소통 언어 수업을 사용하는 교사들의 목표는 무엇인가?

목표는 학생들로 하여금 목표언어를 가지고 의사소통을 가능하게 하는 것이다. 그러기 위해서 학생들은 언어 형태, 의미, 그리고 기능에 대한 지식이 필요하다. 많은 다른 형태들이 하나의 기능을 수행하는 데 사용되어질 수 있고, 또한 하나의 형태가 가끔 다양한 기능들의 역할을 할 수도 있다는 사실을 학생들은 알 필요가 있다. 사회적 상황과 대화자의 역할이 주어지면 그들은 이들 중에서 가장 적절한 형태를 골라낼 수 있어야 한다. 그들은 대화자들과 의미를 타협해 내는 과정을 처리해 낼 수 있어야 한다. 언어 형태들에 대한 지식이 불충분하기 때문에, 의사소통은 하나의 과정이다.

2. 교사와 학생들의 역할은 무엇인가?

교사는 교실에서 의사소통을 촉진한다. 이 역할에서 그의 주요 책임들 중 하나는 의사소통을 촉진시킬 수 있을 법한 상황을 설정하는 것이다. 활동을 하는 동안 그는 조언자로서 행동하는데, 학생들의 질문에 대답하고 그들의 수행을 감시하기도 한다. 그는 더욱 정확성을 기초로 한 활동에서 최근 수업에서 학습된 그들의 오류의 기록을 만들기도 한다. 다른 경우에는 그는 학생들과 함께 의사소통 활동에 참여하는 '공동 전달자'가 되기도 한다. 무엇보다도, 학생들은 의사 전달자들이다. 그들은 심지어 목표언어의 지식이 불완전할 때에도, 그들 자신을 이해시키려고 노력하고, 다른 사람들을 이해하는 등의미를 타협하는 데 적극적으로 참여한다.

또한, 교사의 역할이 교사 중심 교수법에서 학생 중심으로 바뀌기 때문에, 학생들은 그들 자신의 학습에 대한, 보다 책임 있는 관리자로 여겨진다.

3. 교수-학습 과정의 특징들은 무엇인가?

의사소통 언어 수업의 가장 분명한 특징은 거의 모든 것이 의사소통의 의도를 가지고 수행된다는 점이다. 게임 · 역할극 · 문제 해결 임무와 같은 의사소통 활동들을 통하여 학생들은 많은 양의 언어를 사용한다.

Morrow(1981)에 의하면, 진정한 의사소통 활동들은 정보 공백 메우기(Information gap) · 선택 · 피드백과 같이, 공통적으로 3가지 특징들을 갖는다. 정보공백 메우기는 대화 중에 한 사람이 다른 사람이 알지 못하는 것을 알고 있을 때 존재한다.

의사소통에서 화자는 "자신이 무엇을 말할 것인가?" 그리고 "어떻게 그것을 말할 것인가?"에 대한 선택을 한다. 만약 훈련이 너무 엄격하게 통제되어서 학생들이 오직 한 가지 방법으로 밖에 말할 수 없다면, 화자는 선택권이 없으며, 따라서 대화도 의사소통하지 못한 것이다. 예를 들면, 연쇄 훈련에서 만약 한 학생이 자신의 옆에 앉은 학생으로 하여금 다른 사람의 질문에 대답하는 것과 같은 방법으로, 자기 옆에 앉은 학생의 질문에 대답해야 한다면, 그 학생은 형태와 내용에 대한 선택권을 갖지 못한 것이며 진정한 의사소통은 이루어지지 못한다.

진정한 의사소통은 목적 지향적이다. 따라서 화자는 청자로부터 받은 정보에 근거하여 그의 목적이 성취되었는지의 여부를 평가할 수 있다. 만약 청자가 화자에게 그런 피드백을 제공할 기회를 갖지 못한다면, 그 대화는 진정한 의사소통을 하지 못한 것이다. 변형 훈련을 통해서 질문을 만드는 것은 가치 있는 활동이 될 수도 있으나, 화자가 청자에게서 어떤 반응도 얻을 수 없기 때문에 그것은 의사소통이 아니다. 그래서 화자는 그의 질문이 이해되었는지, 아닌지에 대하여 평가할 수 없다. 또 다른 의사소통 언어 수업의 특징은 실제성 자료의 사용에 있다. 언어가 실제로 사용되는 것처럼 그 언어를 이해하기 위한 전략을 개발할 기회를 학생들에게 제공하는 것은 바람직한 것으로 여겨진다.

마지막으로, 의사소통 언어수업(CLT)에서의 활동들은 가끔 소집단 학생들에 의해 수행된다는 사실을 우리는 알았다. 상호작용하는 소수의 학생들은 의사소통을 하는 동안 각 학생들에게 할당된 시간을 최대로 이용한다.

4. 학생–교사와 학생–학생의 상호작용의 본질은 무엇인가?

교사는 언어적 정확성을 가지고 학습할 때와 같이, 수업의 어떤 부분을 나타내는지 모른다. 다른 경우에는 교사는 활동의 촉진자(Facilitator)이지만, 그는 항상 학생들과 상호 작용하는 것은 아니다. 때때로 그는 공동전달자가 되기도 하지만, 흔히 학생들 간의 의사소통을 촉진시켜 주는 상황들을 만들어낸다. 학생들은 대부분 다른 누군가와 함께 상호 작용한다. 그들은 여러 가지 그룹 형태를 통해 상호 작용한다.

5. 학생들의 감정은 어떻게 다루어지는가?

의사소통 언어 수업의 기본 전제들 가운데 하나는 의사소통함에 있어서 학생들이, 그들이 학습하는 언어를 가지고 어떤 유용한 일을 하는 법을 배울 수 있다고 느끼게 될 것이기 때문에, 영어를 학습하려는 동기를 더 많이 부여받을 것이라는 점이다. 또한 교사는 학생들에게 일정한 원리에 근거하여 그들의 생각과 견해를 서로 나누어 갖게 함으로써 그들의 개성을 표현할 기회를 제공한다. 마지막으로, 학생의 '안정감'은 그들의 동료인 학생들과 교사와의 '협조적 상호작용'을 위하여 노력한다.

6. 언어와 문화는 어떻게 다루어지는가?

언어는 의사소통을 위한 것이다. 형태와 의미의 지식인 '언어 능력'은 단지 '의사소통 능력'의 한 부분에 불과하다. 의사소통 능력의 또 다른 측면은 언어가 사용되는 기능에 대한 지식이다.

우리가 이 수업에서 보았듯이 다양한 형태들은 하나의 기능을 수행하기 위해 사용될 수 있다. 예를 들면, 화자는 'It may rain' 또는 'Perhaps it will rain'이라고 말함으로써 한 가지 예측을 할 수 있다. 반대로 언어의 동일 형태는 다양한 기능들로 사용될 수 있다. 예를 들어, 'May'는 '예측'이나 '허락'을 해주는데 사용될 수 있다. 그래서 학습자는 형태와 의미와 기능에 대한 지식을 필요로 한다. 그러나 그들은 또한 이 지식을 사용해야만 하고 의도한 의미를 적절하게 전달하기 위해서 '사회적 상황'도 고려해야 한다. 화자는 'may'를 사용함으로써 '허락'을 얻을 수 있다. 그러나 만약 화자가 청자와 사회적으로 동등하다고 인식하거나 대화 상황이 비공식적이라고 인식한다면, 허락을 얻기 위해서 그들은 'can'을 사용할 가능성이 더 크다.

문화는 그 언어를 사용하는 사람들의 일상생활 양식이다. 문화에는 의사소통에 특히 중요한 특징들몇 가지가 있다.예를 들면 비언어적 행동의 사용인데, 이는 의사소통 언어 수업에서 큰 역할을 한다.

7. 언어는 어떤 분야와 기능들이 강조되는가?

언어 기능이 형태보다 더 강조된다. 대부분 기능적 교수 요목이 전형적으로 사용된다. 다양한 형태들은 각각의 기능을 위해 도입된다. 처음에는 오직 더 간단한 형태들만 제시되지만, 학생들이 영어에 더 숙달되어 감에 따라 그 기능은 더 복잡한 형태들이 학습된다. 예를 들어, '요청'을 하는 법을 배우는 데 있어 초급의 학생들은 'Would you...?' 그리고 'Could you...?'를 연습할 수 있을 것이다. 고도로 숙달된 학생들은 'I wonder if you would mind...'를 학습할 수 있을 것이다. 학생들은 초 문장(Suprasentential) 단계 또는 담화 단계에서 언어를 학습한다. 그들은 '결합성'과 '통일성'에 대하여 배운다. 학생들은 또한 뒤섞인 순서의 처음 두 문장 사이에 '통일성'이 결여되었다는 것을 인식했다. 이것은 이 두 문장들은 의미 있게 연결되어 나타나지 못했기 때문이다. 학생들은 처음부터 4가지 기능들을 모두 학습한다. 구두 의사소통이 화자와 청자 간의 협의를 통하여 이루어지는 것으로 여겨지는 것처럼 '의미'도 독자와 필자 간의 상호작용을 통해서, 문자에서 이끌어지는 것으로 생각된다. 필자는 물론, 독자로부터 직접적인 피드백을 받지는 못하지만, 독자는 필자의 의도를 이해하려고 노력하고, 필자는 독자의 견해를 염두에 두고 글을 쓴다. 그러므로 의미는 텍스트에 독자적으로 존재하는 것이 아니라, 독자와 필자 간의 협의를 통하여 발생하는 것이다.

8. 학생들의 모국어의 역할은 무엇인가?

학생들의 모국어의 분별 있는 사용은 의사소통 언어 수업에서 인정된다. 그러나 가능하다면, 목표언어는 의사소통 활동 동안뿐만 아니라 학생들에게 그 활동을 설명하거나 숙제를 부과할 때도 사용되어야만 한다. 학생들은 또한 이들 학급 운영을 위한 대화들에서도 학습하며, 모국어가 의사소통을 위한 수단이지 단지 배워야 할 대상이 아니라는 사실을 인식한다.

9. 평가는 어떻게 실시되는가?

교사는 학생들의 정확성뿐만 아니라 유창성도 평가한다. 구조와 어휘를 가장 잘 구사하는 학생이 항상 의사소통을 가장 잘 하는 것은 아니다. 교사는 '조언자' 또는 '공동 전달자'로서의 역할에서 학생들의 언어수행을 비공식적으로 평가한다. 보다 공식적인 평가를 위해서, 교사는 실제적인 의사소통 기능을 테스트를 할 수 있다. 예를 들어, 학생들의 쓰기 기능을 평가하기 위해서, 교사는 그들로 하여금 친구에게 편지를 쓰게 할 수도 있다.

10. 교사는 학생의 오류에 어떻게 반응하는가?
형태의 오류는 '유창성'을 기초로 한 활동을 하는 동안 관대하게 다루어지며, 의사소통 기능의 발달의 자연스런 결과로 간주된다. 학생들은 제한된 언어지식을 갖고 있더라도 여전히 성공적인 의사소통 자가 될 수 있다. 교사는 '유창성'을 기초로 한 활동을 하는 동안 오류를 기록해 놓을 수도 있고, 이후 '정확성'에 기초하여 수정할 수 있다.

교수법에 사용된 기술

다음은 의사소통 언어 수업에서 사용된 자료와 기술에 대해 알아본다.

실제성 자료
학생들이 교실에서 배운 것을 바깥세계로 전이시킬 수 없다는 전형적인 문제점을 극복하고, 그들이 다양한 상황들에서 자연 언어에 노출되도록 하기 위해서, 의사소통 언어 수업의 주창자들은 목표 언어를 모국어로 말하는 사람들에게 실제성 언어 자료의 사용을 주장한다. 이 수업에서 우리는 교사가 실제 신문 기사를 사용하는 것을 보았다. 그는 또한 학생들에게 과제를 부과할 때, 라디오나 텔레비전의 생방송을 자료로 사용하고 있다. 그러나 언어 수준이 낮은 학습자들에게는 '수정된 자료'를 가지고 내용을 '단순화'시켜, 어려움을 극복하고 수업 내용에 쉽게 적응하도록 하는 것도 필요하다.

뒤섞인 문장들

학생들에게 문장들의 순서가 뒤섞인 텍스트가 주어진다. 이것은 그들이 학습한 글일 수도 있고, 아직 본적이 없는 글일 수도 있다. 그들은 그 문장들이 본래의 순서대로 회복되게 하기 위해서 문장을 정돈하라고 지시 받는다. 이런 종류의 연습은 학생들에게 언어의 '결합성'과 '통일성'이라는 특성들에 대해 가르쳐 준다. 그들은 텍스트를 결합력 있게 만들어주는 대명사 같은 형식적 언어 장치들을 통하여 어떻게 서로 결속되는가를 배운다.

텍스트 이외에도 학생들은 또한 순서가 뒤바뀐 대화의 문장들을 정돈하도록 요구받기도 한다. 또는 그들은 그림 이야기의 그림들을 순서대로 배열한 다음, 이 그림들에 알맞은 문장들을 만들도록 요구받는다.

언어 게임

게임은 의사소통 언어 수업에서 자주 사용된다. 학생들은 게임이 즐거움을 준다는 점을 알고 있으며, 만약 게임이 적절하게 고안된 것이라면, 학생들에게는 가치 있는 의사소통 훈련을 제공하게 된다.

그림 이야기

그림 이야기들을 가지고 많은 활동들을 해낼 수 있다. 우리는 순서가 뒤섞인 문장들에 대한 논의에서 한 가지 활동을 제의했다.

우리가 관찰한 활동에서, 소집단에 있는 한 학생에게 그림 이야기가 주어졌다. 그는 이야기의 첫 번째 그림을 자기 집단의 다른 구성원들에게 보여주고, 두 번째 그림이 무엇과 같을 것인지 예측하도록 요청했다.그 집단의 학생들은 그 그림에 담겨져 있는 내용을 알지 못했다. 그들은 예측이 어떤 형태가 되었는지 그리고 그것을 말로 어떻게 표현할 것인지에 대한 선택을 가졌다. 그들은 그 그림을 보고 나서, 이것과 그들의 예측을 비교함으로써 예측의 형태가 아니라, 예측의 내용에 대한 피드백을 받았다.

이러한 활동은 문제 해결 임무를 의사소통 기술로 사용하는 하나의 예이다. 문제 해결 임무는 보통 의사소통의 세 가지 특징을 포함하기 때문에 의사소통 언어 수업에서 효율적으로 작용한다. 더구나, 학생들은 정보를 공유하거나 공동 협력하여 문제해결에 도달할 수 있도록 이 임무들은 구조화될 수 있다. 이것은 학생들에게 협력하여 의미를 결정하는 연습을 제공해준다.

역할극

우리는 암시교수법을 고찰할 때, 하나의 기술로서 역할극을 사용한 적이 있다. 역할극은 서로 다른 사회적 맥락과 사회적 역할에서의 의사소통을 연습할 기회를 학생들에게 제공해 주기 때문에 의사소통 언어 수업에서 매우 중요하다. 역할극은 물론 학생들에게 선택권을 더 많이 부여하기 때문에 의사소통 언어 수업에 더 잘 어울린다. 학생들은 대부분의 의사소통 형태들에서와 마찬가지로 다른 사람 또는 다른 사람들이 무엇을 말할 것인지 확신할 수 없기 때문에 자연스런 예측 불가능성이 있다. 이와 같이 구조화된 역할극은 또한 정보상의 차이를 제공한다. 학생들은 또한 효과적으로 의사소통했는지 아닌지에 대한 피드백을 받게 된다.

결론

현대 영어교수법에서 대표적으로 사용되는 교수법 중의 하나로, 의사소통 언어 수업은 인간의 선천적 언어능력을 개발하여 의사소통 중심의 수업을 하자는 데 그 목적을 두고 있다.

지금까지 설명했던 교수법의 특징을 정리하면 다음과 같다.

첫째, 영어 속에서 상호작용을 통한 학습을 한다.

둘째, 실제성 자료를 학습 상황에 도입한다.

셋째, 학습자는 영어와 학습과정에 참여하는 기회를 갖는다.

넷째, 학습자 자신의 경험을 학습에 이용한다.

다섯째, 교실영어를 교실 밖의 영어학습과 관련시켜 가도록 이끈다.

이러한 교수법은 종래의 문법적 · 담화적 요소를 뛰어넘어 실생활을 강조한 사회적 · 문화적 · 화용론 적인 언어의 특징을 교실영어에 도입하는 것이 큰 특징이라 할 수 있다.

영어 교수법의 특징 비교

교수법	언어/문화	언어 학습	언어 교수
문법 · 번역교수법	학문적인 언어 문화: 문학과 미술	정신적 근육의 훈련	학생들에게 목표 언어로 된 텍스트를 자신의 언어로 번역하도록 함
직접교수법	생활 언어 문화: 역사, 지리, 목표 언어 사용자의 일상생활	영어와의 직접적인 의미 관련	본래 언어의 번역 없이 상황에 따른 구어 사용
청화식교수법	문장과 소리 패턴	원어민의 습관을 극복; 새로운 목표 언어 습관을 형성	입/귀의 반복 훈련과 유형 학습을 지도
침묵교수법	독특한 정신/ 가락	영어가 수행되는 법을 감지함으로써 정확함을 위한 내적 기준 개발	학습을 위한 가르침을 하위에 두고 침묵을 유지. 학생들의 주의에 집중; 의미 있는 훈련 제공
암시교수법	총체적이고, 의미 있는 주제; 어휘 강조	학습에 대한 심리학적인 장벽을 극복	제한을 적용: 음악의 반주에 맞추어 긴 대화를 가르침. 명랑한 연습, 미술.

공동체 언어학습	학생들의 생성	전체적인 사람들에 대해 방어하지 않도록 학습, 발전의 단계에 따라옴	보안, 주의, 공격성, 반응, 감금, 차별의 요소를 포함
전신반응교수법	의사소통 의미를 위한 수단; 어휘 강조	듣기: 영어의 의미와 관련	학생들이 준비될 때까지 말하기를 연기; 행동과 시각적인 것을 통해 의미를 분명히 함
의사소통 언어학습	의사소통 능력 개념/기능 확실한 대화	영어로 타인과 상호작용; 의미의 협상	정보의 차이, 역할극, 게임을 이용
내용중심 · 과제중심 · 참여적 접근	행동/학습의 도구	형태 중심적인 경우를 제외하고, 언어가 아닌 무엇으로 의사소통이 되는지에 주목	학생들이 그들의 삶 속의 다른 중요한 문제, 과제, 문제해결에 연관되게 함
협동학습		학습하는 법을 배움	학습 전략, 협동을 가르침; 다른 사고력에 호소하는 다양한 활동을 이용

V. 현대 영어교수법의 경향

오늘날 영어교수법은 언어의 4기술인 말하기 · 듣기 · 읽기 · 쓰기를 통합시켜 가는 방향으로 발전해 가고 있다. 이것은 개별적인 영역의 학습만으로는 영어의 습득을 기할 수 없으며, 아울러 언어의 유창성을 이룰 수 없다는 의미이기도 하다. 한편, 종래의 교사 중심 강의나 언어 형태 위주의 수업에서 벗어나 학습자 중심의 창의적 수업과 의미나 내용 중심의 수업으로 방향이 전환되면서 언어와 사고의 관련성을 부각하는 방향으로 현대 영어교수법은 발전해 가고 있다. 특히 학습자의 내면의 동기나 태도를 고려한 전인적 인간(Whole person)을 중심으로 하는 교수법이 호소력을 얻고 있다.

1. 영어교수법의 주요 원리

1) 인지적 원리(Cognitive Principles)

인지적 원리는 정신적 · 지적 기능을 다루며 자동성과 의미 있는 학습(Meaningful Learning) · 보상의 기대 · 내면적 동기 · 전략적 투자 등의 원리를 포함한다.

(1) 자동성

효과적인 영어 학습은 소수의 언어 형태를 무의식적으로 습득할 수 있는 자동화 과정으로 전환되는 것과 관계 있다. 일반적으로 과도한 언어분석, 언어 형태에 대한 지나친 강조, 의식적인 언어 규칙의 적용 등은 자동화 과정을 저해한다.

특징 *재미있는 사용을 통한 영어의 잠재 의식적 몰입 과정이다.
*영어 형태보다는 영어 사용 목적을 강조한다.
*영어 형태 분석을 제한한다.

(2) 의미 있는 학습(Meaningful Learning)

주입식 암기에 반대되는 개념으로 사고에 기초하여 장기적인 이해를 유지시키는 학습 원리를 말한다.

특징 *학습자의 흥미와 영어 습득을 주된 목적으로 하는 학습원리이다.
*배경지식과 새로운 주제를 연관하여 생각한다.
*지나친 문법이나 학습목적과 무관한 학습활동은 지양한다.
*영어의 의미에 초점을 둔다.

(3) 보상의 기대

인간은 대개 유형적이거나 무형적으로 보상을 기대한다. 이것은 대개 행동의 결과를 긍정적으로 가져온다. 학습의 경우도 적절한 보상이 학습에 긍정적으로 기여하게 된다.

특징 *적절한 영어적 칭찬과 격려가 학습자에게 작용한다.
*단기적으로 침체된 학습분위기를 높여 주어, 학습의 발전을 가져온다.

(4) 내면적 동기 원리

학습자 내면의 동기는 가장 큰 보상으로, 학습자 자신의 욕망에서 나오는 것이 자기 보상의 효과가 가장 크다.

> 특징　영어 교실에서 내면적 동기의 중요성은 학습의 촉진자로서 역할을 한다는 데 있다.

① 학습자가 자유롭고 공개적으로 사고할 수 있도록 만든다.
② 읽기 수업에서 자신의 읽기 자료를 타인을 위해 만들 수 있는 전략을 보여 준다.
③ 회화의 유창성이 학습자 중심의 흥미 위주로 발전해 간다.
④ 의사소통 수업을 유도하며 학습자가 특정한 기능을 배우는 것을 도와준다.
⑤ 문법적 설명조차도 영어의 자동성 증가에 기여하게 한다.

(5) 전략적 투자

가장 성공적인 학습자는 많은 시간과 노력과 관심을 쏟는 사람이며, 그 정도에 따라 언어 학습의 성패가 달라진다. 학습자는 자기의 배경지식과 언어 수준을 고려하여 자신에게 유리한 학습 전략을 발전시킨다.

2) 정의적 원리(Affective Principles)

(1) 언어자아(Language Ego)

인간이 영어를 배울 때 새로운 형태의 사고 · 감정 · 행위를 수반한다. 이것들은 학습자의 영어오류 수정 시점, 학습활동의 구조방법, 언어의 난이도 등을 결정할 때 도움을 준다. 영어를 창의적으로 발전시켜 가는 주체가 된다.

(2) 자기 확신(Self-confidence)

학습자가 과제에서 궁극적으로 성공하게 만드는 요소이며, 이를 위해 학습의 난이도는 쉬운 것에서 어려운 것으로 나가며, 쉬운 교수방법과 내용을 단계적으로 가르쳐야 된다. 또한 과업에 대한 모험시도(Risk taking)가 중요하다.

(3) 모험 시도(Risk taking)

성공적 영어 학습자는 영어학습 능력이 취약하더라도 현실적으로 과제를 성취할 수 있다는 자신감과 모험심이 필요하다. 영어에 대한 불확실성에도 불구하고 영어를 생산하고 해석하려는 시도가 필요하다.

모험 시도에 나타난 교수법의 원리는 다음과 같다.

① 학습자가 영어를 시도하고 대답을 만들어 보고 영어를 생산하도록 만드는 분위기가 있어야 한다.
② 가르치는 기술이나 방법이 너무 쉽거나 어려워서는 안 되며, 적절히 학습자에게 할 수 있는 수준이 되어야 한다.
③ 학습자가 영어에 관심을 가질 수 있도록 긍정적 확신과 칭찬으로 수업은 진행되어야 한다.

(4) 언어와 문화의 관계

영어를 가르칠 때 복잡한 문화적 관습 · 가치관 · 사고방식 등을 함께 가르치는 것이 중요하다. 이때 언어와 문화의 관계를 보여 주는 자료나 학습 활동을 제시한다. 또한 언어와 문화 사이의 문화적 함축을 사회언어학의 관점에서 다루며, 문화동화(Acculturation)가 언어습득에 중요한 역할을 하게 된다.

3) 언어적 원리(Linguistic Principles)

영어 학습에서 제시된 인지적 · 정의적 원리를 토대로 학습자가 언어의 복잡한 체계성을 어떻게 다루어야 하는지는 매우 중요하다.

(1) 모국어 영향

학습자의 모국어는 목표어(Target Language)를 예측하는 데 중요한 언어 체계이다. 이것은 영어의 간섭화(Interference)와 용이성(Facilitating)에 관여하는데 간섭화 현상이 상대적으로 크다.

(2) 중간언어(Interlanguage)

영어 학습자들은 대개 영어에 완전히 도달되는 과정에서 체계적이거나 유사한 발달과정을 겪는다. 중간언어에 대한 피이드백은 선천적 언어 습득 과정에 대한 중요한 지표가 된다.

(3) 의사소통능력

의사소통능력은 영어수업의 목표이며 조직적 · 화용론적(Pragmatic) · 전략적 · 심리적인 관점에서 능력이 개발되어야 한다. 영어의 정확성보다는 유창성이 강조되며, 실제성 언어를 실제 언어 세계에서 가르쳐야 한다.

2. 교과 과정과 교재 개발

전통적인 교수법에서 영어 학습의 효율성이 음운론 · 문법 · 어휘 등에 중점을 두고 지도해 온 반면, 현대의 교수법은 의사소통이라는 목적 아래 언어의 효율성을 추구하고 있다.

의사소통 능력 향상을 영어교수법의 목표로 설정하면서 낮은 수준의 학습자를 포함하여 모든 언어 학습자들에게 의사소통 능력 향상은 언어를 배우는 모든 학습자들의 공동의 목표가 되었다. Savignon에 의하면, 의사소통 능력을 다음과 같이 정의하고 있다.

언어의 몇 가지 효율성의 척도로 언어적 능력; 듣기 이해력(Auditory Comprehension); 종합적 구두 능력(Overall Oral Proficiency); 의사소통 능력을 지적하면서 효율성의 범주 안에 의사소통 능력을 포함시키고 있다. 또한 의사소통 능력을 정보를 전달하는 능력이라고 규정하고 있으며, 언어 학습의 목표를 언어 구조에 두지 않고 '의미의 교류(Negotiation of Meaning)'에 두고 있다.

1) 영어 교육과 담화 분석

전통적으로 영어 습득의 관심도 언어학 분야에서처럼, 통사적 특징에 초점을 맞추고 있었다. 가령, 오류분석(Error Analysis)도 구문의 습득에 관심을 두어 왔다.

최근에 와서는 문맥에서 적절한 영어를 선택하는 화용론적(Pragmatics) 능력과 담화규칙에 대한 지식으로 접근 방향이 바뀌고 있다. 또한 영어 입력의 본질과 영어입력과 사용과의 상호작용에 비중을 두고 있다. 이런 맥락에서 담화분석의 중요성이 대두 되어왔다. 담화분석은 담화 과정의 특징을 설명해주며, 학습자의 배경지식과 관련하여 영어를 만들어 가는 학습자의 스키마 연구를 말한다.

2) 정의적 요소(Affective element)와 사회적 요소

영어 습득은 학습자 중심의 교육구조로 바뀌고 있다. Krashen(1978)이 지적하듯이, 학습자가 언어를 '학습(Learning)'하는 것이 아니라 '습득(Acquisition)'한다고 보는 경향이 힘을 얻고 있다. 영어의 내재화와 잠재의식적인 영어 습득이 영어 교육이 큰 방향이 되고 있기에 학습자의 자발적이고도 흥미로운 학습이 중요하다고 볼 수 있다.

이런 맥락에서 학습자의 자기존중 · 감정이입 · 억제(Inhibition)와 같은 정의적 요소를 고려한 교육과정의 편성은 교사의 중요한 역할이라고 본다. 정의적 요소를 고려하여 학습자의 오류에 대한 부담감을 줄여 주어, 오류에 대해 위축되지 않고 긍정적인 반응을 보일 수 있도록 배려하는 분위기가 중요하다.

한편 사회적 요소는 학습자 중심의 교육과정에서 나타나는 의사소통 상황을 만들기 위해 필요하다. 영어교육의 목표를 의사소통으로 규정하며, 특히 사회 · 언어학적인 분석을 필요로 한다. 또한 요즈음 영어교육에서 가장 현저한 특징은 언어의 형태소를 가르치지 않고 주제에 관한 학습을 한다는 점이다.

3. 현대 영어교수법의 이론적 배경

현대의 영어교수법의 흐름에는 교육 심리학적으로 크게 2 가지의 주요 접근법이 있다. 하나는 인본주의 접근법(Humanistic Approaches)이고, 다른 하나는 사회적 상호주의(Social Interactionism)이다.

1) 인본주의 접근법(Humanistic Approaches)

먼저, 인본주의 접근법은 학습자의 내면의 세계를 강조하고 개인의 사상 · 감정 · 정서를 인간 발달의 최우선에 둔다는 데 의의가 있다. 대표적 인본주의자인 Carl Rogers에 따르면, 중요한 학습은 주제가 학습자의 개인적 관련성과 결부되거나 경험적 학습이 일어날 때만 가능하다고 보고 있다. 지속적인 인지작용과 자기 주도적인 감정이 결부될 때 능동적 학습은 이루어진다는 것이다. 인본주의는 교사와 학생의 관계의 변화를 내포한다. 즉 교사는 신뢰를 구축하기 위해 학생에 대한 따스함과 공감을 보여 주는 것이 필요하다.

인본주의 접근법이 영어교육에 주는 의의는 다음과 같다.

첫째, 학습은 '개성화'되어야 한다. 모든 학습 경험은 학습자 개인의 정체성을 개발하고 현실적인 미래의 목표에 부합되어야 한다. 교사도 학습자들의 이러한 욕구를 만족시켜 줘야 한다.

둘째, '자기 현실화'를 이루기 위해, 학습자는 그들이 배운 내용을 스스로 선택할 수 있어야 한다.

셋째, 교사는 학습자에게 강요하거나 주입해서는 안 되며, 학습자의 입장에서 공감할 수 있는 자세와 노력이 필요하다.

한편, 영어교수법도 인본주의 접근법의 영향을 많이 받고 있다. 침묵교수법(Silent Way), 암시교수법(Desuggestopedia), 공동체 언어학습(Community Language Learning) 등이 대표적이다. 이들 교수법은 몇 가지 점에서 공통점이 있다:

(1) 언어학보다는 심리학에 기초하고 있다.
(2) 학습에서 정의적 요소(Affective factors)를 고려하고 있으며, 이것은 언어에 대한 교육만큼 중요하다.
(3) 학습자를 전인적 인간(Whole Person)으로 보고 있으며, 학습과정에서 전인적 참여를 목표로 한다.
(4) 학습 환경은 학습자의 걱정을 최소화시켜 편안한 환경이 되어야 한다.

또한, 지금까지 언급했던 인본주의가 영어 교사에게 주는 시사점을 요약하면 다음과 같다.

① 소속감 창출
② 주제와 학습자의 관련
③ 전인적 인간과 관련
④ 자아에 대한 인식 독려
⑤ 개인적 정체성개발
⑥ 자기 존중 독려
⑦ 감정과 정서의 관련
⑧ 비판의 최소화
⑨ 창조성 독려
⑩ 학습의 과정에 대한 인식 제고
⑪ 자기 주도화
⑫ 자기 평가 독려

위에서 제시한 인본주의적 요소들은 모두가 의사소통 언어수업의 근간을 이루고 있으며 학습자 중심 수업의 목표가 되고 있다.

2) 사회적 상호주의(Social Interactionism)

사회적 상호주의는 교사 · 학습자 · 과업의 역동적 상호작용에 기초한다. 즉 교사 · 학습자 · 과업 그리고 환경의 지속적 상호작용을 말한다. 교사는 학습에 필요한 과업을 선정하고 학습자는 과업을 개인에게 의미 있고 개성 있는 방식으로 해석한다. 그러므로 과업은 교사와 학습자의 접선에 위치한다.

한편, 학업이 일어나는 정서적 환경과 문화적 환경은 또한 중요한 역할을 한다.

4. 현대 영어교수법의 경향

1) 전체언어 교수법(Whole Language Learning)

오늘날 영어교수법은 언어의 4기능인 읽기 · 쓰기 · 말하기 · 듣기를 통합시켜 가는 교수법이 설득력을 찾아가고 있다. 즉 영어를 음소(Phoneme) · 형태소(Morpheme) · 단어 등 개별적인 부분을 가르치는 것이 아니라, 전체를 가르쳐야 된다는 이론이다. 여기서 전체란 문장 · 감정 · 인토네이션 · 패턴 등을 말한다. 아울러 말하기 · 듣기 같은 구두 언어와 읽기 · 쓰기 같은 문자 언어의 상호작용을 강조한 이론이다.

의사소통 언어수업(CLT) 이전의 시대에는 영어 기술을 언어 형태에 맞추어 분리된 언어의 형태소에 그 의미를 두고 있었다. 그러나 전체 언어교수법은 언어의 4기술을 통합시키고 의사소통적이고 상호작용적인 교수법의 골격을 유지한다. 여기서 상호작용적 접근은 몇 가지 의미를 함축한다.

(1) 문자언어와 구두언어의 상호관계
(2) 언어와 문화, 그리고 사회의 내면적 동기 부여
(3) 언어의 4기능의 상호작용

결국 이런 언어의 통합적 원리를 바탕으로, 전체언어교수법(Whole Language Learning)은 다음과 같은 현대 영어 교육 이론을 설명하는 데 포괄적으로 사용된다.

① 협동학습(Cooperative Learning)

② 참여학습(Participatory Learning)

③ 학습자 중심 학습(Learner-centered Learning)

④ 자연언어의 강조(Natural Language)

⑤ 실제성 언어의 사용(Authentic Language)

⑥ 의미 중심의 언어(Meaning-centered)

⑦ 테스트에 있어서 전체적 평가기술 사용(Holistic Assessment Technique)

⑧ 언어 4기술의 통합(Integration)

2) 내용중심 교수법(Content-based Education)

영어를 가르치는 수업에서 특정목적을 위해 다른 과목의 내용을 사용하는 방법이나 몰입 프로그램(Immersion program) 등에서 타 교과 과목을 영어로 수업하는 방법이 내용중심 교수법의 한 모델이다. 전부터 특정 언어 수업이 특정 직업이나 이론적인 과목과 관련된 내용을 포함하여 가르쳐 왔다. 예를 들면, 비행기 조종사에 대한 내용중심 언어교수법은 컴퓨터 과학자에 대한 교수법과는 다른 것이다. 내용중심 교수법이 특히 기여하는 것은 다른 내용이나 종종 학문적 주제를 다룬 내용을 가지고, 언어와 통합하여 학습하게 된다는 것이다. 학문적인 주제가 영어교수법의 자연스러운 주제로 제공됨이 관찰되었다. 이와 같은 현상은 영국에서 영어를 모국어로 하는 사람들을 위한 교육과정 전반에 걸친 언어교육 운동에서 자극을 받은 것이다. 이것은 1970년대에 교수법의 읽기 · 쓰기가 모든 다른 주제 분야와 통합되면서 시작되었다. 물론 모국어가 아닌 학생들이 다른 언어로 이론적인 주제들을 공부할 때에는 교재의 주제들에 대한 이해를 돕는 많은 양의 보조 자료가 필요할 것이다. 그러므로 내용을 배우는 목표만큼 영어의 목표도 확실히 해 주어야 한다. 왜냐하면 내용중심 교수법은 미리 정해 놓은 계획대로가 아니라, 의사소통의 필요에서 생기는 언어의 선택과 다른 교수법들과 보완 작용이 필요하다.

내용중심 교육은 언어교육목표와 내용교육의 통합을 의미하며 주제와 언어, 언어 형태와 내용의 통합을 의미한다. 학습자는 정보를 제공하는 주제 내용에 흥미를 갖는 것이 중요하며, 이를 통해 내면적 동기를 부여받는 것이 필요하다.

주제중심 교수법(Theme-based Teaching)

주제중심 교수법은 내용중심 교수법과 매우 유사한 개념을 갖고 있다. 그 차이점이 있다면 내용중심 교수법이 보다 더 주제 부문(Subject-matter)에 강조를 둔다는 점이다. 따라서 언어교육은 부차적이다. 반면 주제중심 교수법은 언어와 내용을 같은 비중으로 다룬다는 점이다.

주제중심 교수법과 내용중심 교수법은 다음과 같은 주요 원리를 포함한다.

(1) 자동성 원리(Automaticity Principle)

(2) 의미 있는 학습 원리(Meaningful Learning Principle)

(3) 내면적 동기 원리(Intrinsic Motivation Principle)

(4) 의사소통 능력 원리(Communicative Competence Principle)

3) 과제중심 교수법(Task-based Learning)

내용중심 교수법과 같이 과제중심 교수법은 영어 사용을 위해 자연스런 환경을 학습자에게 제공하는 것이 목표이다. 학습자가 과제를 완성할 때 그들은 풍부한 상호작용 기회를 갖는다. 이와 같은 상호작용은 학습자들이 서로 이해하고 영어 습득을 촉진시킨다.

과제중심 교수법은 의사소통 언어 교수법의 골격하에서 다음에 나오는 중요한 교육적 목적을 함축한다.

(1) 학습자는 영어 형태를 뛰어넘어 실제 세계 상황에 언어를 노출하도록 노력한다.
(2) 학습자는 의사소통을 학습의 목표로 한다.
(3) 학습자는 진정으로 문제 해결 활동에 참여하게 된다.

아울러 과제중심 교수법은 영어 교수법에 있어서 다음과 같은 5가지 특징을 갖는다(David Numan).

(1) 영어 속에서 상호작용을 통한 의사소통 목적의 학습
(2) 실제성 자료를 학습 상황에 도입함
(3) 영어와 학습 과정의 강조
(4) 학습자의 경험을 교실 학습에 적용시켜 학습 효과 증대
(5) 교실언어 학습과 교실 밖 언어 활동의 연관

내용중심 교수법이 주제 내용에 초점을 두는 반면, 주제중심 교육은 전체적인 실제 세계의 과제에 초점을 맞춘다. 따라서 과제 활동에 쓰이는 자료는 실제성 자료이다. 예를 들면, 연설문 · 인터뷰 · 대화 · 게임 · 풍자만화 · 편지 · 일기 · 시 · 노래 · 전화번호부 등이다.

과제중심 교수법이 내용중심 교수법이나 주제중심 교수법과 다른 점은 수업목표가 보다 언어 중심적이라는 데 있다. 즉 궁극적인 목표가 의사소통과 의미 중심에 있는 반면, 그럼에도 불구하고 수업목표는 본질적으로는 언어 중심적이라는 데 있다. 그러나 전통적인 의미에서처럼 문법이나 음운론적인 문법이 아니라, 인사 나누기 · 의사표현 · 정보요청과 같은 기능적인면의 강조를 둔다. 그러므로 학습자의 화용론적 언어능력의 향상을

목표로 한다.

4) 참여접근법(Participatory Approach)

참여접근법이 교수법에 있어 폭넓게 논의되기 시작한 것은 1980년대 이후부터이다. 어떤 면에서 참여접근법은 학생들에게 의미 있는 내용과 내용으로부터 나온 어떠한 형태를 가지고 시작한다는 점에서 내용중심 접근법과 유사하다. 크게 다른 점이 있다면 내용의 본질에 관한 것이다. 참여접근법의 내용은 주제가 있는 교과서보다는, 학생들과 관련된 문제에 기반을 두고 있다.

다음은 참여접근법의 원리에 대해서 살펴보자.

(1) 교실 안에서 일어난 활동은, 교실 바깥의 학생들과 관련된 일과 연결 지을 수 있어야 한다. 교사는 학생들이 말하는 내용에 담겨 있는 주제에 귀를 기울이는데, 이 주제가 다음 수업의 내용이 될 수 있다.

(2) 교과 과정은 예측된 결과물이 아니라, 계속된 문맥의 상황 속에서 구체적으로 문제를 부여해 가는 과정이다.

(3) 교육은 학생들의 실질적인 필요와 관련된 경험 중심 교육일 때 가장 효과적이다. 학생들은 개인적으로 관여할 때 동기화된다. 교사들은 공동학습자로서, 자신의 삶의 전문가인 학생들과 질문을 주고받는다.

(4) 지식은 서로 조합될 때, 학생들로 하여금 의견을 발견하도록 도와주는 도구가 되며, 의견을 발견함으로써 세상 속에서 처신할 수 있다. 학생들은 스스로를 사회적이고 정치적인 존재로 인식하게 된다.

언어형태에 초점을 두는 것은 내용에 중점을 두는 범위 내에서 이루어진다. 언어 기술은 그것을 따로 분리하기보다는 변화를 위한 행동을 취하면서 배울 수 있다.

(5) 학생들은 스스로 뭔가를 만들어 낼 수 있으며, 이것이 곧 교재가 될 수 있다.

(6) 참여접근법의 목표는 학생들이 그들이 배운 것을 평가하고, 점차 스스로 그것을 조정해 나갈 수 있도록 하는 데 있다.

5) 협동학습(Cooperative Learning)

협동학습은 특별히 학생들이 그룹 안에서 서로에게로부터 배우는 것과 연관된다. 그러나 협동학습을 특색 있게 해 주는 것은 그룹 구성이 아니라 학생들과 교사들이 함께 수업하는 방법인데 이것이 중요한 것이다. 학습 전략 방법으로, 교사는 학생들이 어떻게 하면 더 효과적으로 배울 수 있는지를 알도록 도와주고 있다. 협동학습에서는 협동이 단지 학습의 한 방법뿐만이 아니라 또한 의사소통이 되어 가는 하나의 과정이다.

협동학습의 원리는 다음과 같다.

(1) 학생들은 '긍정적인 상호의존'에 관하여 생각하도록 조장된다. 이는 학생들이 경쟁적이고 개인적으로 생각하기보다는 협동적이며 그룹에 대하여 생각하는 것을 의미한다.

(2) 협동학습에서는 학생들은 종종 일정 기간 동안 같은 그룹에 속해 있게 된다. 그래서 그들은 함께 더 잘 공부하는 법을 배울 수 있다. 교사는 보통 남성과 여성, 다른 민족 그룹, 다른 숙달 수준 등이 그룹 안에서 서로 섞이도록 학생들을 그룹에 배당한다. 이것은 학생들이 서로에게 배우게 하며, 자신들과 다른 사람들과 잘 어울리는 방법에 대한 연습을 제공하기도 한다.

(3) 개개인의 노력은 개인뿐 아니라 학급의 다른 학생들도 보상받도록 돕는다.

(4) 타인의 공헌을 인정하고, 타인들에게 기여할 것을 요청하며, 조용한 대화를 유지하는 것과 같은 사회적 기술은 명쾌하게 교육받을 필요가 있다.

(5) 영어 습득은 영어로 상호 작용하는 학생들에 의해 촉진된다.

(6) 학생들이 함께 공부했더라도, 각각의 학생은 개별적인 책임이 있다.

(7) 서로의 학습에 대한 책임과 부담은 공유된다.

(8) 각각의 그룹 구성원은 참여와 학습에 대한 책임을 느끼도록 조장되어야 한다. 리더십이 주어진다.

(9) 교사들은 단시 영어만을 가르치는 것이 아니다. 그들은 협동도 가르친다. 물론 사회적 기술이 언어의 사용을 포함하기 때문에 협동 학습은 학문적이면서 사회적인 목적을 위해 언어를 가르친다.

VI. 읽기 · 쓰기 · 말하기 · 듣기 지도

영어 습득 이론들을 적용시키기 위한 여러 가지 논의된 영어 습득 방안들을 가장 적절히 활용할 수 있는 방법이 바로 수업이다. 수업을 통해 언어 습득은 보다 효과적으로 일어날 것이다. 그렇다면 실제 영어 수업은 어떻게 진행되어야 하는지 살펴보자.

1. 다양한 연령 집단에 따른 교수법

1) 아동 교수

(1) 지적 발달

어린이는 현재에 관심을 기울이며 영어의 기능적 목적에만 관심이 있으므로 정확성에 관해서는 무관심하다. 또한 영어의 개념을 기술하고 설명하기 위한 언어 분석용 영어는 이해하지 못한다. 따라서 어린이를 대상으로 한 교실 수업에서는 문법 용어의 사용을 피하고 추상적 용어를 이용하는 규칙도 피해야 한다. 또한 나이가 비교적 많은 어린이에게는 일정한 패턴과 예를 들어 문법 설명을 하는 것도 바람직하다.

(2) 주의 집중 시간(Attention span)

집중할 수 있는 시간은 그 대상의 흥미, 난이도, 지루함 등에 따라 성인과 아동에 차이를 보인다. 따라서 어린이 대상의 수업에서는 흥미 있는 학습이 되도록 고려해야 한다.

(3) 감각적 입력

어린이는 5감각을 모두 자극 받을 필요가 있다.

(4) 정의적 요인

어린이는 성인보다 훨씬 연약하고 자아가 형성 단계에 있기 때문에 의사소통의 가장 경미한 어감도 부정적으로 해석될 수 있다.

(5) 실제적인 유의적 언어

어린이는 새로운 영어가 당장 지금 여기서 실제 이용될 수 있는 것에 관심을 집중한다. 따라서 수업 시간에 실제적이고도 유의적인 영어를 학생들이게 제시할 수 있어야 한다.

2) 성인 지도

성인은 인지적 능력으로 현재의 맥락 속에 매입되지 않은 영어도 다룰 수 있다.

① 성인은 추상적인 규칙과 개념을 보다 쉽게 익힌다. 그러나 지나친 추상적인 일면화와 불충분한 실생활의 영어 사용은 역시 성인들에게도 치명적일 수 있다.

② 성인은 흥미 없는 일에도 집중할 수 있으나 그러나 역시 흥미는 성인

에게도 적용된다.

③ 감각적인 입력도 다양하게 부여될 필요는 없다. 그러나 역시 활기찬 수업의 비결은 여러 감각을 자극하는 것이다.

④ 성인의 경우에도 감정적 요인들을 과소평가해선 안 된다.

⑤ 성인은 추상적인 사고 능력이 있으므로 상황이 감소된 부분을 어린이보다 더 잘 이해할 수 있다.

3) 중간 연령층

소위 12-18세의 사이를 가리키며, 이시기는 과도기적 상황기로 변화하는 신체와 정신으로 특징지어지는 시기로 특별히 고려해야 할 사항이 있다.

① 이 시기엔 추상적인 작동을 하는 사고가 발생하므로, 지적으로 상당히 복잡한 정보처리가 가능하다. 학습자의 노력에 따라, 언어 분석용 언어가 어느 정도 성공적으로 사용될 수 있다.

② 주의 집중 시간이 길어지나 여러 일들로 집중력이 쉽게 단축될 수 있는 시기이다.

③ 추상적인 사고가 오감에 대한 의존도를 감소시킨다.

④ 자아 · 자기 이미지 · 자아존중 등에 관한 요인들이 최고조에 달한 시기이다. 따라서 10대의 자아존중을 높이 유지시키기 위해 몇 가지 고려해야 할 사항이 있다.

ⓐ 학습자의 당혹감. 각자의 재능과 장점 인정하기

ⓑ 실수 용인하기

ⓒ 학우 간 경쟁을 강조하지 말 것

ⓓ 모험적 시도가 더 쉽게 행해지는 소규모 집단학습 권장

ⓔ 중학교 이상의 학생들은 어른과 비슷하게 현재를 벗어나는 문법

규칙 · 어휘 항목을 숙고하는 능력의 증가

2. 다양한 언어 능숙도에 따른 교수법

1) 초보자 교수법

보통 교사들은 학습자가 영어에 대한 지식이 없으므로 학습자의 모국어로 영어에 관한 설명을 해야 한다고 생각하지만, 초보자를 압도하지 않는 간단한 영어는 무리가 없다. 다음은 초심자를 가르칠 때의 유의 사항이다.

(1) 학습자의 인지적 학습 과정

영어 학습 초기 몇 주 동안 학습자는 집중적, 통제적 방식으로 제2언어를 처리한다. 따라서 제한된 어휘 · 어구 · 문장을 많이 반복할 필요가 있다. 그러나 학습 초기에도 의미 있는 목적을 위해 연습된 영어, 예를 들면 "What's your name?"을 사용하게 해 주면 주변적 처리를 시도할 수 있다.

① 통제적 처리(Controlled Processing)

제한된 일시적 능력으로 불과 극소수의 영어 기능만을 보존할 수 있는 전혀 새로운 기능을 학습하는 경우

② 집중적 관심(Focal Attention)

형식적인 규칙 학습에 근거할 특정 과제에 대해 주의를 기울이는 것

③ 자동적 처리(Automatic Processing)

뇌 속의 'hard drive'가 다양한 정보를 동시에 처리하는 것

④ 주변적 관심(Peripheral Attention)

묵시적, 유추적 학습에 근거. 특별 수업 없이 영어 형태에의 주변적 관심을 기울이는 것

(2) 교사의 역할

초보 학생은 교사에 대한 의존도가 높으므로 처음 얼마간은 교사 중심의 수업이 적절하나 학습자 중신의 수업, 둘이 짝을 이루는 수업이나 집단 학습 등도 지나치게 교사 의존적 상태를 피하기 위해 병행되어야 한다.

(3) 교사의 말

수업에서 교사의 말, 즉 입력은 아주 중요하다. 발음을 정확히 하고 자연스러움을 잃지 않는 정도로 속도를 늦추어서 학습자의 이해를 도모하는 것이 적절하다. 어휘와 구문은 단순한 것으로 학습자의 현 수준 이상을 이용한다. 수업 시에 학습자의 모국어 사용은 되도록 제한한다. 짧은 시간의 모국어 사용의 장점은 다음과 같다.

① 교육이나 기타 관리 요인의 교섭
② 어떤 기법을 수행하는 방법에 관한 간단한 기술
③ 문법 요소에 대한 간단한 설명
④ 학습자 스스로 정의하려 시도했으나 여전히 혼돈스런 어휘에 대한 즉석의 힌트
⑤ 문화적인 주석이나 논평

(4) 언어의 실제성

교사가 학습자에게 하는 영어는 실제적이어야 하나, 뽐내는 듯해선 안 된

다. 간단한 말이나 소개 등은 실제와 같으면서도 초심자가 비교적 쉽게 익힐 수 있다. 말은 간단하고 짧은 어귀로 제한한다. 초보 단계에서 필요로 하는 반복으로 영어가 부자연스럽게 느껴질 수 있지만 학습자는 연습할 기회를 갖게 된 점을 감사하게 될 것이다.

(5) 유창성과 정확성

학습자가 초보일 때는 유창성이 목표이기는 하나 짧은 발화 길이에서만 가능하다. 정확성에 대한 주의는 연습 중인 문법 · 음운 · 담화에 국한한다. 학습자가 작은 잘못들을 수정받는 두려움 없이 자유롭게 연습할 수 있도록 배려해야 한다. 그러나 수정이 없으면 자신이 완벽하기 때문이라고 생각할 수 있으므로 선별적으로 틀린 것을 고쳐 주어야 한다. 이 시기에는 음소의 모양 · 억양 · 리듬 · 강세 등의 발음 훈련이 매우 중요하다.

(6) 학생의 창의성

영어 학습의 궁극적 목적은 연습하지 않은 상황에서 말을 이해하고 표현할 수 있는 것으로, 그것은 수용적이고도 표현적인 창의성을 요한다. 그러나 초기에는 극히 제한된 레퍼토리 안에서만 창의성을 발휘할 수 있다.

(7) 교수 기법

간단하고 짧은 기법만 이용되어야 한다. 소리 내어 반복하는 것이 적절한 방법이 될 수 있다. 처음에는 교사가 주도하는 많은 질문이 주를 이루나 점차 학습자의 질문이 증가하게 된다. 집단학습 활동이나 짝을 이루는 학습 활동도 훌륭한 기법이 된다.

(8) 듣기와 말하기 목표

초보자에게 듣기, 말하기 기능은 유의적이고 실제적인 의사소통 과업이다. 초보자는 의사소통 기능보다는 문법 · 어휘 · 발화 · 길이에 의해 제한을 받지만 복잡하지 않은 영어 기능을 성취할 수 있다.

(9) 읽기와 쓰기 목표

읽기와 쓰기의 주제는 광고 · 양식 · 요리법 등의 짧지만, 실제 생활과 관련된 자료로 한정되어야 한다. 이때 유의할 점은 그들이 모국어로 글을 읽고 쓸 수 있는 수준이라는 것이다.

(10) 문법

초보자의 경우 동사 형태 · 대명사 · 정관사와 부정관사 · 명사의 단수와 복문과 단문 · 단순한 문법 구조에서 복잡해지는 문법 구조로의 이행 등을 다룰 수 있다. 문법적 설명을 명시적으로 할 것인가는 숙고해야 한다. 그리고 문법 설명을 위해서는 적절한 예와 패턴을 이용하는 귀납적 접근이 더 효과적이다.

2) 중급 단계 학습자 교수

(1) 학습자의 인지적 학습 과정

중급 단계에서는 어느 정도 자동 처리가 자리를 잡는다. 학습자의 영어 자료가 자동적으로 처리하는 것을 도우려고 노력해야 한다.

(2) 교사의 역할

더 이상 교사가 주도권을 쥐면 안 되고 학습자 자신이 논평하고 질문하는 것이 좋다. 소규모 집단이나 학급 전체의 활동에 있어서 학습자 간의 교섭이 활발하게 일어날 수 있다.

(3) 교사의 말

교사의 발음이 뚜렷하다면 정상적인 발화 속도를 유지해도 좋다. 교사는 자신의 말을 줄이고 학습자가 말할 기회를 부여한다.

(4) 언어의 실제성

교사는 학습자가 실제 언어를 추구하도록 노력할 필요가 있다.

(5) 유창성과 정확성

학습자 중에는 지나치게 정확성을 추구하기도 하고 유창하게 말하지만 정확성이 떨어지는 경우도 있다. 교사는 양쪽을 다 경계해야 한다. 이 단계에서는 짧은 시간 동안 스스로 혹은 타인의 수정이 전혀 없이 유창한 흐름으로 말하거나 글을 쓰는 훈련이 필수적이다.

(6) 학생의 창의성

학습자의 중간 영어 실수들은 창의적 발전 단계로 인식해야 한다.

(7) 교수 기법

교수 기법의 복잡성이 더욱 증가한다. 조사 · 짝을 이루는 인터뷰 · 집단 문제 해결 · 역할극 · 스토리텔링 등 다양한 기법이 포함된다.

(8) 듣기와 말하기 목표

학습자는 짧은 대화에 참여할 수 있고, 질의 응답, 의미를 전달하고, 정보를 얻는 등 대안이 되는 방법을 찾을 수 있다. 학습자가 익히는 기능에는 더 복잡할 것이 없으나 영어 형태는 복잡해진다.

(9) 읽기와 쓰기 목표

읽기 자료는 길이가 길어지고 문법 구조가 더 복잡해진다. 학습자는 간단한 이야기를 읽을 수 있고, 훑어읽기(Skimming)와 검색(Scanning) 기술을 이용하기 시작한다. 쓰기도 복잡해진다.

(10) 문법

동사의 진행형이나 절 등이 문법에 있어 중급 수준이며 영어나 필요할 경우 모국어로 문법 설명을 해 주는 것도 바람직하다. 간단한 오류 수정은 정확성에 도움이 된다.

3) 상급 단계 학습자 교수

(1) 학습자의 인지적 학습 과정

영어 능력 향상에 따라 자동 방식을 얻게 되고 의미 해석과 교섭에 집중적인 주의를 기울일 수 있게 영어 형태는 주변적인 주의만 기울이게 된다. 사소한 수정이나 언어의 세련화를 위해 집중적인 주의를 기울일 필요가 있다.

(2) 교사의 역할

학습자는 스스로 시작하는 독립성을 이용하여 학습자 중심의 수업 범주 안에 지시적인 역할을 통한 학습 기회를 충분히 내도록 교사가 정연한 계획을 세우는 것이 중요하다.

(3) 교사의 말

자연스런 속도의 자연스런 영어 사용이 필수적이다. 학습자들은 교사가 선택하는 어휘, 구문 등에 자극을 받는다. 학습자가 말을 많이 하고 교사는 피드백을 주는 역할이 중요하다. 학습자의 모국어 사용은 거의 불필요하다.

(4) 언어의 실제성

학문적인 산문 · 문학 · 관용어적인 대화 등 모든 것은 교실 수업의 적합한 영어 자료가 된다.

(5) 유창성과 정확성

이 단계에서는 자신이 표현하거나 이해하는 단어, 구조에 관해 더 이상 생각하지 않는다는 점에서 학습자 대부분이 유창하다.

(6) 학생의 창의성

이 단계에서 학습자는 교실에서 배운 자료를 실제로 적용하는데 학습자가 그 목표를 계속 추구할 수 있도록 해야 한다.

(7) 교수 기법

이제 사회 · 언어학적이고 실용적인 능력을 배양하는 데 맞추어져야 한다. 집단 토론 · 복잡한 역할극 · 독해 자료의 검색과 훑어 읽기 · 저자의 의도를 파악하고 의문을 제기하는 것 · 에세이 · 비평문을 쓰는 것 등이 이에 해당한다.

(8) 듣기와 말하기 목표

이 단계에서는 사회 · 언어학적인 측면에 더 주의를 집중할 수 있다. 학습자의 격, 스타일, 대화 상대의 지위, 대화의 특정한 맥락, 말하는 순서 잡기, 화제 지정과 변경, 종료, 문화적 여건 등의 관점에서 표현하고 이해를 조정하는 작업이 필요하다.

(9) 읽기와 쓰기 목표

실험실의 보고서, 실험적인 연구 결과의 기록 등을 학습하면서 점차 원어민 수준에 유사하게 접근해 간다.

(10) 문법

기본 문법 패턴에 대한 관심이 기능적 형태, 사회 문화적이거나 화용적인 현상 및 전략적 능력 등으로 옮겨가는 단계이다.

3. 언어 4기능의 지도법

1) 읽기 지도

읽기 지도는 7가지 원리를 갖고 있다.(Brown)

① 상호 과정에서 특정 읽기 기술을 교사는 가르쳐야 한다
② 읽기 기술은 내면적인 동기 부여가 있어야 한다
③ 읽기 기술은 실제성 언어와 문맥을 사용해야 한다
④ 읽기 전략을 독려해야 한다
⑤ 상향식과 하향식 읽기 기술이 포함되어야 한다
⑥ 읽기 기술을 읽기 전 · 읽기 중 · 읽기 후로 세분화해야 한다
⑦ 읽기 후에 이해능력이나 읽기 능력 발달 정도를 측정해야 한다

(1) 스키마 (Schema Theory)

영어를 이해할 때 배경 지식이 하는 역할을 설명하고 형식화한다.

- 내용 스키마(Content schema): 텍스트 내용에 관한 배경 지식
- 형식 스키마(Formal schema): 텍스트의 다양한 수사 구조나 담화 구조에 관한 지식

(2) 스키마 이론에 바탕을 둔 정보 처리 모형

- 상향식 읽기 모형: 부분에서 전체로 정보를 처리하는 모형

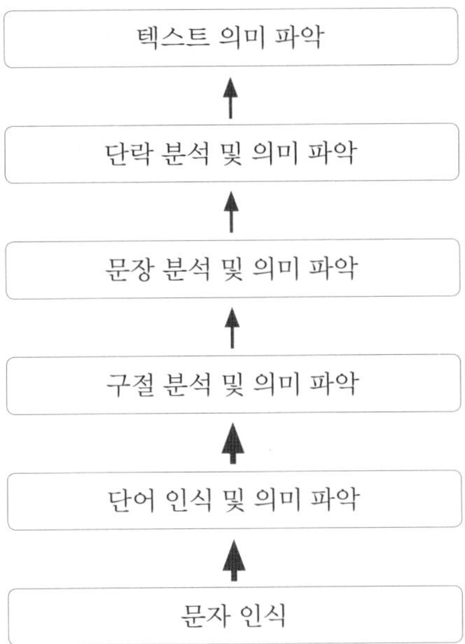

- 하향식 읽기 모형: 전체로부터 부분으로 옮겨 가면서 정보를 처리하는 모형으로 읽기가 텍스트 자체보다는 독자의 지식에 의해 진행되는 과정이다. (Conceptually driven, Knowledge-based)

하향식 읽기 모형은 배경지식이나 언어지식을 활용함으로써 예측(Predicting), 표집(Sampling), 확인(Confirming), 수정(Correcting)의 4단계를 거친다. 이러한 읽기는 예측하는 과정이나 심리언어학적 추측 게임이라고 할 수 있다. 즉 이것은 텍스트 자체보다는, 독자의 지식에 의해 이루어진다.

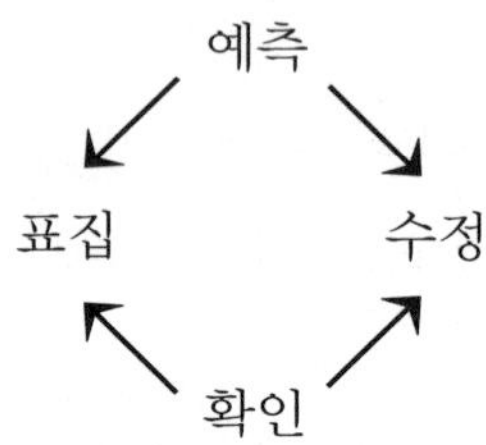

(3) 읽기 전략

- Skimming: 전체 텍스트를 눈으로 빨리 훑어 읽어 요점을 파악하는 것으로 글의 목적 및 전달 내용을 예측 할 수 있게 한다.
  활동: 사건을 찾고 비교하기 · 제목 고르기 · 제목 만들기 · 추론하기
- Scanning: 주어진 테스트에서 특정 정보를 빨리 찾기 위해 읽는 것.
  활동: 새 단어 찾기 · 특정 문법적 자질(Grammar features) 파악 · 특정 광고 찾기 · 세부 사항 비교하기 · 날짜 확인하기 · 신문의 표제어 찾기.

(4) 3단계 읽기 지도 모형

- 읽기 전 단계
  목표:

to activate or build the students' knowledge of the subject to provide any language preparation that might be needed for coping with that passage to motivate the learners to want to read the text

활동:

① 제목 보고 내용 유추하기

② 질문 제시를 통한 토론하기

③ 오디오/비디오로 관련 내용 보여 주기

④ 글의 개요 메우기 활동

⑤ 단어와 문법 설명

- 읽기 중 단계

목표:

to help to understand the specific content to perceive the rhetorical structure of the text

활동:

① 글의 개요 만들기

② 독해능력 점검 단계

③ 문형 학습

④ 세부적 사항 파악하기

- 읽기 후 단계

목표:

to review the content to consolidate what has been read by relating the new information to the learners' knowledge, interests, and opinions to integrate the new information from the text with what the students already know

활동

① 듣기를 통한 내용 정리

② 쓰기과제

③ 역할극

④ 주제 토론

⑤ 연구과제

2) 듣기 지도

듣기 지도는 6가지 원칙을 준수해야 한다.

① 청해력의 중요성 인식

② 선험 지식의 활용

③ 청취 목적의 인식

④ 실제성 텍스트의 활용

⑤ 과제 중심 활동

⑥ 듣기 전략 증진

Brown(1994) 듣기 전략

① 핵심어 찾기

② 의미에 대한 비언어적 요소 찾기

③ 담화 구조를 통한 화자의 목적 예측

④ 정보와 인지적 구조를 연결

⑤ 의미 속에서 추측하기

⑥ 명료화 추구

⑦ 전반적 요점 청취

⑧ 듣기 이해력 측정

(1) 듣기 모형

- 상향식 듣기 모형: 정보 처리가 외부 자료, 즉 듣게 되는 자료에 근거해서 메시지에 도달하는 것.
- 하향식 듣기 모형: 담화가 일어나는 상황, 문맥, 화제에 대한 청자의 배경 지식 또는 사전 지식을 이용한 의미의 이해.

(2) 교실에서의 듣기 수행 유형

- 반복형(Reactive): 학습자가 발화를 듣고 단순하게 따라하는 활동.
- 집중형(Intensive): 학습자에게 발화의 특정 요소에 주의를 기울여 찾아내도록 하는 활동.
- 반응형(Responsive): 학습자들에게 발화에 대하여 어떤 반응을 보이도록 요구하는 활동으로, 학습자들에게 질문을 하거나 명령을 내리거나 학습자의 이해를 측정하는 질문을 하는 활동.
- 선택형(Selective): 집중형 말하기 활동과 유사하나, 훨씬 더 긴 발화를 대상으로 하여 특정 정보를 찾아내도록 하는 활동.
- 확장형(Extensive): 집중형 말하기 활동이나 선택형 말하기 활동과는 달리 발화의 전체적인 의미를 파악하는 활동.
- 상호작용형(Interactive): 학습자들은 토론이나 대화, 역할극 등을 통해 상호작용식 듣기 능력을 향상시킬 수 있다.

(3) 듣기를 어렵게 만드는 요인

- Clustering: 기억의 한계 등으로 인해 문장보다는 단어군으로 구두 영어를 이해하려는 경향.

In spoken language, due to memory limitations and our predisposition for 'chunking' or clustering, we break down into speech into smaller groups of words. Clauses are common constituents, but phrases within clauses are even more easily retained for comprehension. I teaching listening comprehension, therefore, you need to help students to pick out manageable clusters of words; sometimes second language learners will try to retain overly long constituents, or they will err in the other direction in trying to attend to every word in an utterance.

- Redundancy: 구두 영어에는 잉여적 요소가 많다. 예를 들면, 다시 말하기(rephrasing) · 반복, 부연 설명(elaboration) · 채움 말(filler; 'I mean, You know)

Redundancy helps the hearer to process meaning by offering more time and extra information. Learners can train themselves to profit from such redundancy by first becoming aware that not every new sentence or phases will necessarily contain new information and by looking l
for the signals of redundancy. Learners might initially get confused by this, but with some training, they can learn to take advantage of redundancies as well as other markers that provide more processing time.

- Reduced forms: 구두 언어는 음운론적 · 형태론적 · 화용론적 축약형이 상당히 포함되어 있어, 듣기에 어려움을 준다. 왜냐하면, 학습자는 완전한 형태에 익숙해 있기 때문이다.

Spoken language has many reduced forms. Reduction can be phonological ("Djeetyet? for "Did you eat yet?", morphological(contractions like I'll), syntactic(elliptical forms like "When will you be back?" "Tomorrow, maybe.", or pragmatic(Phone rings in a house, child answers, cups the telephone and yells to another room in the house, "Mom! Phone!" These reductions pose significant difficulties especially to classroom learners who may have initially been exposed to the full forms of the English language.

- Performance variables: 구두 언어에는 연설 · 강의 등과 같이 계획된 담

화를 제외하고는 머뭇거림 · 잘못된 시작 · 휴지 · 정정 등과 같은 수행변인이 흔히 있다. 이러한 것들은 영어 학습자들이 듣기에 어려운 용인이다. 따라서 외국어 학습자는 수행 변인에 지나치게 의식하지 않고 전반적인 의미 중심으로 듣기 자료를 이해하는 것이 중요하다.

In spoken a language, except for planned discourse(speeches. lectures, etc.), hesitations, false starts, pauses, and corrections are common. Native listeners are conditioned from very young ages to "WEED OUT" such performances variables whereas they can easily interfere with comprehension in second language learners. Learners have to train themselves to listen for meaning in the midst of all these distracting performance variables.

- Colloquial language: 구두영어에는 숙어(idioms), 속어(slang), 축약형(reduced forms) 등이 포한된다. 또한 문화적 함축이 있는 구두 영어 자료는 해당 문화 자료에 대한 지식이 없으면, 이해하기 어려워진다.

Learners who have been exposed to standard written English and/or "textbook" language sometimes find it surprising and difficult to deal with colloquial language. Idioms, slang, reduced forms, shared cultural knowledge are all manifested at some point in conversations.

- Rate of Delivery: 원어민의 빠른 말은 듣기 학습에 장애 요인이다. 교사는 듣기 자료에 맞게 조절된 듣기 자료보다는 정상 속도의 듣기 자료를 제공해야 하며, 의도적으로 느린 속도보다는 말의 중간에 휴식이 있는 것이 더 바람직하다.

Virtually every language learner initially thinks that native speakers too fast. Actually, the number and length of pauses used by a speaker is more crucial to comprehension than sheer speed. Learners will nevertheless eventually need to be able to comprehend language delivered at varying rates of speed and, at times, delivered with few pauses. Unlike reading, where a person can stop and go back to reread something, in listening the hearer may not be always have the opportunity to stop the speaker. Instead, the stram of speech will continue to flow.

- Stress, rhythm, and intonation: 영어는 강세가 일정하게 오는 언어이므로, 강세 · 억양 · 운율에 따른 의미 차이를 구별하는 것이 중요하다.

The periodic features of the English language are very important for comprehension. English speech can be a terror for some learners as mouthfuls of syllables come spilling out between stress points. Also, intonation patterns are very significant not just for interpreting such straightforward elements as questions and statements and emphasis but more subtle messages like sarcasm, endearment, insult, solicitation, praise, etc.

- Interaction: 듣기는 일방적으로 듣기만 해서는 안 되고 청자와 화자의 상호작용이 중요하다. 이를 위해 의미의 협상과 이해 점검, 피드백 등과 같이 청자가 상호작용에 참여하고 있음이 중요하다.

Interaction will play a large role in listening comprehension. Conversation is especially subject to all the rules of interaction: negotiation, clarification, attending signals, turn taking, and topic nomination, maintenance and termination. So, to learn to listen is also to learn to respond and to continue a chain of listening, and responding. Classroom techniques that include listening components must at some point include instruction in the two-way nature of listening. Students need to understand that good listeners are good responders. They know how to negotiate meaning, that is to give feedback, to ask for clarification, to maintain a topic, so that the process of comprehending can be complete rather than being aborted by insufficient interaction.

(4) 3단계 듣기 지도 모형

듣기 활동은 음소인식 · 듣기 게임 · 빙고 · 그림을 활용한 듣기 · 지도 찾기 · 추측 게임 · 받아쓰기 · 문제 해결 과제 등이 있다.

• 듣기 전 단계: 학습자들에게 그들이 들을 내용을 미리 준비시켜 준다.

- looking at pictures and talking about them
- looking at a list of items
- making lists of possibilities
- reading a text
- reading through questions
- predicting
- pre-viewing language
- informal teacher talk and class discussion

• 듣기 중 단계: 학습자들이 텍스트를 이해하는 것을 도와준다.

- making items in pictures
- matching pictures with what is heard
- putting pictures in order
- completing pictures
- picture drawing
- carrying out actions
- making models
- form or chart completion
- true or false questions
- multiple-choice questions
- text completion
- seeking specific items of information

• 듣기 후 단계: 학습자들이 들은 내용을 그들 자신의 생각과 경험에 관련시키도록 도와준다.

- summarizing
- using information for problem-solving and decision-making activities
- role-play
- simulation
- dictation

3) 말하기/발음 지도

발음 지도는 다음과 같은 원칙을 준수해야 한다.

① 집중적인 발음 연습

② 명료하고 이해할 수 있는 발음 지도

③ 일반화할 수 있는 발음 규칙

④ 문장 수준에서 강세, 리듬, 억양 지도

⑤ 의미와 연계하여 의사소통 목적 준수

발음 지도는 다음과 같은 활동으로 이루어진다.

① 조음 방법 설명과 발음 녹음

② 최소 대립어 활용

③ 강세 연습

④ 억양 연습

⑤ 게임

⑥ 의사소통 활동

반면, 말하기 지도는 의사소통 능력을 키워 줘야 하는 원칙을 요구한다.

① 듣기와 말하기의 연계

② 유창성과 정확성의 균형

③ 자발적 참여 독려 및 동기 부여

④ 사회, 문화적 적절성 있는 지도

⑤ 대화를 이어 주는 표현 연습

말하기의 주요 활동으로는 정보 공백 메우기 · 문제 해결 과제 · 토론 · 역할극 등이 있다.

(1) 말하기 수행의 유형

- Imitative: 영어 형식에 집중하는 활동으로 특정자음과 모음의 발음이나 억양 · 강세 · 문법 구조 등의 연습 활동이다.
- Intensive: 중요한 문법 구조 등을 짝 활동 형식으로 연습하는 활동이다.
- Responsive: 교사나 학생들이 서로 질의-응답을 통해서 이루어지는 활동이지만, 보통 대화 수준으로 길게 이어지진 않는다.

> Teacher: How are you today?
> Student: Pretty good, thanks, and you?
>
> T: What is the main idea in this essay?
> S: The United Nations should have more authority.

- Transactional: Responsive 활동을 확장하여 대화문 형식을 취하는데, 주로 상대방과의 정보 교환을 목적으로 한다.

> T: What is the main idea in this essay?
> S: The United Nations should have more authority.
> T: More authority than what?
> S: Than it does right now.
> T: What do you mean?
> S: Well, for example, the UN should have the power to force a country like Iraq to destroy its nuclear weapons.
> T: You don't think the UN has that power now?
> S: Obviously not. Iraq is still manufacturing nuclear bombs.

- Interpersonal: 대화문을 통해 말하기를 하며, 친구나 가족들 사이의 대화처럼 대화자들 사회의 사회적 관계를 유지하기 위한 대화를 말한다.

> A: Hi, Bob, how's it going?
> B: Oh, so-so.
> A: Not a great weekend, huh?
> B: Well, far be it from me to criticize, but I'm pretty miffed about last week.

A: What are you talking about?
B: I think you know perfectly well what I'm talking about.
A: Oh, that... How come you get so bent our of shape over something like that?
B: Well, whose fault was it, huh?
A: Oh, wow, this is great. Wonderful. Back to square one. For crying out loud, Bob, I thought we'd settled this before. Well, what more can I say?

- Extensive: 학습자들이 구두 보고나 요약 또는 간단한 연설형식의 독백을 수행하는 말하기 연습 활동이다.

(2) 의사소통 기능 지도

- 정보공백 메우기 활동(Information gap activity): 언어 형식이 아니라 정보 전달에 집중하며, 목적을 달성하기 위해서 의사소통적인 상호작용이 필요하다. A. B의 화자 중에 A가 갖고 있지 않은 정보를 B가 갖고 있을 때 정보 공백이 존재한다.

A: Excuse me.
B: Yes?
A: Do you have a watch?
B: Yes... why?
A: I wonder if you could tell me what the time is?
B: Certainly... it's three o'clock.
A: Thank you.
B: Don' mention it.

- 역할 놀이(Role Play): 집단의 구성원에게 역할을 부여하고 참여자가 수행해야 할 역할을 할당하며, 시사적인 문제뿐만 아니라 일상적이고 현실적인 상황을 중심으로 실연한다.

- 가상 모의극(Simulation): 전체 집단이 하나의 사회적 단위로서 가상의

상황을 통해 어떤 문제를 해결하는 것이다.

• Jigsaw: 집단 구성원 각각에게 어떤 특정한 정보가 주어지고 어떤 목적을 달성하기 위해 정보를 공동 이용하는 정보 공백 활동의 특수한 형식이라고 할 수 있다.

Strip Story
step1. Each student receives a strip of paper with one sentence on it. He is asked not to show his sentence to anybody else but to memorize it within two minutes. After two minutes all the strips of paper are collected in again.

step2. The teacher briefly explains the task: 'All the sentences you have learnt make up a story. Work out the correct sequence without writing anything down.' From now on the teacher should refuse to answer any questions or give any help.

step3. The students present the sequence they have arrived at. A discussion follow on how everybody felt during this exercise.

• 게임(Game)

정보 공백 메꾸기 게임(Information Gap Game)

화자 B가 알지 못한 것을 화자 A가 알고 있을 때 화자 B의 임무는 그 정보를 획득함으로써 공백을 채우는 것이다.

견해공백 메우기 게임(Opinion Gap Game)

화자 A가 어떤 생각이나 의견을 갖고 있고, 화자 B에게 자신이 정당하다는 것을 설득하는 것으로 이 때 화자 A 의 임무는 자신의 견해를 효과적으로 진술함으로써 그 공백을 메우는 것이다.

4) 쓰기 지도

쓰기는 1980년대 들어 결과중심에서 과정중심으로 교육이 바뀌면서 발단 단계(discovery stage) · 초고 작성 단계(draft stage) · 수정 단계(revising stage) · 편집 단계(editing stage)의 4단계를 강조하고 있다.

Brown은 쓰기 지도 원리를 다음과 같이 제시한다.

① '훌륭한 작가 연습'

② '과정'과 '결과'의 균형

③ 문화적 배경 설명

④ 읽기와 쓰기의 연결

⑤ 가능한 실제성 작문 유도

⑥ 쓰기 전 활동 · 초고 · 수정 단계

⑦ 가능한 상호작용을 하는 기술사용

⑧ 글에 대한 적극적 반응과 수정

⑨ 수사학적 관습 · 형식 등을 분명하게 지도

쓰기 지도 방안으로는 알파벳 익히기 · 그림을 활용한 문장 만들기 · 통제 작문(주어진 글 속에서 변형 유도) · 유도 작문(자신의 어휘와 구문으로 작문) · 텍스트를 활용한 쓰기 지도 · 시청각 자료를 활용한 쓰기 지도 · 실생활에 유익한 의사소통 중심 활동 등이 있다.

(1) 과정 쓰기(Process Approach) 와 결과 쓰기(Product Approach)

- 과정 쓰기

선행 단계:

작문 내용 개요 작성(outlining), 핵심 낱말을 중심으로 의미망 작성(Semantic mapping), 토론하기, 주어진 주제를 가지고, 짧은 촌극 작성(Skit) · 받아쓰기 · 주어진 글을 읽고 짧게 요약하기 · 핵심 낱말을 가지고 이야기 만들기 등의 선행 활동이 있다.

쓰기 단계:
교사의 지침서를 바탕으로 학습자가 초고를 작성하는 단계이다. 이때 자유 전략과 적절한 쓰기 전략 모니터링이 이루어진다.

후행 단계:
교사는 편집 · 수정 · 피드백 활용에 적절한 전략을 사용하여 어휘 · 문장 전체 글 수준에서 학습자들이 자신의 글을 교정할 수 있도록 도와주어야 한다.
학습자의 초고는 내용 점검 · 구성 점검 · 결합성 점검 · 문법 점검 · 어휘 점검 · 철자법과 구두점 점검 등으로 이루어진다.

- 학습자 간의 협동적 집단 활동 요구
- 담화차원의 활동
- 질보다 양에 중점
- 쓰기는 장시간의 노력 과정

• 결과쓰기

- 구조주의 언어학과 상향식 접근법에 기초
- 학생들이 예시 문을 모방하고 베껴 쓰고, 변형하는 활동에 참여
- 문장 차원에서 이루어진다
- 수업시간은 주로 문장 형성과 문법 연습에 할애한다

(2) 쓰기 수행의 유형

- 모방쓰기(Imitative): 낱말, 문장 베껴 쓰기 및 받아쓰기 유형
- 유도(Guided) 또는 통제(Controled) 쓰기

– 유도 쓰기: 교사의 완화된 통제와 약간의 자극을 제공하는 쓰기 유형 – 통제 쓰기: 주어진 문장을 변형하기 위해 지시하는 쓰기 유형

- 학생 자신을 위한 쓰기(Self-writing): 학생들의 느낌, 생각 등을 교사가 평하거나, 쓰기를 통해 교사와 학생이 대화를 나누는 과정.
- 전시용 쓰기(Display-writing): 단답형 문제의 답안 쓰기, 주관식 답안 작성 등 자신의 지식을 보여주는 유형
- 실제 쓰기(Real Writing): 정보를 전달하는 진정한 의미의 의사소통 쓰기

– 학술적 쓰기(Academic writing) – 직업적 쓰기(Vocational or Technical writing): 서류 작성 · 실무 편지 – 개인적 쓰기(Personal writing): 일기 · 편지 등의 비형식적 쓰기

(3) 교실에서의 3단계 쓰기 지도 유형

- 쓰기 전 단계

– Brainstorming: 생각나는 말을 자유롭게 써 보기 – Clustering: 관련 있는 주제끼리 연결 – Free writing: 자유롭게 주제와 관련하여 써 보기

- 쓰기 중 단계
- 쓰기 후 단계

– 초고수정 – 재고수정 – 교사의 후행 과업 제시

4. 컴퓨터를 활용한 영어 지도
(Computer- Assisted Language Learning 〈CALL〉)

영어 과목 시간에 컴퓨터를 활용하는 컴퓨터 보조 학습을 말한다.

1) 컴퓨터 보조 학습의 장점

- 개별 학습이 가능하다: 학습자 중심의 교육(인본주의적 학습)
- 즉각적 응답 및 평가가 이루어진다
- 정서적 안정이 이루어진다:
  학습 결과가 교사나 다른 학생들에 노출되지 않기 때문에 정서적 안정과 언어 습득에 기여
- 학습 동기 의식이 유발된다
- 학습 과정 기록 및 분석과 피드백 제공으로 상호작용이 고취된다

- classroom-based testing
- self-directed testing on various aspects of a language(vocabulary, grammar, discourse, one or all of the four skills, etc.)
- practice for upcoming high-stakes standardized tests
- some individualization, in the case of Computer-adaptive tests
- large-scale standardized tests that can be administered easily to thousands of test-takers at many different stations, then scored electronically for rapid reporting of results.

2) 컴퓨터 보조 학습의 단점

- 컴퓨터의 비인간적인 특성은 학습자의 창의성을 저하시킨다
- 기계설치 비용과 유지에 많은 노력이 필요하다
- 교사와 학습자의 컴퓨터 활용 능력이 요구된다
- 부정적인 태도를 갖고 수업에 임하면 학습효과가 떨어진다
- 멀티미디어로 구현된 복잡한 컴퓨터 프로그램이 학습의 본래 목적을 해칠 수 있다

- Lack of security and the possibility of cheating are inherent in classroom-based, unsupervised computerized tests.
- Occasional "home-grown" quizzes that appear on unofficial websites may be mistaken for validated assessments.
- The multiple-choice format preferred for most computer-based tests contains the usual potential for flawed item design.
- Open-ended responses are less likely to appear because of the need for human scores, with all the attendant issues of cost, reliability, and turnaround time.
- The human interactive element (especially in oral production) is absent.

3) 컴퓨터를 활용한 제2언어 학습 방안

- 협동적 프로젝트(Collaborative projects): 2-4명의 그룹 활동
- 작문에 대한 동료 편집(Peer-editing of composition)
- 전자 메일(E-mail)
- 웹페이지 디자인(Web page design)
- 수업 자료 강화(Reinforcement of classroom material)
- 게임과 시뮬레이션(Games and simulation)
- 컴퓨터를 활용한 평가(Computer adaptive testing)
- 발화 처리(Speech processing)

4) 컴퓨터를 활용한 영어 교육의 종류

(1) 멀티미디어 CD-ROM을 활용한 영어 교육

- 학습 특징

- 생생한 원어민 음성과 그림이 지원된다
- 학습자가 원하는 부분을 쉽게 찾는다
- 반복 학습이 용이하다
- 학습자와 컴퓨터의 지속적인 상호작용이 된다
- 학습자의 능력에 맞게 학습 수준과 진도가 조절된다
- 유익한 평가 자료가 제공된다

(2) 인터넷을 활용한 영어 교육

• 학습 특징

- 인터넷 정보 대부분이 영어로 되어 있어 자연스럽게 영어를 익힐 수 있다
- 지역사회를 뛰어넘어 의사소통이 가능하다
- 인터넷은 영미 문화를 생생하고 다양하게 전달
- 학습자의 정보탐색, 문제해결, 과제 활동에 참여하여 사회적 상호작용 기술 습득이 된다.
- 인터넷은 자기주도적인 학습을 가능하게 한다
- 인터넷은 실제성 있는 문자 · 음성 · 이미지 · 동영상 제고하여 영어학습의 강한 동기 부여와 흥미 유발이 된다
- 시간적, 공간적 제약을 벗어나 학습자의 개별적인 학습이 가능하다

• Waeschauer, Shetzer & Meloni(2000)의 인터넷 교육 5요소

① Authenticity(실제성)
② Literacy(읽고 쓰는 능력)
③ Interactivity(상호작용성)
④ Vitality(생동감)
⑤ Empowerment(주도권)

5. 상호교섭적 언어교육

1) 상호 교섭의 정의

의사소통 교수법(CLT)의 시대에 상호 교섭은 의사소통의 핵심이다. 상호 교섭이란 둘 이상의 사람이 서로 생각, 감정, 사상을 협조하에 주고받아서 결국 상호 간에 영향을 미치게 되는 것이다. Wilga Rivers는 상호 교섭을 통해 학습자가 언어 저장량을 증가시킬 수 있고, 외국어 학습 초기부터 자신이 배운 내용을 실생활의 상황에 적용할 수 있다고 하였다.

2) 상호 교섭의 원리

(1) 자동성(Automaticity)

진정한 상호 교섭은 의미와 메시지에 집중적인 주의를 기울일 때 가장 잘 성취될 수 있다. 상호 교섭이 이루어질 때 학습자는 언어의 자동처리 방식으로 나아갈 수 있다.

(2) 내적 동기(Intrinsic Motivation)

학습자가 상호 의사소통을 통해 성취와 자기실현을 이룰 때 가장 깊은 만족감을 느낄 수 있다.

(3) 전략적 투자(Strategic Investment)

상호 교섭은 어떻게 말하고 글을 쓰고 해석할 것인가, 의사소통의 통로가 막힐 때는 어떻게 교정할 것인가 등에 대한 결정을 하기 위해는 전략적 언어능력을 필요로 한다.

(4) 모험 시도(Risk-Taking)

상호 교섭은 자신의 의도 전달 실패, 상대방 의도 잘못 해석, 비웃음, 거절 등의 위험성을 안고 있다. 그러나 위험부담을 가질 만한 가치는 충분하다.

(5) 언어 문화 연계성(The Language-Culture Connection)

상호 교섭자는 언어의 문화적 뉘앙스를 잘 파악하고 있어야 한다.

(6) 중간 언어(Interlanguage)

오랜 언어습득 기간이 있어야 상호 교섭의 복잡성을 이해할 수 있다. 표현

이해 및 생성 중에서 많은 실수를 하면서 발전해 가고, 이때 교사의 피드백이 중요하다.

(7) 의사소통 능력(Communicative Competence)

상호 교섭에는 의사소통 능력에 필요한 모든 요소가 갖추어져야 한다. 문법 · 담화 · 사회 언어학적 · 화용적 · 전략적 능력이 그것이다.

3) 상호 교섭을 위한 교사의 역할

(1) 통제자(Controller)로서의 교사

전통적 교육제도의 차원에서 기대되는 교사는 통제자의 역할을 한다. 모든 수업은 계획하에서 이루어지며, 이에 따른 학생의 반응을 예측할 수 있다. 그러나 상호 교섭의 상황에서는 학습자가 미리 연습하지 않은 말을 자연발생적으로 할 수 있어야 한다. 여기에 교사는 학생이 말을 할 수 있는 여건을 만들고, 커리큘럼을 준비한다.

(2) 감독자(Director)로서의 교사

상호 교섭적인 교실에서 교사는 감독자의 역할을 한다. 학습자가 미리 연습했거나, 자연발생적인 언어 수행을 할 때 교사는 그 과정이 자연스럽고 효율적으로 이루어지도록 유도하며, 학습자가 실생활에서 독자적인 의사소통을 할 수 있도록 지도한다.

(3) 관리자(Manager)로서의 교사

교사는 학생의 평가 및 피드백을 제공하며, 학생의 개별적 활동이 창의적이 되도록 유도하며, 학습과정을 계획한다.

(4) 촉진자(Facilitator)로서의 교사

일일이 간섭하기보다는 학습자 스스로 학습과정을 파악하도록 유도한다.

(5) 수업 운영자로서의 교사

이 경우의 교사는 지시적인 역할이 가장 적다. 학습자가 주도권을 가지며 교사는 필요시 상담이나 충고를 해 주는 역할을 한다. 그러나 전적으로 학습자에게 맡기는 것이 아니라 어느 정도의 통제 · 계획 · 관리는 교사가 책임진다.

6. 집단학습을 통한 상호 교섭

1) 집단학습의 장점

집단학습이란, 둘 혹은 그 이상의 학생에게 협력과 스스로 발의되는 언어가 관계된 과업을 부여하는 다양한 교수기법을 말한다. 그 장점은 다음과 같다.

① 상호 교섭의 언어를 발생시킨다.

② 포용하는 정의적 환경을 제공한다.

③ 학습자의 책임감과 자율성을 증진시킨다.

④ 개별화된 학습을 향한 한 단계이다.

2) 집단학습을 회피하는 이유

① 교사가 더 이상 수업을 통제할 수 없다.

② 학습자가 모국어를 사용할 것이다.

③ 학습자의 실수가 소규모 집단에서 강화될 것이다.

④ 교사가 모든 집단을 동시에 점검할 수 없을 것이다.

⑤ 몇몇 학습자들은 홀로 공부하기를 선호한다.

3) 집단학습을 수업에 적용하기

(1) Pair Work이 적절한 경우

짧고 언어적으로 단순하고, 구조가 통제된 과업의 경우에 pair work이 적절하다.

(예) :

① 상대와 대화연습

② 단순한 질문과 응답연습

③ 유의적인 대체훈련을 수행하기

④ 짧은 brainstorming 활동

⑤ 쓰기 내용을 서로 점검하기

⑥ 보다 큰 집단과 합류하기 위한 준비

⑦ 그룹을 지정하고 책걸상을 옮기고 학습자들을 집단에 소속시키는 등의 준비가 번거로운 간단한 활동

(2) 집단학습이 적절한 경우

① 게임

Game이란 어떤 방식으로 채점될 수 있는 단위들로 교수 기법을 공식화시키는 활동이다. 스무고개 같은 알아 맞추기 추측 게임이 그 예이다.

② 역할극과 시뮬레이션

역할극이란 한 집단의 한 사람 혹은 그 이상의 ⓐ 구성원에게 한 가지 역할을 부여하고, ⓑ 참가자들이 달성해야 하는 한 가지 목적을 할당하는 것으로 이루어진다.

시뮬레이션은 6-20명 정도의 비교적 큰 규모의 집단을 대상으로 가상의 상황을 설정하는 방식이다.

③ 드라마

이것은 보다 형식화된 역할극 혹은 시뮬레이션으로, 준비된 이야기 줄거리와 대본을 갖추고 있다. 학습자 자신들이 대본을 쓰고 집단으로 연습을 한다. 이것을 '짧은 희극'(skit)이라고 부른다.

④ 프로젝트

학급을 몇 그룹으로 나누어서 환경 보호 캠페인을 벌이는 경우를 가정할 때 각 그룹은 각각 전시물 구성, 뉴스레터 제작, 기사 수집, 게시판 제작 등 역할을 나누어 맡는다. 이러한 목적 있는 프로젝트에 참여할 때 이해력 있고 생산적인 언어가 유의적으로 이용되는 것이다.

⑤ 인터뷰

둘 혹은 그 이상으로 행하는 인터뷰는 모든 수준의 숙련도에서 유용하게 이용되는 활동이다. 인적사항 · 기타의 질문을 통해 어휘 · 구문 · 언어기능을 익힌다.

⑥ 브레인스토밍

이것은 학습자로 하여금 어떤 종류의 사고과정을 시작하게 만드는 목적을 가진 기법이다. 미래의 교통수단에 대한 글을 읽는다고 가정할 때, 소규모 집단에서 과거와 현재의 교통수단에 대해 토론한 후, 현재 교통수단이 보다 효율적이 되기 위해 극복해야 할 장애물이 무엇인지 생각해 본다. 그 범주 안에서 생각할 수 있는 모든 목록을 평가 없이 작성하는 것이다.

⑦ 정보공백 메우기(Information gap) 게임

정보를 전달, 요청하는 목적을 지닌 기술이다. 영어 형태가 아니라 정보에 초점을 맞추며, 어떤 목적을 달성하기 위하여 의사소통행위를 수행할 필요가 있다고 보는 것이다. 초급 단계에서는 학습자에게 서로의 생일, 주소, 좋아하는 음식 등을 묻게 한 후 그 정보를 도표에 써넣도록 하는 것이며, 중급 단계에서는 각기 다른 직업의 정보를, 고급 단계에서는 저자의 메시지에 관한 소규모 집단의 토론 등이 이 기법이 된다.

⑧ Jig saw

이것은 특별한 형태의 '정보 공백 메우기'이다. 그룹 구성원 각자에게 일정한 정보를 준 후 전체의 정보를 취합하여 어떤 목적을 달성하도록 하는 것이다.

예:

ⓐ 구성원 네 명에게 각각 지원서 양식을 주고 각각 다른 정보를 알려준다. 학습자는 서로 질문을 통해 정보를 얻어서 지원서 양식을 작성한다.

ⓑ 학습자에게 지도와 각 개인에게 다른 장소의 위치를 알려준 후 서로 정보를 교환하여 한 장소에서 다른 장소로 찾아갈 수 있도록 길 안내하기를 연습한다.

ⓒ 교사는 짧은 이야기나 대화를 선택하여 각 문장을 작은 조각으로 나누고, 그 조각을 뒤섞은 다음 각 학습자들에게 하나씩 나누어 준다.

목표는 학습자들이 그들이 받은 각각의 문장들이 이야기 전 맥락 속에서 어디에 속해 있는가를 결정짓고 재구성된 이야기를 끝까지 다 읽어내는 것이다.(strip story)

⑨ 문제 해결과 의사 결정

문제 해결 집단기법은 특정 문제를 집단이 해결하는 것에 주안점을 두는 것으로 Jig saw 기술을 포함시킬 수도 있고 그렇지 않을 수도 있다. 문법적 혹은 음운론적 형식보다는 유의적인 인지적 난제들에 학습자의 관심을 집중시킨다.

의사결정 기법은 학습자가 결정을 내리도록 하는 목적을 지닌 일종의 문제 해결 기법이다. 그러나 어떤 과업에서 무엇을 해야 하는가를 반드시 결정해야 하는 목적을 지닌다는 점에서 문제 해결기법과는 차이가 있다.

⑩ 의견 교환

의견이란 경험적인 자료에서 발견되지 않을 수도 있고 혹은 타인이 그럴듯하게 이의를 제기할 수도 있는 신념이나 감정을 일컫는 말이다. 중급 이상이라면 의견교환은 유용한 기술이 될 수도 있다. 도덕 · 윤리 · 종교 · 정치적 문제 중 토의 · 토론의 대상으로 적절한 시사적 문제들이 많다.

4) 집단학습 계획하기

① 사용할 교수 기법을 소개하라.

② 그 기법이 소규모 집단에 적절히 사용할 수 있음을 정당화 시켜라.

③ 교수 기법을 모범으로 만들어라. 즉, 학습자가 행할 과업에 대해 먼저 시범을 보여라.

④ 명시적이고 구체적인 지시를 하라.

– 목적의 재진술

– 학습자가 지켜야 할 규칙

– 시간 사용 설정

– 학습자에게 임무 부여

⑤ 학급을 몇 그룹으로 나누어라. 고려할 사항은 다음과 같다.

– 모국어

– 언어 능숙도

– 나이, 성별

– 문화 집단

– 성격 유형

– 인지적 유형의 성향

– 인지적 발전 단계

– 관심사

– 선행학습 경험

– 목표어를 학습하는 목적

⑥ 학습자가 명료하게 이해했는지 점검하라.

⑦ 임무를 시작하라.

5) 과업의 점검

교사의 역할은 학습자가 의존할 수 있도록 하거나 학습을 촉진시키는 것이다. 점검할 때 책상에 앉아 채점을 하거나, 교실을 떠나 휴식을 취하거나, 한 그룹과 지나치게 많은 시간을 보내거나, 학습자가 원하지 않는데 실수를 교정하거나, 지나치게 강압적인 태도 등은 취해선 안 된다.

6) 보고하기

① 각 그룹에서 보고자를 정해서 임무의 과정 · 목적 · 결과를 보고한다.

② 임무 과정 중에 발생한 문제에 대해 학급 전체의 피드백을 제공한다.

7. 언어 4기술의 통합

최근 전반적 언어 접근 등에서는 듣기 · 말하기 · 읽기 · 쓰기 네 가지 기술을 통합하는 방향으로 나아간다. 이것은 다음과 같은 방법으로 이루어진다.

① 스키마를 활성화시키기 위해 주제에 대해 읽기 전 토론

② 읽을 단락에 관한 강의나 일련의 정보를 듣기

③ 특정 읽기 전략인 훑어 읽기에 대한 집중

④ 읽기 단락의 일부를 다른 말로 부연해서 쓰기

1) 언어 통합의 장애 요소

① 영어 교수에서는 초점이 영어 형태에 맞추어 교사에게 영어 기술을 따로 분리시키도록 했다. 이때는 영어 자체가 아니라 영어에 '관하여' 가르쳤다.

② 행정적 고려를 해보면 영어 기술을 따라 프로그램을 짜는 것이 쉽다.

③ 중급 · 고급 수준의 학습자는 특수화된 외국어 학습 목적을 가지며, 그에 따라 청취력이나 독해력, 쓰기 능력 등의 개별 기술을 교육하는 강좌가 만들어졌다.

2) 언어 4기능의 통합

① 듣고 읽기의 이해와 말하고 쓰기의 생성은 불가분의 관계이다.

② 상호 교섭이란 메시지를 보내고 받는 것이다.

③ 구어체와 문어체는 보통 서로 깊은 관계가 있다.

④ 글을 아는 학습자에게 있어, 구어체와 문어체의 상관관계는 언어와 문화, 사회가 반영된 내적 동기를 유발하는 것이다.

⑤ 영어의 형태는 이차적 관심만 기울이고 영어를 가지고 행할 수 있는 것에 관심을 기울임으로써 교실 수업에 관련된 영어의 네 가지 기술을 모두 중시한다.

⑥ 보통 한 가지 기술은 다른 기술을 강화시킨다. 듣는 것을 모델로 해서 말하기를 학습하고 읽을 수 있는 것을 점검해서 쓰기를 학습한다.

3) 언어 통합적 교수법

(1) 내용중심 교수

구체적인 주제 문제 내용 학습을 영어 학습과 통합시키는 영어 교수이다. 전통적 영어 교과과정과는 대조적으로 영어 형태가 아닌 주제 문제의 본질에 의해, 내용중심 교과과정으로 방향이 설정된다. 그래서 영어는 관심성 있고 관련성 있는 주제 문제의 정보 내용을 학습자에게 전달하는 단순한 매체 역할에만 그친다. 비언어적인 실용적이고도 장기적인 목표에 집중되어져서 내적 동기를 유발시키고 아울러 유의적인 학습이 일어난다. 이러한 내용중심 교육은 보통 중급 단계에서 고급단계에 걸쳐 학문적이거나 직업적인 교육에 적용된다.

(2) 주제중심 교수

내용중심 교수의 약한 입장이라고 한다. 내용과 언어 목적 양쪽에 똑같은 가치를 부여한다. 교과과정이 주제 문제 영역에서 조직되어 있지만, 언어 기술 또한 종속적인 역할에 그치는 것도 아니다. 궁극적 목표는 학습자의 언어 기술이 고양되는 것이다. 그러나 화제에 집중적 관심이, 언어에는 주변적 관심이 주어진다. 그래서 화제 중심 교수라 불리어지기도 한다.

영어 교과과목을 제공해야 할 제도적 필요성에 여전히 집착하면서도 동시에 내용에 관심을 집중할 수 있다는 점에서 전통적 언어 교실 수업의 대안이 되고 있다.

예: 중급 단계, 대학 입학 이전 학생을 위한 집중적 영어 과정에서 시사적 관심이 있는 화제에 관해 기사 읽기 · 비디오 시청 · 문제 토론 · 문제 해결 제시 등을 할 수 있다.

- 주제 중심과 내용 중심 교수의 기저에 있는 주요 원리

① 자동화원리(Automaticity principle)
② 재미있는 학습원리(Meaningful learning principle)
③ 내적동기 원리(Intrinsic motivation principle)
④ 의사소통능력 원리(Communicative competence principle)

- 가능한 주제 중심 활동들

① 교실 수업에서의 읽기 · 쓰기 · 토론과 논쟁을 위한 환경문제의 통계와 사실들을 이용하라.
② 연구 조사와 쓰기 과제를 행하라.
③ 학습자들이 자신의 환경 인식 자료를 창의적으로 만들도록 시켜라.
④ 답사 이전의 기준(읽기 · 연구 조사 · 기타 사실 발견)과 답사 이후의 기준(요약 · 결론)을 수반하는 현장 답사를 하라.
⑤ 게임 진행 과정에 필요한 다양한 시나리오를 형성시키는 주제로써 환경 위기를 이용하는 많은 모의 게임들이 만들어진다.

(3) 경험 학습

좌뇌, 우뇌 과정 모두와 관련되어 있고, 언어를 상황에 맞게 맥락화시키며, 4가지 기술을 통합하고, 실제적인 실생활 목적을 지향하는 활동을 포함한다. 특징은 학습자들이 시행착오와 피드백 처리, 언어에 대한 가설 설정과 유창성을 위한 가설의 수정에 의해 언어 원리들을 '발견'하도록 구체적 경험을 제공하는 것이다.

즉, 교사는 학습자들이 다양한 구체적 경험의 복잡한 문제를 해결하려 애쓰는 가운데 언어를 이용하도록 그들에게 기회를 제공하는 역할을 한다. 이러한 경험 학습은 본질적으로 학습자 중심의 경향을 띠기 마련이다.

학생 중심의 경험 학습 기법
- 컴퓨터 활동(Computer Activities)
- 연구 프로젝트(Research Projects)
- 문화 간 경험(Cross-cultural Experiences)
- 현장수업과 현장방문(Field trips and other 'On-site' visits)
- 역할극과 시뮬레이션(Role-plays and Simulations)

(4) 과제 중심 교수

영어 교수에 있어서 과제중심 교수법의 5가지 특징

① 영어로 행하는 상호교섭을 통한 의사소통 학습에 대한 강조

② 학습상황에 실제적인 텍스트 도입

③ 학습자가 언어뿐만 아니라 영어 학습 과정 그 자체에도 관심을 집중하도록 기회를 제공함

④ 학습자 자신의 개인적 경험들을 교실 학습에 기여하는 중요한 요소들로서 고양시킴

⑤ 교실 영어 학습을 교실 밖에서의 영어 활동과 연계시키고자 하는 시도

과제 중심 교수의 과제

- 목표 과제: 학습자가 교실 밖에서 성취해야 할 과제(예: 면접 시험에서 자기소개)
- 교육적 과제: 교실활동의 핵을 형성하는 과제. 궁극적으로 학생이 목표 과제를 수행하도록 가르칠 목적으로 의도된 일련의 형식적 기법과 기능적 기법이 포함

> 예: 학생이 직업 인터뷰에서 개인 정보를 제공하도록 지도할 목적의 교육적 과제
> ① Do가 삽입된 Wh-의문문의 이해에 있어서의 연습
> ② 빈도부사의 사용에 있어서의 훈련
> ③ 면접 발췌문 듣기
> ④ 면접의 문법과 담화를 분석하기
> ⑤ 면접 모방하기: 교사와 한 학생
> ⑥ 모의면접 역할 연기: 짝을 이룬 학생들

과제중심 교수 요목은 그 과정의 목표가 다소 언어 중심적이라는 점에서 내용중심, 주제중심, 경험학습 교육들과 다르다. 궁극적 초점은 의사소통과 목적, 그리고 의미에 있으나, 그 목표는 본질적으로 언어학적이다. 이는 문법이나 음운론에 초점을 두는 전통적 의미에서가 아니라, 인사하기 · 의견 표현하기 · 정보 요구하기 등과 같은 기능을 유지한다.

VII. 영어평가론

여기서는 영어 평가에 관한 영어 습득 이론의 의미를 고찰해 보기로 한다. 평가 선정 시 정상적으로 고려해야 할 일, 그리고 우리가 선택한 평가방법의 종류와 특성 등을 알아보고자 한다.

1. 영어 평가의 구비요건

영어 평가는 구조주의 접근법 이후 관심이 높아졌고, 평가의 조건으로 Harris(1969)가 말한 타당도 · 신뢰도 · 실용도가 있다.

1) 타당도(Validity)

평가가 측정하기로 되어 있는 것을 실제로 측정하고 있는가를 가리킨다.

- 안면 타당도(Face Validity): 평가가 측정하기로 되어 있는 것을 외관상 측정하고 있는 것 같아 보이는가를 가리킨다.
- 내용 타당도(Content Validity): 평가가 교육 목표를 토대로 학습 과정에서 중시되었던 영어 기능과 문법 구조의 대표적 표본으로 구성되어 있는지를 말한다.

- 구인 타당도(Construct Validity): 평가가 영어 지식과 의사소통 능력을 제대로 반영하는지를 말한다. 여기서 구인이란 영어 습득의 기저 능력을 말한다.

2) 신뢰도(Reliability)

측정 도구로서 평가의 정확성과 관계 있다. 같은 피험자에게 2번 이상의 평가가 같은 결과를 보여 주는지에 관한 것이다.

- 평가 신뢰도(Test reliability): 평가 자체의 일관성을 가리키며, 동일하거나 유사한 피험자에게 반복된 평가가 같은 결과를 가져오는지를 판단한다.
- 채점 신뢰도(Score reliability): 2명 이상의 채점자가 채점의 일관성을 유지한다.

3) 실용도(Practicality)

평가가 채점, 결과에 대한 해석이 쉽고 시간적 재정적 한계 내에서 실시될 수 있는지를 판단한다.

2. 영어 평가의 구성

테스트와 측정에 관한 표준적 문헌들은 좋은 테스트란 어떤 기준에 맞는 것이어야 한다고 말한다. 테스트는 신뢰도 즉 다른 조건하에서도 동일한 결과를 낳는 일관성이 있어야 한다.

이제 영어 교육 프로그램의 교사들은 테스트 선택의 폭이 다양해졌다.

테스트는 읽기 · 쓰기 · 말하기 · 듣기로 구분되기도 하고, 단편적 점수냐, 집약적 연속적 성격이냐에 따라 구분되기도 한다. 단편적 테스트는 문법범주를 포함하는 문장외적 문맥에 대한 최소한의 지식을 요구한다. 반면 집약적 테스트는 한 번에 언어의 한 가지 측면에 초점을 맞추려하지 않고 동시에 많은 것을 사용할 수 있는 학습자의 능력을 평가하려는 것이다. 대체로 독해 테스트 · 괄호 넣기 테스트 · 받아쓰기 · 작문 · 구두 의사소통 테스트 등이 있다.

3. 교육적 가치

평가는 학급활동에 지대한 영향을 미치기 때문에 학생들이 보다 많은 언어 습득이 가능한 방향으로 유도할 수 있는 평가를 선정할 필요가 있다. 다시 말해 선택된 종류의 평가는 학급에 거대한 영향을 끼친다. 만약 학생들이 자기들 학업 성취도를 측정하는데 어떤 평가가 사용될 것인지 미리 알게 된다면, 그들은 자연히 그 시험에 대비하여 공부를 할 것이고 교사들은 테스트에 대비하여 가르쳐야 한다는 심리적 압박감을 느끼게 될 것이다.

어떤 특정 유형의 시험에 대한 대비가 필수적으로 영어를 더 많이 습득하게 되는 요인이 되지 않는다. 이와 같은 요소들은 신뢰도와 타당성에 근거를 두고 판단해 볼 때 상당히 감소된다.

학업 성취도 테스트는 다음과 같은 요구조건을 충족시킨다.

테스트에 대한 준비 또는 테스트를 대비한 공부는 분명히 학생들이 수업이 끝난 다음까지도 더 많은 입력을 확보하기 위한 도구와 이해 가능한 입력을 제공할 수 있는 일에 매달릴 수 있는 촉진제 역할을 하게 된다.

우선 영어 테스트 분야에서의 결과를 살펴보자.

① 영어 수업의 경우 두 가지가 있는데 그중 하나는 강독이다. 만약 학생들이 강독 방식의 시험이 주어질 것이라는 사실을 미리 알았다면 시험문제가 몇 가지 단문이 주어지고 그 단문을 읽고 주어진 질문에 답하라는 방식으로 출제될 것을 알기 때문에 미리 안다는 사실이 학생들로 하여금 시험대비로 많은 독서를 촉진시키게 되는 효과가 있을 것이다.

② 독해 테스트는 일반적으로 위에서 언급한 통계학적 요구조건에 맞는 평가 문제지 구성이나 구입에 아무런 문제가 없기 때문에 더욱 유익하다. 독해 테스트는 실제적이고 분명한 면전 타당도를 충분히 갖춘 것으로 구성이 가능하다.

③ 구두 테스트는 학생이 질문에 대답하게 하는 것으로서 상호작용 능력을 요하지도 않고, 학생이 간단하게 말을 하게 하거나 질문을 하게 하는 것도 아닌 것이다. 여기서 필요한 것은 대화 운영에 대한 진정한 의미의 테스트인 것이다.

④ 대화 운영에 관한 테스트는 이상적으로 볼 때 뭔가 실존하는 것에 대하여 대화를 할 경우 평가자인 교사와 평가 대상인 학생 둘 다 대화에 관련되어야 하는데, 대화 속에 풀어야 할 문제가 있고, 상호 논의할 주제가 있어야 한다. 또, 학생의 평가는 문법적 정확성이 아니라 대화 운영 능력 및 의사소통 능력 위주로 이루어져야 한다. 대화 운영 테스트는 신뢰할만한 등급 판정이 매우 어렵고, 낮은 신뢰도 때문에 채택 가능한 타당도란 조건을 충족시키는데 실패하게 된다. 평가자를 훈련시키기가 어려울 것이고 논의할 주제를 만들어내기도 어렵다. 그들의 불완전한 유창성에도 불구하고 거기엔 학생들이 해당 언어를 사용할 수 있는 대화 기술을 개발할 수 있도록 학생을 자극한다는 약속이 있기 때문에 학기가 끝난 다음 영어 습득에서 지속적인 발

전을 보장하게 된다.

4. 대학 수준의 영어평가

영어 습득 이론은 대학 수준에서의 영어평가의 어려운 문제들에 대하여 분명한 해답을 주지 못하고 있다. 잘 알려진 바와 같이 "역류 효과(Backwash)"는 이 분야에서 수년 동안 하나의 골치 아픈 문제가 되어 왔다.

우리는 테스트의 교육적 효과를 강조하면 우리는 주관적인 일에 대한 테스트는 이 수준에서 매우 장점이 많을 것이라는 결론에 도달하게 된다. 앞에서 개략적으로 언급한 국제 학생을 위한 교과 과정이 기말고사용 주관적인 일에 대한 테스트를 활용한다면 우리의 방향으로 나아가는 첫걸음이 될 수 있을 것이다.

참고하여 말하면, 성취도 평가는 교수과정에서 얼마나 배웠는가를 측정하는 것이다. 이 평가는 학교 내 혹은 전체 교육제도 내에서 행해질 수 있다. 따라서 전형적인 외부 시험, 대학 학위 시험 등은 모두 성취도 평가의 예이다. 성취도 평가의 주된 관심은 과거에서 즉, 지금까지 배운 것에 있다고 하더라도 학생들의 미래에 대해 중요한 결정을 내릴 수 있는 요소이다.

타당도는 평가 점수를 기초로 내리는 해석의 유의미성, 적절성과 관련이 있다. 우리가 언어평가의 성적을 피험자의 언어능력에 대한 지침이라고 해석할 때, 중요한 질문은 '어느 정도까지 이러한 해석들을 정당화할 수 있는가'하는 것이다. 이 질문이 분명하게 함축하고 있는 것은 평가 개발자와 평가 사용자로서 우리는 주어진 평가 점수에 대해 내리는 어떠한 해석에 대해서도 적당한 정당성을 제공할 수 있어야 한다는 것이다. 즉, 우리는 평가 점수에 대해 내리는 해석의 타당도를 증명하거나 정당화할 필요가 있으며, 이들이 타당하다는 것을 단순히 주장하거나 논쟁해서는 안 된다. 특정 한 점수 해석을 정당화하기 위해서, 평가점수는 우리가 측정하고 싶어 하는 영어 능력의 영역을 반영하며 그렇지 않은 경우는 거의 없다는 것을 제시할 필요가 있다.

5. 교실의 평가원리

1) 실제성(Authenticity)

자연스럽고 실제성 있는 영어를 평가에 사용해야 한다. 각 문항의 일련 된 이야기로 나열하거나 친숙한 과제를 다루는 것이 좋다. 때로는 특정주제별로 평가를 조직하면 효과적이다. 이것은 학생들이 문제에 대해 어려움을 겪는 것이 영어 때문인지 과제에 대한 어려움 때문인지를 모를 수 있기 때문이다.

2) 역류효과(Backwash)

역류 효과는 평가가 학습과 교수의 과정에 영향을 미치는 것을 의미한다. 평가에 대한 즉각적인 피드백이 필요하며 학습자의 영어 능력에 대한 정보를 활용하는 것이 중요하다. 역류 효과를 높이기 위해서 학습자의 평가 결과에 대해 구체적인 평을 해 주는 것이 좋다. 이 때 학습자와 교사는 우호적으로 평에 대해 토론할 수 있는 분위기가 필요하다.

평가의 역류효과는 긍정적이거나 부정적일 수 있다. 긍정적인 역류 효과를 '유익한 역류 효과'라 하고 부정적인 역류효과를 '유해한 역류 효과'라 한다.

평가의 실용성만 고려하여 실제 수업과 무관한 내용이나 방법으로 평가하지 말고, 학생들이 함양해야 할 영어능력을 목표로 평가를 실시해야 한다. 또한 말하기의 직적평가 같이 학습내용을 직접 평가하는 것이 좋으며 내용을 골고루 평가하는 것이 좋다.

평가는 규준평가(Norm-referenced testing)가 아닌 기준평가(Criterion-referenced testing)를 해야 한다. 학생들의 능력을 다른 학생의 능력과 비교하지 않고, 학습 목표를 학생들이 어느 정도 달성하고 있는지를 평가하는 것이 중요하다.

6. 영어 평가를 위한 교재

교재는 학습목표 · 학습자 · 학습 환경에 맞추어 이루어져야 하며 지도 지침서도 같이 평가하는 것이 좋다. 이때 언어소재 · 어휘 · 구문 · 의사소통 상황 · 연습문제 등을 고려해야하고, 학습지도 시 활용할 수 있는 보충문제 · 교사용 교육정보 · 시청각 교재 등이 교재 선택과 평가의 문제가 된다.

교재는 내적평가 · 외적평가 · 전반적 평가로 나눈다. 외적평가는 교재 겉면의 홍보 내용 · 언어수준 · 교재가 쓰이는 학습 상황 · 학습 분량 · 교사용 지침서 사용 여부 · 어휘 목록이나 색인 포함 여부 · 시각자료의 활용 등이 고려사항이 된다. 내적 평가는 교재에서 다루는 언어기술 · 교재내용의 순서와 난이도 · 연습 문제의 적정성 · 문화의 균형성 · 성(Gender)의 균형성 · 말하기와 듣기 교재의 실제성 등이 기준이 된다. 그리고 외적 평가와 내적 평가가 모두 끝나면, 전반적인 평가를 하게 된다.

교사는 전문적이고 체계적인 교재평가의 기준이 필요하다. Stevick (1971)은 'Three Qualities' 와 'Three Dimensions'를 제시한다.

그는 교재내용의 평가는 'Three Qualities' 즉 'Strength', 'Lightness', 'Transparency'가 필요하다고 보고 있다:

Strength: 교재내용이 학습자들의 요구나 학습 목표 충족에 얼마나 적합한가를 말한다.

Lightness: 문장의 길이나 문법, 어휘의 난이도가 학습자에게 얼마나 적합한가를 본다.

Transparency: 교사나 학습자들이 교재 내용을 이해하고 사용하는 데 인지적인 문제가 없는지를 보게 된다.

예) Stevick(1971)

The book is on the table	Weak, light, transparent
The big red book is on the little table by the open window	Weak. heavy, transparent
The seldom commented-upon but frequently observed location for a book is that in which we now find this one	Weak, heavy, opaque

교재는 위와 같은 많은 기준을 충족해야 하지만, 모두가 만족 할 수는 없다. 그러므로 때로는 교재의 개작이 필요하다.

일반적으로 첨가 · 삭제 · 수정 · 단순화 · 순서변경 등이 있다.

첨가는 예시를 증가시켜 나가는 양적 첨가와 내용 분야를 증가시켜 나가는 질적 첨가가 있다.

삭제는 중복적 개념이나 불필요한 연습 문제 등을 제거하는 것이다.

수정은 자료의 변형을 가져오는 것으로 다시 쓰기와 다시 구성하기가 있다. 다시 쓰기는 대화체나 서술형의 필체를 적절하게 쓰는 경우이며, 다시 구성하기는 학습 상황이나 학생 수 등을 고려하여 재구성하는 경우를 말한다.

단순화는 어휘나 문법 구조를 학습자의 언어 수준을 고려하여 단순화시킨다. 문학작품을 단순화하는 경우, 원작자의 의도가 변형되지 않도록 어휘나 문장 구조를 잘 선택하도록 노력해야 한다.

순서 변경은 교재 일부의 내용을 학습 목표에 맞게 순서를 재배열하는 것이다.

VIII. 통합적 영어교육의 재조명

앞에서 우리는 영어 교수법을 주도해 온 원리들을 실제 수업과 관련하여 자세히 알아보았다. 아울러 현대의 영어 교수법의 발달도 언어 4기능의 통합적 원리를 토대로, 학습자 중심의 교육 원리로 접근해 가고 있다. 그러나 영어 노출 환경이 상대적으로 적은 우리나라와 같은 EFL(English as a Foreign Language) 상황에서는 보다 효과적으로 영어를 습득할 수 있는 교수법을 생각해 보아야 한다.

EFL 상황은 교실은 떠나면서 영어와의 단절이 일어날 수 있는 상황으로, 상대적으로 보면 ESL 상황에 비해서 영어 습득이 불리하다. 이러한 열악한 영어 습득 상황을 극복하기 위해, 제2언어 학습자들이 공통적으로 많이 접하고, 언어 학습의 기본이 되는 읽기 영역을 중심으로, 나머지 제 영역인 쓰기 · 말하기 · 듣기의 영역을 통합시켜 가는 통합적 교수법을 소개한다. 이러한 통합적 교수법은 제2언어 학습자가 가장 많이 접할 수 있는 읽기 분야의 다독을 중심으로 하는 '자발적 다독법(Extensive Reading Approach)'이다.

자발적 다독법은 언어 습득의 측면을 강조하고 있으며, 내용 중심으로 언어와 내용을 통합할 수 있는 효율적인 영어 교수법이다. 이 교수법은 다독을 통한 의미의 생산과 주관적이고 창의적인 의미 중심의 읽기 책략이 읽기에 대한 비판적 이해력을 만들어 주고, 인지적 측면의 영어 학습이 언어 습득과 영어 기술의 향상을 가져온다. 또한 학습자 중심의 창의적이고 생산적인 영어 학습과정을 강조한다.

자발적 다독법의 특징은 총체적 언어 학습법(Whole Language Approach)의 교육 정신에 그 기본 개념을 같이한다. 특히, 이 교수법은 EFL 상황에서 가장 적합한 영어 습득 방법이라고 할 수 있다. 왜냐하면 자발적 다독은 우리나라와 같이 교실을 떠나면 영어를 사용하지 않는 EFL 상황에서는, 다양한 텍스트의 경험을 통해 가장 효율적으로 언어에 대한 사회 · 문화적 체험을 할 수 있는 방법이기 때문이다. 총체적 언어학습법 관점에서 볼 때, 학습자 스스로 선택하고 재미있는 교재에 자연스럽게 많이 노출될 때 습득이 자연스럽게 이루어진다고 볼 수 있다.

자발적 다독법의 특징은 최소한의 구문적 · 언어적 통제가 주어지고 많은 양의 책에 노출시켜 눈과 귀 또는 두 기관 모두를 활용하여 많은 양의 이해 가능한 입력을 가져오는 데 그 목적이 있다. 이러한 다독법은 수준별로 잘 선정된 책을 읽어 감으로써, 언어적 능력을 점진적이고 체계적으로 함양할 수 있다.

영어 습득을 위해 총체적 언어 학습에 기초하고 있는 자발적 다독의 특징은 다음과 같이 5가지로 요약된다.

첫째, 의미 있는 교재에 몰입된다. 이것은 재미있는 교재를 함께 읽고 토론하며 내용을 공유함으로써 의미 있는 언어 환경과 담화 구조를 경험함을 의미한다.

둘째, 자연적으로 언어가 학습된다. 재미있는 이야기들과 독해자의 배경지식, 텍스트의 반복된 상호작용으로 새로운 언어를 문맥에서 습득한다.

셋째, 구두 언어와 문자 언어가 통합된다. 구두언어는 자연스럽게 글 속에서 습득되어지고, 쓰기는 비판적 사고와 창의적 이해 능력을 통해 발전된다.

넷째, 형태보다는 의미에 초점을 둔다. 자발적 다독법은 구문과 문법의 개별적 형태가 아니라 의미에 초점을 두고 이해하는 과정을 중요시하고 있으며, 의미 있는 입력의 처리과정에서 구문적 형태와 새로운 어휘를 습득한다. 이때 언어의 규칙적인 분석과 연습은 피해야 한다.

다섯째, 높은 내면적 동기를 가져온다. 이야기 속의 새로움 · 놀람 · 유머 같은 많은 감정적인 요소 등을 통해 내면적인 동기와 흥미를 가져오고 학습에 대한 더 많은 계기를 이루게 된다.

자발적 다독법은 읽기 능력 향상뿐만 아니라, 읽기의 세부 기술에도 영향을 주게 되어, 인지적, 비판적 이해력의 향상과 함께 읽기에 관한 예측 · 훑어 읽기 · 정보 탐색 · 읽은 내용과 배경 지식의 연계 · 문맥을 통한 상황 인식 · 추론 등에 도움을 줄 수 있다.

정독과 다독의 대비표(Bamford & Day, 1998)

정독법	읽기 유형	자발적 다독법
정확한 읽기	수업 목표	능숙한 읽기
번역	읽기 목적	정보 습득
문제에 대한 대답	*	즐거운 읽기
단어와 발음	읽기 초점	의미
종종 어려움	읽기 자료	쉬움
교사가 선택	*	학습자가 선택
많지 않음	읽기 양	많음
상대적으로 느림	읽기 속도	보다 빠름
반드시 완성 사전 사용	읽기 방법	원하지 않으면 중단 가능 사전 사용 안 함

1. 영어습득과 자발적 다독법

자발적다독법은 자발적으로 자유롭게 많은 책을 읽는 다독법을 의미한다. 이 방법에서 먼저 고려할 것은 즐거운 읽기가 가져다주는 장점을 많은 영어 독해자에게 알리고, 긴 텍스트를 읽는 능력에 대해 자신감을 만들어 줄 수 있도록, 쉽고 흥미 있는 읽기를 도와주어야 한다.

Hafiz & Tudor는 Krashen의 입력 가설에 근거하여, 언어학습의 이론을 습득과 학습의 구분에 기초하여 설명하고 있다. 즉 지배적인 언어 학습 양식을 '습득'이라 보고 있으며, 주로 잠재의식적으로 일어난다고 본다. 반면에, '학습'은 의식적으로, 구조와 용법 등을 연구하는 것이라고 규정하고 있다. 그러나 그들은 이때 '습득'이 일어나려면, 우선 긴장이 없는 환경에서, 문법적인 내용이 아니라 의미 있고 재미있고 관련 있는 많은 양의 학습 자료에 노출되어야 한다고 주장하고 있다. 이러한 자료를 제공하려면, 학습자의 언어 학습 환경이 의미 있고, 실제적인 상호작용이 일어나도록 해야 한다.

이런 관점에서 볼 때, 자발적다독법은 학습의 전반적인 과정을 습득 중심으로 만들어 가는 것이라 볼 수 있다. 특히 다독을 통한 '이해 가능한 입력'은 언어 습득에 기여하게 된다. 여기서 언어 습득의 주요 관심사는 '이해'이다. 학습자는 그들이 접근하는 '입력'으로부터 의미를 도출할 수 있어야 하며, 학습자는 습득에 필요한 자료를 기대하거나 때때로 의미를 추론해야 한다. '이해 가능한 입력'의 양이 증가함에 따라 학습자는 반복적으로 단어 · 표현 · 구문 · 담화 구조 등에 노출된다. 그러한 상황에 노출될 때마다 해당 언어 자질(Feature)을 자신의 스키마를 통해 이해하고 의미의 생산을 경험하며, 언어 자질 이해 · 효율적 전략 · 자신감 증가 · 언어 기술 향상 · 이해력 향상 등을 경험한다. 이러한 과정은 제 1언어 습득 과정과 매우 유사하다. 그러므로 학습자들에게는 최대한의 "이해 가능한 입력"이 제공되어야 한다. 이런 맥락에서 Krashen은 다독을 통한 읽기 교육이 영어 습득 입력을 획득하는 효율적 방법임을 주장한다.

자발적다독법은 많은 읽기 자료를 통해, 배경 지식을 증가시켜 주고, 교사도 자발적인 읽기를 통해 수업을 하면 수업의 양적인 부담이 줄어든다. 교사는 다양하고 재미있는 자료를 적절한 수준에서 제시하면서 읽기에 필요한 자료를 더욱 연구할 수 있다. 이것은 기존의 읽기 세부 기술에 쓰였던 자료 연구나, 강의요목 개발, 읽기 세부 기술을 위해 시험을 준비하던 일에 비하면 훨씬 적은 부담이 된다. 왜냐하면 교사는 학습자가 자발적으로 읽기를 할 수 있도록 동기를 부여해 주고, 읽기에 대한 긍정적인 태도를 갖도록 분위기를 만들고 독려해 주는 것이 중요한 역할이고, 독서일기를 점검하여 독서를 잘 하도록 안내해 주면 되기 때문이다.

1) 인지적 관점의 습득

인지적 관점의 교육은 두뇌의 잠재력을 활발하게 만들 때 활발하게 강화된다. 따라서 학습자는 감각, 감정, 상상력을 극대화함으로써 학습을 가속화하고 풍부하게 할 수 있다.

인지적 관점의 다독은 읽기를 통한 의미의 생성이 독해자의 사전 지식과 함께 상호 작용하는 것을 말한다. 의미 생성은 배경지식과 텍스트의 상호 작용을 통해 이루어지며 빠르고, 자동적인 시각적 어휘의 개발은 능숙한 읽기를 가져온다.

시각적이고 자동적으로 인식되는 어휘를 시각적 어휘라 하는데, 예를 들면 읽기 과정에서 생기는 어휘들을 앞뒤의 문맥으로 인식되는 어휘로서, 개별적인 단어의 의미들보다는 전체적인 문맥 속에서 독해자가 이해하는 어휘를 말하며, 전체의 글을 읽는 동안 같거나 유사한 단어가 반복적으로 독해자에게 인식되면서 이해되는 어휘들이다. 시각적 어휘 개발을 위해서는 느린 단어별 또는 음절별 분석은 가급적 삼가해야 한다. 왜냐하면 분석적, 개별적 어휘 분석은 이야기의 흐름에 방해가 되고 인지적 측면에서 이해력을 떨어뜨리기 때문이다. 결국, 단어의 자동적 인식은 어휘적 접근을 가져오며, 이것이 단어의 의미와 음운적 표현의 기억으로부터 자동적으로 상기된다. 다독은 시각적 어휘의 개발을 통해 어휘력이 증대되며, 언어지식, 교재 구성, 배경지식의 상호작용으로 의미 생성이 된다. 그러므로 능숙한 읽기의 대표적 인지적 모델은 정확하고 자동적인 단어 인식과 높은 수준의 인지적 추론을 강조하고 있다.

이렇게 볼 때, 인지적 관점에 토대를 둔 자발적 다독은 능숙한 읽기에 중요한 역할을 하며, 앞에서 지적한 바처럼, 첫째, 많은 시각적 어휘의 증대와, 광범위하고 일반적 어휘의 증대를 가져오고, 둘째, 목표언어에 관련된 여러 유형의 지식의 개발을 가져온다고 볼 수 있다. 셋째, 다독을 하는 동안 문맥상에서 반복되는 어휘는 친근성을 가져오고, 이러한 어휘의 친근성이 어휘 습득의 자동성을 만든다. 언어 습득을 위하여 많은 어휘 습득은 필수적이며, 모국어 습득과 마찬가지로, 많은 양의 다양하고, 재미있는 자료와 학습자 언어 수준보다 쉬운 내용을 읽으면서 시각적 어휘를 증가시키면 일반적 어휘 지식이 증가한다. 따라서 점진적이지만 꾸준한 어휘의 증대를 가져와 능숙한 읽기를 가져올 수 있다. 일단 일정 수준의 지식과 어휘가 습득되면 새로운 어휘 학습에 있어 풍부한 지식을 적용할 수 있게 된다. 그리고 한 단어의 정의에 대한 명확한 의미는 다양한 문맥에서 우연히 반복적으로 접하는 어휘를 통해서만 어휘 습득이 가능하다고 보기 때문에 교재는 학습자 수준 아래 단계의 쉬운 내용이 많아야 한다. 이러한 관점에서 '자발적 다독법'은 제2언어 읽기를 쉽고, 다양하고, 흥미로운 내용을 읽게 함으로써 능숙한 독해자를 만든다. 결국 인지적 관점에서 영어 습득은 인간의 사고에 기초한 이해력 향상이며, 다독은 정보의 습득과 주제에 대한 지식도 동시에 증가시켜 준다.

2) 정의적 관점의 습득

영어 습득에서 정의적 관점은 두 가지 측면에서 고찰된다. 첫째는 개인으로서의 언어학습자이고 두 번째는 사회, 문화적 상황에 참가하는 학습자를 말한다. 개인으로서의 언어 학습자에게는 학습자의 개성과 같은 내면적 요소가 중요하고, 이러한 내면적 요소란 학습자의 걱정, 부정적 심리, 내향성-외향성, 자기 존중 등과 같은 정의적 요소를 말한다. 또한 사회, 문화적 상황에 참가하는 학습자란 사회 구성원으로서의 지식으로부터 얻고 있는 사회적 정체성에 의해 형성되며, 사회 구성원으로서 갖고 있는 가치관이나 감정 등이 이에 속한다. 이것은 언어 학습과 관련하여 볼 때, 학습자 중심의 감정이입이나 문화적 체험을 위한 역할극, 이야기 쓰기, 저널 쓰기 등과 같은 교실 내 활동 등을 예로 들 수 있다.

특히 영어 습득과 관련해 볼 때 학습자란 정적인 상태에 있는 대상이 아니라, 그들에게 영향을 주는 사회적 상황과 경험에 따라 크게 좌우될 수 있다는 사실을 우리는 명심해야 된다. 따라서 제2언어 연구가들은 언어 학습자와 사회적 상황을 통합시키는 사회적 정체성과 영어 학습 이론을 연구해야 한다.

정의적 관점은 1960년 인본주의 심리학의 성장과 함께 발전되어 오다가, 교육가들이 교육적 관점에서 '전인적 인간(Whole person)'을 교육하기 위해 인지적 영역과 정의적 영역의 결합을 시도하게 된데서 비롯되었다. 특히, 의사소통적 언어 교수법이 정의적 측면을 무시하여 의사소통 역할을 못하고 있던 청화식 교수법과 구조주의에 대한 반응으로 1970년에 모습을 드러낸 것이 언어 교수법에 큰 관심을 보여 왔다.

Krashen & Terrell이 개발한 자연적 접근법은 정의적 요소를 주목하고 있으며, Krashen의 제2언어 습득 가설인 '정의적 여과 장치'는 그중 하나로서, 수업 중 활동에서 학습자의 부담감과 부정적 태도를 최소화시키도록 의도된 장치이다.

자발적다독법이 학습자 중심의 읽기를 강조하고 있는데, 여러 면에서 정의적 요소는 크게 주목받고 있다. 예를 들어 의사결정 과정이 학습자 중심으로 읽기 내용과 읽기 수준을 결정해 가고 있으며, 학습자 스스로 선택한 읽기에 대한 책임감 · 협동 기술, 그리고 자기 평가 등을 통해 스스로 자기의 읽기 수준을 비판적으로 향상시킬 수 있다.

(1) 학습자의 태도

먼저 '태도'와 다독의 상관관계를 연구해 본다. 영어의 읽기 태도에 영향을 주는 것은 불안감 · 두려움 · 자신감 그리고 사전 경험 · 영어의 문화 · 그리고 영어 교실 환경 등이다.

자발적 다독은 학습자의 관심과 언어 수준에 따라 자발적으로 읽기를 하게 되므로, 우선 내면적으로 긍정적이고 자신 있는 학습 태도를 갖게 한다. 더욱이 학습자의 읽기 태도는 읽기 동안에 내용에 대한 감정 이입이 일어나, 다른 문화에 이해를 높여 주는 과정은 매우 중요한데, 이러한 감정 이입을 위해서 다독의 주제선정과 내용 선정이 학습자 흥미나 관심 위주로 이루어지는 것이 효과적이다.

위에서 언급한 정의적 관점은 다독이 목표로 하는 자발적이고 즐거운 읽기의 매우 중요한 요소로서, 학습자의 영어 습득의 태도에 긍정적인 태도를 가져다준다. 첫째, 모국어 읽기 태도의 긍정적 태도가 영어에서도 긍정적인 태도를 가져온다. L2의 읽기 교육에서 일반적으로 교사가 읽기 수업에서 태도보다는 읽기 기술을 강조하여 수업을 한다면 학생들이 읽기를 재미없고 권태로운 일로 여기게 된다. 그러므로 읽기를 즐거운 학습 과정으로 만드는 것이 교사의 역할이다.

둘째, 읽기에 대한 '사전 경험'은 중요한 역할을 하는데, 성공적이고 새로운 경험을 만들기 위해서는 교재의 선정이 부담이 되지 않도록 해야 하며 영어 읽기가 재미있고 자신감을 주는 과정이 되도록 읽기에 대한 내면적 욕구를 만들어야 한다. 즉, 쉽고 재미있는 교재 선정이 중요하며 이러한 읽기 과정에서 학습자는 읽기에 대한 자신감을 갖게 되므로, 성공적인 읽기를 할 수 있다.

셋째, 영어의 문화, 국민들에 관한 인식과 감정은 지속적인 읽기 활동에 큰 영향을 줄 수 있으므로 긍정적인 태도가 영어 읽기의 동기유발에 도움을 줄 수 있다.

넷째, 영어 교실 환경, 즉 교사 · 급우 · 교재 · 수업절차 등에 대한 좋은 감정과 경험이 영어 읽기에 긍정적인 태도를 준다. 자발적 다독을 할 때, 교사는 학습자에게 읽기에 대한 좌절감을 주지 않도록 분위기를 만들어 주어야 한다. 특히, 교사는 읽기 과정에 대한 목표 설정이나, 교안 작성 시 학생들의 언어 수준을 사전에 점검하여 교과 과정에 적용시켜, 읽기 내용이 너무 어렵지 않도록 만드는 것이 중요하다. 어려운 내용은 읽기를 어렵고, 불쾌한 경험으로 만들어서 부정적인 태도를 가져오게 된다. 왜냐하면 정의적 요소에 직접적으로 영향을 주는 것은 학습자의 읽기 태도와 사전 지식이기 때문이다.

위에서 언급한 4가지 요소 중 모국어 읽기 태도와 영어의 '사전 경험'은 다독과 관련하여, 특히 중요하다. 그리고 영어의 문화나 국민에 대한 이해를 위해서는, 자신의 관심과 흥미 분야를 중심으로 교재를 자유로이 선택하는 것이 도움을 준다. 그러나 자유로이 선택한 교재를 읽기 때문에 목표 문화와 국민에 대해 완벽한 읽기를 한다고 할 수 없다. 이때 교사는 중요한 내용에 대하여는 보충적인 안내를 해 주는 것이 필요하다. 그러므로 교사는 학습자들이 목표문화에 대한 많은 이해를 할 수 있도록 문화적인 보충 자료를 제공하여야 한다.

다독 프로그램과 관련하여 볼 때, 긍정적인 교실 환경 속에서 지속적인 읽기 경험은 중요하며, 이때 교사는 적극적인 참가자와 모범적 독해자의 역할을 하며 수업활동을 도와주어야 한다.

'자발적 다독'은 학생간의 경쟁심을 유도하지 않고, 교사가 권위적으로 평가 분위기를 만들지 말아야 한다. 교사나 친구 간의 상호 이해와 신뢰적인 학습 분위기가 더 많은 학습 의욕과 읽기에 대한 자발성을 키워 주기 때문이다.

다시 말해서, 다독 프로그램의 목표가 올바른 정답의 추구에 있는 것이 아니라, 읽기 내용에 대한 개인적 반응에 있기 때문이다. 그러므로 자발적 다독을 위해 긍정적이고 자신감을 주는 학습 태도가 읽기의 성패를 좌우하는 기본 요소가 되며, 정의적 요소에 대한 배려가 자발적 다독의 장점이 될 수 있다.

(2) 학습자의 동기

자발적 다독은 독해자의 관심과 흥미에 따라 교재가 선정되므로, 교사가 획일적인 주제를 읽도록 강요할 때보다 강한 동기와 적극적 읽기를 가져올 수 있다.

Gardner & Lambert에 의하면, 동기는 크게 통합적 동기(Integrative motivation)와 도구적 동기(Instrumental motivation)의 두 가지로 나눌 수 있는데, 전자는 목표언어 문화와 관련하여 목표언어를 배우고자 하는 욕망이며, 후자는 실제적인 현실 목표를 추구하는 언어 학습의 목표를 지칭한다. 통합적 동기나 도구적 동기는 상호 작용하며, 언어 학습의 동기를 크게 만든다.

자발적 다독이 학습자의 내면적 욕구에 대한 읽기를 한다는 면에서 볼 때 학습자의 읽기에 대한 동기 부여는 중요하다.

Bamford & Day는 자발적 다독을 하는 동안 동기에 미치는 요소를 교사의 관점에서 '기대'와 '가치'로 나누어진다고 제안했는데, '기대'는 성공적으로 예상하는 것을 행동하고, 성취하기 힘든 것은 피하는 경향을 말하며, '가치'는 가치가 있는 것을 택하고 가치 없는 것은 피하는 것을 말한다. 그러므로 자발적 다독의 개인차를 인정한 교재의 선택은 학습자의 입장에서 '기대'와 '가치'를 동시에 만족시킬 수 있다. 자발적 다독에서는 읽기를 가치 있는 것으로 보고, '즐거움'과 '정보'의 원천으로 보기 때문이다.

여기서 교재는 재미있고, 적절한 언어 수준이 포함되어야, 교재에 대한 '기대'와 '가치'의 긍정적 태도를 갖게 되므로 학습의 강한 동기를 느끼게 된다고 할 수 있다. 이와 관련하여, Williams도 재미있는 교재가 중요하고, '흥미'는 동기를 부여하기 때문에 읽기 속도의 개발과 능숙성 향상을 가져온다고 보고 있다. 또한, 사회, 문화적 환경에서는 읽기를 독려하는 수업 환경을 만드는 것이 중요하다. 이러한 학습 분위기는 읽기에 대한 긍정적 태도와 정의적 요소를 개발시켜 준다.

지금까지 '정의적 관점'에서 학습자의 '태도'나 '동기'와 관련하여 '자발적 다독법'이 제2언어 읽기 교육에 어떤 의의를 줄 수 있는지를 살펴보았는데, 이러한 사실은 소위 '자발적 다독 촉진가설(The Extensive Reading Bootstrap Hypothesis)'로 요약할 수 있다. 이것은 학습의 선험적 성공이 학습자의 태도나 동기에 대해 긍정적으로 작용하여 읽기에 대한 자신감을 갖게 한다는 가설이다.

다음은 자발적 다독이 읽기 학습에 주는 역할을 중심으로 영어 학습에 미치는 영향에 대해 논의한다.

2. 자발적 다독의 역할과 적용 방안

자발적다독법은 정규 교과 과정과 특별활동으로서 영어 읽기 수업에 응용될 수 있으며, 학생에게 시험이나 점수에 대한 압박감 없이, 빨리 읽고 즐겁게 읽도록 만드는 목표를 갖고 있다. 읽기 과정에서는 학생들 자신에 대해서만 경쟁하는 것이 원칙이다.

교사는 학습자가 최대한의 많은 책을 시간 안에 읽을 수 있도록 동기를 부여하고 읽기에 대한 긍정적인 태도를 가질 수 있도록 안내자 역할을 하는 것이 중요하다. 이러한 다독법은 읽기의 '질'보다는 '양'이나 '다양성'에 있고, 책의 내용도 문학적 가치가 많은 책보다는 학생들의 생활에 관한 주제가 그들에게는 매력적이다. 일반적으로 비소설류보다는 소설류가 읽기의 주요 장르가 된다. 왜냐하면, 소설류 같은 문학작품은 독자의 감성지수에 많은 영향을 주고 흥미를 많이 유발하기 때문이다.

자발적 다독의 효과를 위해서는 읽기 환경이 매우 중요하다. 이에 대하여 Bamford & Day는 '자발적 다독법'의 성공을 위해 다음과 같은 10가지 읽기 환경의 필요성을 주장한다.

첫째, 교실 밖에서도 가능한 한 많이 읽어야 한다. 학습자 중심으로 선정된 교재는, 학습자 스스로 자기의 목표에 따라 읽기를 계속하게 되는데, 교실 밖의 읽기도 하나의 교과 과정 속에 있는 개념이다.

둘째, 다양한 범주의 주제에 관해, 다양한 내용을 읽는다. 다독을 시작할 때, 교사는 학습자의 관심과 언어 수준 정도에 맞게 교재를 선정하여 읽기를 지도하므로 학습자의 개인차만큼 다양한 주제를 읽을 수 있다.

셋째, 학습자가 원하는 것을 고르고, 읽고 싶을 때 읽는다. 교사는 학습자가 원하는 다양한 주제를 학생들 상호 간에 많이 읽을 수 있도록 도서 목록을 만들어 읽기 과정을 보며 동료들의 읽기 현황을 쉽게 파악하여, 자기가 읽고 싶은 책의 소재를 파악하고 있으면 독서가 능률적이다.

넷째, 읽기의 목적은, 즐거움 · 정보 · 전체적 이해가 되어야 한다.

다섯째, 읽기에 관한 연습문제 같은 즉각적인 평가는 지양되어야 한다. 왜냐하면 시험을 위한 읽기는 학생들에게 읽기에 대한 부담감과 부정적인 태도를 갖게 하기 때문이다.

여섯째, 읽기 내용은 어휘, 문법 면에서, 학습자의 언어적 능력 범위 안에 있어야 한다. 왜냐하면 사전을 찾으면 능숙한 읽기가 어려워지기 때문이다. 이는 이야기의 흐름을 끊기지 않고 읽어감으로써 비판적 사고를 증대하기 때문이다.

일곱째, 읽기는 개인적이고 묵시적이다. 교사는 묵독을 통한 속독과 창의적 사고의 개발에 목표를 두고 지도하게 된다.

여덟째, 읽기 속도는 보다 빠른 속도로 이루어져야 한다. 빠른 읽기 속도는 이야기 흐름에 방해가 되지 않는 한 계속 읽어 가는 것을 말한다.

아홉째, 교사는 다독 프로그램을 이끌어 가면서, 방법을 알려 주며 읽기 내용을 가능한 많이 읽을 수 있도록 지도한다. 또한 다독의 장점과 내용을 수업 시간 전에 소개하여, 다독을 효과적으로 만든다.

열 번째, 교사는 학습자를 위한 독자의 안내자 역할을 한다.

다음은 자발적 다독의 성공적 운영이 읽기 학습에 많은 혜택에 대해 논의한다.

첫째, 다독은 언어 학습에 있어 '이해 가능한 입력'을 제공한다. Krashen의 언어 습득은 이와 관련하여, 언어적 요소, 재미있는 내용, 그리고 편안하고 긴장 없는 학습 환경이 포함되어야 한다고 주장한다. 이때 '정의적 여과장치'를 높여 주는 인위적이고 강제적인 환경 조성은 피해야 한다. 왜냐하면 '정의적 여과장치'가 높아지면 언어 습득에 장애가 되기 때문이다. Elley & Mangubhai도 영어가 계획되고, 제한되고, 인위적인 환경에 노출되는 것을 경계하고 있다.

둘째, 다독은 학습자의 일반적인 언어능력을 높인다. Grabe는 다독을 통한 자동적인 단어 인식과 활자화된 상징의 해석이 읽기의 자동성을 제공하며, 자동적인 단어 인식과 읽기 이해 향상, 이후에는 말하기 · 쓰기 기술 능력까지 향상된다고 주장했다.

셋째, 학습자의 언어에 대한 많은 경험을 하게 한다. 학습자가 받아들이는 언어의 질(質)이 입력으로부터 새로운 형태를 습득하는 잠재력이 중요하다. Elley는 영어의 많은 양의 읽기는 모국어와 영어의 노출정도의 차이를 줄이는데 필수적이라고 말한다. 또한 읽기 능력으로부터 다른 언어 기술로 향상이 확대된다고 주장하고 있다. 이것은 다독을 통한 언어 습득이 읽기 이외의 다른 언어 요소에도 기여한다는 것을 시사하고 있다.

넷째, 다독은 어휘에 대한 지식을 증가시킨다. Nagy & Herman은 어휘 습득의 작은 부분은 직접적 어휘 수업에서 이루어지며, 나머지는 읽기로부터 된다고 주장한다. 이것은 전통적으로 교실에서 교사가 주도하여 가르치던 어휘 학습보다 재미있는 책을 묵독하는 데 많은 시간을 투자하는 것이 효과적임을 지적하고 있다. 다독을 하는 동안 반복적으로 접하는 시각적 어휘의 개발이 글의 문맥의 이해와 함께, 어휘 향상에도 기여한다.

다섯째, 다독은 쓰기의 향상을 가져온다. 영어 쓰기에 관한 연구에서, Robb & Susser는 언어 능력 가운데 쓰기 능력이 가장 많은 상관관계를 갖는다고 본다. 이러한 결과는 '다독'에 기초한 습득 중심의 읽기가 쓰기 능력 향상에 영향을 준다는 것을 말해 준다.

여섯째, 다독은 학습자가 읽기를 하도록 강한 동기를 부여한다. 다독을 위한 읽기 자료는 읽기에 대한 동기를 부여하고 학습자의 욕구, 기호 그리고 흥미를 줄 수 있어야 한다. 따라서 학습자에게 친숙한 문학작품이나 흥미 있는 주제를 담고 있는 교재를 사용해야 한다. 이러한 읽기 습관을 규칙적으로 하기 위해, 학급 도서의 사용을 권장하는 것이 바람직하다.

일곱째, 다독은 이미 배웠던 언어를 더욱 견고히 한다. 매우 흥미 있는 내용의 다독은 교실에서 배운 언어를 강화시키고 재구성시킨다. 단계별 읽기 교재는 문법적, 어휘적 부담이 크지 않고 규칙적이고 충분한 새로운 언어 형태를 반복 제공한다. 그러므로 학생들은 자동적으로 필요한 입력 정보가 유지되고, 말하기, 쓰기의 유용한 표현이 되도록 언어를 강화시키고, 반복하게 된다. 그러므로 영어 능력의 향상이 점진적으로 나타난다.

여덟째, 긴 텍스트의 읽기에 대해 자신감을 갖게 한다. 정독법에 의한 읽기는 짧은 내용 속에서 문법이나 어휘를 강조하거나, 여러 가지 읽기 기술이나 전략 속에서 제한된 연습을 하도록 했다. 그러나 외국어교육 환경하의 많은 학습자는 학문적 목적을 위해 읽기를 요구하게 되는데, 이때 긴 텍스트의 읽기에 대한 기술과 전략 개발이 필요하며, 긴 교재 내용을 읽을 때 자신감과 능력을 개발시키는 것이 중요하다.

아홉째, 교재 내용의 문맥을 최대한으로 이용하며 읽기를 한다. 인지 심리학의 관점에서 읽기에 관한 두뇌 기능이 많이 연구되어 왔는데, 일반적으로 느리게 한 단어씩 읽기를 하면 시각적 표현이 지나치게 두뇌에 전달함으로써 이해를 저해시킨다고 한다. 즉 독해자가 성공적으로 내용을 해석하는데 필요한 것 이상의 표현은 지나친 부담을 주기 때문이다. 문맥의 활용 가능성은 정보 처리의 중요한 수단으로 보고 있으며, 다독을 통한 읽기 방법은 문맥을 활용하여 예측과 추론을 통해 정보를 이해하는 것으로, 속독을 할 수 있는 능력을 제공한다.

열 번째, 다독은 읽기 과정에서 '예측' 기술의 발달시킨다. 읽기 과정에서 요즘 가장 많이 받아들여지는 것 중 하나가 배경지식의 이용인데, 배경지식은 사전에 존재하는 스키마를 기초로 교재의 내용을 예측하는 지식으로 쓰인다. 즉 읽기를 하는 동안 이러한 스키마가 작용하고, 인쇄된 글에서 나타나지 않는 내용을 분석하고 해석하게 한다. 이런 과정은 독해자가 읽기를 하는 동안 그들의 이해를 예측, 예시, 가정하고 재조직하는 것을 전제하고 있다.

결국, 다독법은 이러한 읽기 세부 기술을 개발시키며, 내용 중심의 읽기 습관에 기여하게 된다. 그러므로 학생들은 자연스럽게 읽기를 하며, 모국어 읽기처럼 즐기게 된다. 자발적 다독법은 학생들에게 필요한 관련된 배경지식을 증대시키고, 교사의 입장에서도 시간을 많이 확보하여 다른 과정 연구도 할 수 있게 해 준다. 이렇게 다독법은 보다 많이, 보다 즐기며, 보다 빨리 읽게 되므로, 보다 많은 읽기와 보다 많은 이해를 할 수 있다.

다음은 다독의 효율적인 성과를 이루기 위해, 긴 텍스트를 읽을 때, 주의해야 할 원칙과 실제적인 수업 활용 방법에 대해 논의한다.

첫째, 긴 텍스트를 읽을 때는 학습자가 사전을 찾지 않고 읽는 도중에 모르는 단어가 나와도 의미를 추측하는 과정을 통하여 전체 의미 파악을 목표로 읽어 가는 것이 중요하다. 다독을 하는 동안 일부 모르는 단어가 나와도 글의 의미를 파악 할 수 있다는 자신감을 심어 주어야 한다.

둘째, 다독을 하는 동안 쉽게 전체의 글이 파악되지 않지만, 계속하여 읽기를 하여 어느 정도 지나면 내용 파악에 있어 문체, 어휘, 주제, 등장인물 등이 익숙하게 된다. 처음에 방향을 놓치는 경우가 있지만 계속 하여 읽기를 하게 되면, 읽기가 문체, 어휘, 주제, 등장인물 등에서 익숙하게 된다.

셋째, 다독은 빠르고 꾸준한 속도로 읽어야 한다. 너무 천천히 읽으면, 한 단락이 끝날 때에, 처음에 읽은 내용을 기억하지 못하게 된다. 만약, 보다 빨리 읽지만 전체적인 사상을 파악하지 못하면, 이 책은 독해자에게 너무 어려운 책인 것이다. 이때는 보다 쉬운 수준의 읽기 책을 선택해야 한다. 따라서 읽기에 앞서 학습자 언어 수준 보다 어휘나 통사적인 면에서 쉬운 책의 선정이 중요하다.

넷째, 다독을 하는 동안 읽을수록 내용이 점점 익숙해지므로, 하루 단위로 독서 일기를 쓰며 내용을 정리하면 효과적이다.

다음은 자발적 다독법에 있어서 교사의 역할을 살펴보자. 교사는 다독 프로그램에서 안내자로서 역할이 중요하며, 학습자 중심의 읽기를 하다 보면 교사의 역할이 중요하지 않게 보이지만, 교사의 역할은 다음과 같은 이유에서 중요하다.

첫째, 교사는 학습자의 참여를 극대화 시켜야 한다. 자발적 다독은 독서 일기, 책 제목 정리 등과 같은 많은 노력이 필요하므로, 다독법의 관리나 시행에 학생이 적극적인 역할을 해야 한다.

둘째, 교사는 학습자와의 도서 제목 선정과 읽기 방법에 대해 적극적인 안내자 역할을 해야 한다. 교사와 학생이 정기적으로 만나는 것은 학생이 읽기에 대해 동기를 갖게 되는 계기가 된다. 이것은 읽기에 있어 개인 발전에 대한 점검과 많은 읽기를 독려할 수 있는 기회를 제공한다. 또한 책에 대한 관심을 보여 주고, 책의 제목을 고를 때 안내를 해 주게 된다. 교사가 읽기에 적극적인 모습을 보여 줌으로써, 읽기에 대한 적극적 태도를 보여 주고 읽기를 즐거운 활동으로 만들어 주게 된다.

셋째, 학생들의 발표를 유도시켜야 한다.

책에 관한 짧은 발표는 자발적 다독법에 중요한 역할을 하고, 책에 관한 정보를 교환하며 구두 발표의 중요성을 깨닫게 한다. 학습자들의 이야기에서, 그들 스스로 선택한 교재가 교사가 추천해 준 책이 아니라 친구들이 추천해 준 책이 될 수도 있다. 이것은 올바른 준비와 격려 그리고 읽기에 대한 주인 의식이 있다면, 자발적 다독법은 학생들이 스스로 다스리는 방향과 목표를 이룰 수 있고, 학생들의 독립심과 자립심을 증진시킬 수 있다.

넷째, 교사는 읽기에 기초한 쓰기를 시켜야 한다.

효과적인 읽기는 독해자의 사고 형성에 기여하고, 읽기의 능숙도를 갖게 만드는 것이다. 다독이 쓰기에 적용 될 때 몇 가지 절차가 있다. 초급 수준에서는 책의 내용에 대해 즐긴 내용을 간단히 써 보게 하거나, 그들이 질문하고 싶은 내용을 기록하게 한다. 중급 수준에서는 책의 내용에 대한 보고서를 사용하고, 새로운 어휘를 사용하여 주요 등장인물과 사건을 기록하게 한다. 이 단계에서는 요약하기도 좋은 방법이다. 왜냐하면, 학습자는 책의 주요 사실적이거나 허구적인 내용뿐만 아니라 그것을 표현하기 위한 문법, 어휘도 충분히 통제할 수 있기 때문이다. 고급단계에서는 에세이 식의 긴 작문을 하게 되는데, 여기서는 어휘나 문법 그리고 수사적 표현 등에서 언어적으로 높은 수준의 내용을 요구할 수 있다.

다섯째, 교사는 읽기 프로그램에 오디오 교재를 사용하는 것이 좋다. 큰 소리 읽기와 카세트에 의한 수준별 읽기, 오디오를 널리 이용하면 효과적이다. 듣기 자료는 단어 인식에 도움을 주는 올바른 발음의 모델을 제공하고 학습자에게 다른 강세, 발화, 억양 등을 제공한다. 학습자는 자연스런 언어를 생산하고 녹음된 발화자의 목소리와 함께 읽는 능력에 대한 자신감 때문에, 언어를 학습하는 동기를 꾸준히 유지하며, 이러한 듣기자료는 읽기에 대해 이야기하는 매체로 잘 활용될 수 있다. 그렇게 되면 음성 언어로 생각하므로 듣기 훈련에도 도움이 된다.

여섯째, 교사는 시험과 같은 획일적이고 강제적인 평가는 피하는 것이 좋고 시험이나 점수에 대한 압박감이 없어야 한다. '즐거운 읽기'를 위하여 스트레스를 유발시키는 시험은 피하고 독서 일기를 정리하는 것이 좋다. 교사의 강요에 의한 의무감에서 읽기가 시작되어서는 안 된다. 시험은 본질적으로 학습 과정에서 경직성으로 나타나며 즐거운 읽기와는 배치된다.

일곱째, 교사는 사전의 과다 사용을 자제하도록 교육해야 한다. 모르는 단어가 나올 때마다 사전을 보면, 언어 자체에만 초점을 두게 되고, 전달 내용에는 초점을 둘 수 없다. 이러한 습관은 느리고, 비효율적인 읽기를 초래해, 읽기가 의도하는 즐거움을 주지 못한다. Pickard는 의미에 초점을 두고 사전의 사용은 자제해야 한다고 주장한다. 만약 사전을 지나치게 찾아야 하는 책이라면, 자발적 다독법에 맞지 않는 책이다.

여덟째, 교사는 학습자의 읽기를 효과적으로 감시해야 한다. 다독 프로그램을 효과적으로 하기 위해서는 효과적인 감시가 필요하다. 예를 들어 책의 제목을 기록하게 하고, 학급도서를 운영할 경우, 책을 빌리고 반납하는 날짜를 기록하는 도서카드 제도가 그 예이다. 지도 과정에서 나오는 정보는 학습자의 발전 단계를 기록하고, 읽고 있는 책 제목 알 수 있고, 새로운 책을 고를 때마다 중요한 참고자료가 된다. 학급 문고의 새로운 제목을 고르는데 도움을 줄 수 있다. 이런 과정은 학습자의 욕구나 동기를 적극적으로 유도하여, 읽기를 관리하는 교사에게 만족감을 줄 수 있다.

아홉째, 교사는 다독이 지속적으로 즐거운 읽기가 되도록 관심을 갖고 배려해야 한다. 이것은 다독 프로그램에서 가장 중요한 부분 중 하나이다. 교사는 멀티미디어를 통해 학습자들이 즐기며 배울 수 있게 해야 한다. 이때 비디오 · 오디오 · CD ROM · 영화들을 이용하여 재미있는 이야기를 들려주거나, 책에 근거한 연극을 도입하거나 포스터, 도서 자료 등을 통해 효과를 높일 수 있으며. 언어 학습의 다른 분야인 듣기 · 말하기 등의 영역에 통합적인 학습 효과를 가져올 수 있다.

이상에서 본 것처럼, 다독의 효율적인 방안들을 통하여, 다독은 읽기를 향상시키고 언어 기술을 발전시킬 수 있음을 알 수 있다.

3. 자발적 다독 프로그램과 통합적 읽기 교육

자발적다독법의 성패는 영어 읽기를 실행하는 학교나 교육기관에서 자발적 다독법을 교과 과정에 어떻게 통합시키는가에 달려 있다. 이러한 다독 프로그램은 교과과정 구성 방법에 따라 크게 4가지로 나눈다.

첫째, 다독 프로그램을 독립된 읽기 과정으로 보는 것으로 교사 · 교수요목 · 교실 · 교재 등이 체계적이고 유기적으로 갖춰져야 한다. 이때 영어 읽기의 시간 배분이 제2언어 읽기 과정의 전반적인 목표와 관련되어 구성되어야 한다.

둘째, 현존 읽기 과정의 일부로, 1주나 1학기 단위로 읽기를 하는 것으로, 과제나 수업활동에 시간을 배분하는 방법이다. 학생들의 독서 일기 등에 할애된다.

셋째, 현존 읽기 과정에 추가로 청강 수업을 하는 것으로, 흥미나 즐거움에 따라 읽도록 격려되어야 하고, 형식적인 과제는 부여되지 않는다. 교사의 '태도'에 따라 관심의 정도에 따라, 다독의 성패가 좌우된다. 교사가 '다독' 프로그램을 적극적으로 이끌게 되면, 학생들은 교사의 열정을 알고 읽기에 끌려오게 된다.

네 번째의 방법은 과외활동에 포함시키는 것으로 '다독 클럽'을 만들어 수준에 관계없이 누구에게나 개방시키는 것으로, 학습자나 교사의 태도와 관심이 중요하다.

읽기 교육 과정의 구성은 다독 프로그램의 목적과 취지에 따라 올바른 읽기 과정을 만들 수 있다.

본 장에서는 자발적 다독의 교재 사용 시 필요한 실제성 교재와 단순화된 교재의 진정한 의의와 학습자 중심의 자발적 다독 프로그램 운영 방안에 대해 토론하고, 효과적인 다독 프로그램 방법을 논의한다.

1) 다독을 위한 교재

영어 읽기 자료는 학생들의 언어 능력에 부합해야 한다. 이때, 교재의 실제성은 읽기를 통한 언어 습득에 매우 중요한 의미를 갖는다.

(1) 실제성의 의미

자발적 다독을 위한 교재 선정에서 그 기준이 되는 첫 번째는 읽기 자료의 실제성(Authenticity)이다.

영어 읽기 교육에서 실제성이란 원어민 화자에 의한 원어민 화자를 위한 '실제 자료'를 읽는 것을 말하며, 사실적인 상황에서 사용되는 사실적인 언어를 의미한다. 실제성 자료를 사용할 때, Widdowson이 지적한바와 같이, 언어 학습의 목적이 원어민 화자의 사상과 문화의 이해인지 아니면, 언어체계의 학습인지를 구별하고 실제성 자료에 접근해야 한다. 그러나 실제성이란 제2언어 습득의 관점에서 볼 때, 반드시 '원어민 화자를 위한, 원어민 화자에 의해 쓰여진 것'이라는 일반적인 개념과는 본질적으로 다를 수 있다. 즉, 저자가 특정 수준의 학습자를 고려하여 의사 전달을 할 때, 진정한 실제성을 말할 수 있다. 실제성 자료는 언어 수준이 낮은 학습자에게는 통사적, 어휘적 요소나 문화적 배경 지식면에서 어려움을 줄 수 있다. 이때 학습자는 실제성 자료를 다루기 위해 읽기 기술과 전략을 개발시켜야 하는데, 그때의 읽기는 정독법과 과업 중심의 읽기가 되며, 반복적인 읽기와 사전지식 없이 읽기 어려운 텍스트는 많은 시간이 소요될 뿐만 아니라, 흥미와 관심을 반감시키므로 많은 양의 읽기를 해야 하는 다독을 하는데 방해를 주며, 능숙한 읽기 개발에도 제약을 준다.

오히려 흥미 있는 수준별 자료로서의 단순화된 교재는 이해할 수 있는 입력을 제공할 수 있고 언어 기술 연습과 자신감을 통해 실제성 자료를 능숙하게 읽도록 만들어 준다는 점에서 자발적 다독의 텍스트는 영어 학습자의 영어 수준과 관심을 고려한 단순화된 교재가 바람직하다.

한편, Swaffar는 실제성이란 의미를 전달하는 것이 주목적이므로, 원어민 화자 또는 원어민 영어 학습자 집단이 읽을 수 있는 교재를 말하며, 여기서 중요한 것은 '누구를 위해 쓰여진 교재'이기보다는 '실제성 있는 의사소통 목표를 담고 있는 것'이라고 주장한다. 또한, Scarcella & Oxford는 실제성 교재에 대하여, "원어민 화자를 위한, 편집되지 않은 교재"라고 정의하고 있다. 그러나 Widdowson이 주장하듯이, 실제성이란 독해자가 글을 쓴 저자의 의도를 이해할 때 이루어지는 것이라고 보는 것이 타당한 것 같다. 그러므로 L2 읽기 교육에 있어, 실제성 교재는 재미있고, 몰입할 수 있고, 문화적으로 공감할 수 있는 동기가 부여될 수 있는 교재가 바람직한 것이다.

이러한 학습자 중심의 진정한 실제성 교재를 갖고 교실 내에서 읽기 학습을 할 때, 실제성 교재는 진정한 담화구조를 가르쳐야 하며, 이때 의미보다 기호에 집중하거나 사전에 의존하게 되면 언어 기술의 분석에 치우쳐 이해력 및 사고력을 향상시키지 못한다. 그리고 언어적으로 어려운 교재는 문자 해석 및 분석에 치우치게 되므로 글의 흐름 파악에 도움이 되지 못한다.

(2) 단순화 교재와 실제성 교재

단순화 교재란 단순화되고 각색되어 단순화된 교재를 의미하는데, Hill & Thomas는 '단순화된 실제성'이라는 용어로 설명하고 있으며, 특정한 수준의 학습자에게 맞게 교재가 만들어져야 한다고 주장한다. 여기서 그들은 글의 양적인 단순화는 아무리 훌륭해도 놓치는 것이 있으며, 담화보다 어휘나 구문에 초점을 맞추는 경향이 있으므로, 영어 학습자에게는 실제성이나 단순성이 동시에 조화를 이루어야 한다고 주장하고 있다.

따라서 단순화된 교재를 선택할 때는 의사소통을 목적으로 실제성을 갖춘 텍스트를 이용해서, 언어나 개념을 단순화하는 것이 강조되어야 한다. 왜냐하면 교재의 실제성과 단순성이 균형을 이룰 때 의사소통 기능이 강화되기 때문이다.

한편, Richards는 '실제성'을 자연적인 언어의 특징이 있는 자료라고 정의한다. 이러한 개념하에서는 단순화된 교재는 실제성의 '자연성'에 따라 판단되므로, 단순화된 교재도 실제성을 가질 수 있음을 알 수 있다.

결국, 단순성은 실제성을 훼손시키는 게 아니라 실제성 자료를 학습자의 사상과 문화 그리고 언어 수준에 맞게 표현되어야 한다. 또한 L2 학습자의 읽기 목적이 즐거움과 정보습득이라고 볼 때, 이에 적절한 의사소통 능력이 중요하므로, 실제성 자료는 언어 면에서 적절하게 단순화될 수 있으며, 그런 텍스트가 학습자에게 맞는 이상적인 단순화 교재라고 볼 수 있다.

(3) 실제성과 자동성

영어 학습 상황에서 언어 형태보다 상황적으로 적합한 방법으로 가르치려면, 영어로서 언어를 사용하는 사람들이 어떻게 의사 전달식 표현을 하는지 연구할 필요가 있다. 이런 면에서 실제성은 원어민 화자의 언어에 학습의 목표에 맞추어야 된다. 영어 학습도 원어민 화자의 의사소통 행위를 배우는 것이라고 할 때, 자동성은 학습 과정에서 중요한 부분이 된다. 이러한 자동성은 학습자의 경험, 개성, 학습 목적 등을 참고하여 교재와 상호작용하는 것이 필요하다. 그러나 여기서 주의할 것은 실제성은 원어민 화자의 언어 사용의 현실성과 관계가 있지만 영어 학습에서 중요한 것은 원어민 화자에게 실제적인 것이 반드시 영어 학습자에게 실제적인 것은 아니라는 사실이다. 왜냐하면, 영어학습자는 일반적으로 비영어권에 속하므로, 그들에게 의미 있는 상황은 모국어의 언어와 문화의 경험으로부터 학습자의 언어 · 사상 · 문화에 맞게 영어가 재구성될 수 있기 때문이다. 즉 영어 학습자들은 원어민 화자의 언어 사용의 상황을 그대로 재생할 수는 없다. 교사의 경우도 외국어교육 상황에서 같은 경험을 갖고 있으므로, 이런 의미에서 자동성은 비원어민 화자가 학습자에 맞게 단순화된 텍스트를 통하여 이루어질 수 있다.

한편, 실제성 자료의 장점은 다소 어렵지만 실용적이라는 것, 유익한 정보를 많이 주고 재미있다는 것, 주제가 구체적이고 인상적이라는 것이다. 반면에 내용이 어려워 지루해질 수 있다는 단점도 있다. 또한, Peacock에 따르면, 인위적인 교재보다는 실제성 교재를 통해서 학습자의 학업수준, 영어목표 활동의 참여도 등은 증진되나, 학습자의 관심 수준은 내용이 어렵거나 문화적인 거리감 때문에 오히려 감소한다고 한다. 여기서 중요한 것은 교실에서 사용하고 있는 교재는 학습자에게 동기를 주고, 교재 선택의 기준은 분명히 학습자의 동기에 영향을 준다는 사실이다. 이것은 일반적으로, 실제성 교재가 본질적으로 재미있기 때문에 더욱 동기를 많이 부여한다는 주장들과는 배치되는 것이며, 다른 한편에서는 학습자가 실제성 자료에 의하여 더욱 동기를 받는다는 주장이 사실이 아님을 보여 주는 예가 되는 것이다.

이상에서 보듯이, 자발적 다독에 쓰이는 교재는 학습자의 언어 수준, 관심 정도에 따라 결정되며, 실제성에 자료를 중심으로 선정하며, 개인 차를 고려한 인위적 교재에 바탕을 두되, 학습자의 개인 차를 고려해 인위적으로 각색된 교재도 학습자에게 훌륭한 텍스트가 될 수 있다.

2) 자발적 다독법의 운영 요소

자발적다독법을 통한 교과과정은 자율적 토대의 과정이며, 학습자 중심 과정으로, 학습자가 중심이 되어 읽기 과정이 이루어져야 한다. 이때 다독에 필요한 요소로 Cotterall은 5가지를 제시하고 있다: (1) 학습자와 교사의 대화 (2) 영어 주제의 학습 (3) 교실 과제와 교재 (4) 학생들의 읽기 기록일지 (5) 자율적 읽기 센터.

그가 제시하고 있는 이러한 요소들은 자동성을 키워 주는 역할을 상호 보완적이고 동시적으로 일어 날 수 있게 한다. 이들 5가지 요소에 대해 자세히 알아본다.

첫째, 학습자와 교사의 대화는 모든 학습자가 교사와 대화를 하는 것으로 초반 · 중반 · 종반으로 나누어 이루어지는데, 초반에는 교사와 학습자의 개인적 관계를 설정하는 것이고, 중반에는 학습자의 과정을 평가하고 조언해 주며, 종반에는 교사가 학생에게 학습에 대한 안내자 역할을 하게 된다.

둘째, 영어 주제 학습은 학습자가 얻는 영어 입력의 양과 유형에 관한 개념을 제시하며, 학습에 필요한 상위 언어를 사용하여 능숙도와 정확성에 대한 구별과 이해를 할 수 있게 한다.

셋째, 교실 과제와 교재는 교과과정 개발 시에 학습자가 실제 세계 상황에 직면하고, 언어를 뒷받침하고 통합해 가도록 개발한다.

넷째, 학생들의 읽기 기록일지는 비판적 이해력을 갖도록 읽기 과정에 대해 점검하는 요소로, 읽기 과정이 시작 될 때 읽기 기록일지를 만든다. 이러한 점검일지는 독서일기로 일기책에 대한 내용을 정리해 가는 것과, 자기평가 척도와 개인의 학습 목표를 기록하는 것과 같은 학습 점검활동으로 이루어진다. 여기에는 많은 그래프와 차트를 통해 읽기 과정과 진전 상태가 기록된다. 이것은 학습자의 언어 능력 향상을 가져오며, 언어수행을 평가하고 감시하는 기능을 한다. 또한 읽기 과정에서 학습자의 경험을 중시하므로, 읽기의 교실외 수업의 언어 연습도 빠르고 효과적으로 일어날 수 있도록 만든다.

다섯째, 자율적 점검 읽기 센터는 학습자의 독립된 수업 시설을 제공하는 것으로, 자율적 읽기와 어휘, 문법 연습 자료를 제공하고, 읽기 내용이 담긴 테이프와 같은 듣기 자료도 제공한다. 이것은 학습자에게 많은 정보를 제공하고, 학습자 자신의 시간에 자신의 속도로 읽기를 하며, 가장 편안한 읽기를 할 수 있도록 도와주고, 학습자의 욕구도 만족시켜 주는 역할을 하게 된다.

자발적 다독 프로그램의 효율성을 높이기 위하여 고려해야 할 요소는, 읽기의 양, 교사의 평가방법, 다독의 수업 장소, 교재의 난이도, 읽기 동안 사전 사용 유무 등이다. 여기서는 자발적 다독과 이들 요소의 상관관계에 대해 논의하고자 한다.

(1) 다독의 양

다독은 읽기의 초보자이건 능숙한 독해자이건 가능한 한 많은 양의 읽기를 하도록 만드는 것이 중요하다. Grabe에 의하면 읽기 과정은 일정 기간에 걸쳐 이루어져야 하는데, 교사는 읽기 과정이나 시간에 대한 구속은 하지 않고, 학습자의 읽기를 개인적 경험으로 간주해야 한다.

읽기 목표와 읽기 시간은 주로 능숙한 읽기 교재와 기대치에 의해 표현되는데, 읽기 양이나 표현 방법에 관계없이, 읽기 과제는 정독이나 해석 위주의 읽기를 못할 만큼 길어야 한다. 이을 위하여 다독을 통한 빠른 읽기를 위해 목표 시간을 두어 운영하면 능률적이다.

읽기 목표나 읽기 시간은 학습자의 수준에 따라 다소 차이는 있지만, 일반적으로 제시되는 양은 다음과 같다.

① 1시간당 30쪽(Hill & Thomas)

② 1주일당 50쪽(Paulston & Bruder)

③ 1년에 60권(Bright & McGregor)

위에서 제시된 읽기의 양은 정독법의 양과 비교해 보면 매우 많은 분량이다. 지금까지 우리나라의 읽기 교육은 1시간에 2-3쪽의 양을 단어별이나 문장별로 해석하는 방법을 사용하여 왔지만, 자발적 다독에서는 학습자들이 내용 중심으로 전체 내용 파악을 목표로 읽기 때문에 속독과 다독을 통한 비판적 읽기를 할 수 있다.

(2) 다독의 평가

읽기 과정의 올바른 평가를 위하여, 학습자가 읽은 책과 보고서를 중심으로 독서일기를 만들어야 한다. 이것은 교실에서 평가받을 수 있도록 일정한 수의 책과 페이지로 할당할 필요가 있다. 이러한 목표량은 일정 수준 이상의 학생에게는 자극이 된다. 평가 방법으로는 주간 독서일기, 일일 독서일기 등이 있다.

주간 독서 일기는 1주 단위로 읽기 시간과 읽은 책을 기록하게 하여, 요일 별로 읽기 과정을 점검할 수 있다. 자발적 다독의 가장 중요한 요소 중에 하나인 독서 일기는 매일 매일의 읽기 내용을 학습자가 기록하는 것으로 다독의 성공적 운영에 매우 중요하다. 독서일기에는 책 제목 · 내용 · 날짜 · 읽는 시간 · 영어적 요소 등을 기록하며, 교사는 정기적으로 보고, 평가의 기초 자료로 활용하게 된다. 이때 최소한의 읽기 목표에 대한 완성과 독서일기의 내용으로 평가를 한다. 또한 학생들이 한 학기 동안 읽은 책에 대한 교사와 학생의 일대일 구두 면접 점수가 평가 점수가 된다. 또 하나의 독서 기록 방법에는 '요약식 독서 보고'가 있다. 이것은 학습자가 읽은 책에 대해 약 15분간 기록하며, 1-3문장 정도의 요약문과 3-4문장 정도의 자유로운 개인적 반응을 표시하는 것으로 이루어진다. 요약문은 학생들이 정신적으로 이야기 내용을 검토할 수 있는 기회를 주고, 전체적인 이해를 도모하게 해 주며, 짧게 내용으로 되어야 한다. 이러한 독서 보고를 쓸 때 자유로운 개인 반응을 통해 학습자들이 단순한 이해 이상의 느낌과 생각을 기술하는 것이 중요하다. 개인의 느낌과 생각에는 작품의 장단점에 대한 판단에서부터 이야기 주제가 학생들에게 개인적으로 미친 영향, 그리고 특정한 상황 및 문화적 · 역사적 배경에 대한 문제까지 포함된다. 특히 수업 시간의 발표에 부담을 느끼는 학생들에게는 이러한 독서 보고를 통하여 개인적인 자유로운 표현력과 평소에 자유로이 표현하지 못했던 풍부한 상상력을 향상시킬 수 있다. 이러한 독서 기록에서는 자발적 다독법의 목표가 읽기 향상과 독립된 독해자의 완성이라고 볼 때, 학생들 자신의 읽기에 대한 능동적인 참여와 책임감이 필요하다.

한편, 자율적 책임 평가는 교사나 학생에게 읽기 과정의 자발성을 키워 주고, 독해자의 책임감도 키워 주는 방법이 된다고 볼 수 있다. 이 방법은 학생들 자신이 책을 선택하고 자신의 읽기 과정을 평가하는 것으로, 이때 교사들은 학생들이 쉬운 평가를 선택할 것이라고 생각하지만, 학습자들은 자발적이고 관심 있는 분야의 읽기 경험을 하다 보면, 교사의 기준을 존중하고 때로는 그 이상의 것을 요구할 때도 있다. 그러므로 자율적 평가는 자발적 다독법의 평가 방법의 하나로 그 의의를 갖고 있다. 아울러 자기 평가를 선택한 학생들은 그들에게 재미있고, 의미 있는 책을 선택할 가능성이 크고, 규격화되거나 강요된 평가보다, 그들의 능력과 효율성을 보다 정확하게 보여 줄 수 있다. 그러므로 즐거운 읽기를 위해서는 연습문제 양식과 요약 작성은 피하고, 적합한 자료와 읽기 환경을 보장하여 즐거운 읽기가 될 수 있다는 확신을 만들어 주어야 한다.

끝으로, 다독의 평가 방법으로, '학기말 자기 평가'가 있는데, 이것은 1페이지 정도의 보고서로서 (1) 1학기 동안 읽은 독서의 총 페이지 수 (2) 가장 재미있었던 책과 그 이유 (3) 1학기 동안의 읽기 태도 변화에 대한 의견 (4) 향후 개인적 목표 (5) 향후 개인적 읽기 목표 등에 대한 학습자의 개인적 반응이 기록되어야 한다. 이러한 학기말 자기 평가 보고서는 교사가 학생들에 대해 사전 평가에 있어 각 학생들의 성취도에 대한 주관적인 판단을 제공하여, 교사는 학생들이 얼마나 많이 읽었는지, 어떤 책을 읽었는지에 관심을 갖게 된다.

이상에서 보듯이, 다독의 평가는, 평가와 관련한 걱정을 탈피하는 것이 중요하다. 학생들이 읽기를 많이 함에 따라, 언어능력이 증가되며, 보다 복잡한 교재를 점차 선택할 수 있는 능력이 생기게 되므로 자율적으로 많은 책을 읽도록 격려할 수 있는 평가 방법의 개발이 중요하다.

결국, 자발적 다독의 평가는 학생들의 읽기를 독려하는 기본 전제를 갖고 있기 때문에 기존의 획일적, 비개성적 평가는 지양하는 것이 좋다. 평가 내용도 문법이나 문장 해석 연습이 아닌, 다독의 양과 독서일기에 나타난 읽기 과정을 평가하는 것이 좋다.

(3) 다독의 장소

일단 '얼마나 읽어야 하나?' '어떻게 평가가 이루어지나?' 등에 대한 준비가 이루어지면, 어디에서 읽어야 하는 지를 결정해야 한다. 자발적 다독은 읽기 양에서, 교실 수업 이상을 읽어야 하므로, 교실 외 읽기는 읽기 습관에 매우 중요하며, 이러한 읽기 과정에서 학습자는 자신의 속도로 자신이 선택한 책을 읽어 가며, 교실에서도 사전에 점검된 언어 수준을 고려하여, 학습자 자신이 자신에 적합한 교재를 선정하게 된다. 이러한 과정에서 많은 시행착오를 경험하게 된다. 이것은 모국어 읽기나 영어 읽기의 공통적인 과정이므로, 영어의 읽기교육은 외국어 학습의 읽기 접근보다는, 읽기교육 고유의 인지적인 관점에서 비판적 읽기능력을 키워 가야 한다. Nuttall이 읽기를 목표어 국가에서 시간을 보내는 대체적인 활동으로 규정하며 영어 학습에 가장 많은 영향을 주는 분야로 정의하듯이, 지속적인 읽기 습관의 개발은 영어 학습에 매우 중요하다. 그러므로 자발적 다독법의 교실 외 읽기에서는 즐거움에 근거하여 주로 글을 읽게 하는 것이 중요하며, 외부적인 힘에 의해 강요받지 않게 해야 한다. 특히 사전의 사용은 가능하면 자제하고, 의미에 초점을 두고 읽게 하는 것이 필요하다.

다독은 다양한 분야가 읽기의 대상이 될 수 있다, 그러나 소설 같은 언어 학습자 문학 이외에도, 교실 외 읽기를 통한 다독은 신문 · 소설 · 잡지 · 편지 · 시 등이 있으며, 이들 자료들도 학습자의 동기나 태도 면에서 긍정적이라면 학습자의 사상적 · 철학적 · 문화적 · 심미적 요소 개발에 도움이 된다.

(4) 다독 교재의 난이도

다양한 읽기 교재가 있을 경우 학습자의 언어적 수준보다 한 단계 아래인 교재를 통해 자신감을 얻는 것이 중요하며, 시각적 어휘를 증진하는 것이 필요하다. 읽기 능력이 제고되면 언어 능력도 좋아진다. 독해자가 읽을 수 있는 범위에서 1단계씩 수준 향상이 있어야 하며, 교사의 강요나 재촉이 없어야 한다. 그러나 반드시 읽기 수준이 상승하는 것만을 독려하여 학습자들이 자기 자신의 언어 수준보다 어려운 글을 선택하게 만들면 안 되며, 학습자 자신들이 읽기 과정 속에서 수준별로 자유로이 이동하는 것도 중요하다. 이때 읽기 도중에 내용이나 언어 수준면에서 교재가 학습자에게 적절하지 않다고 판단되면 책의 수준을 높이거나 낮출 수 있다.

이때 읽기의 과정에서 조심해야 할 것은 학습자들이 보다 어려운 내용을 읽어야 한다는 생각과 능력 향상을 꼭 이루어야 하겠다는 강박 관념이다. 게다가 어렵고 재미있는 내용을 읽다가 중단하면, 마치 그것이 패배를 인정한다는 생각 때문에 무작정 계속 읽는 데 문제가 있다. 읽기의 능숙도는 쉬운 교재의 다독을 통해서 이루어지는 것이므로, 페이지당 모르는 단어의 내용은 적게 나와야 한다.

다독 책을 추천할 수 있는 분량은, 예를 들어 언어 학습자 문학 도서인 경우에 중급 이하일 때는 30-50페이지, 중급은 100-150페이지, 고급 수준은 200페이지 이상의 것을 고르는 것이 좋다. 일단 이것이 성취되면, 보다 긴 교재에 도전하는 자세를 갖게 된다.

자발적 다독에 있어 교재의 난이도는 학습자가 스스로 선택한 분야의 내용을 이야기 흐름에 방해받지 않고 읽을 수 있어야 하며, 개인의 언어 수준을 고려한다면 교재의 난이도는 개인마다 다를 수 있다.

(5) 다독에서 사전 사용의 의의

다독을 통한 읽기에서 능숙하고 효과적인 읽기를 하려면, 모르는 단어나 구를 무시하거나, 이해하는데 필요한 근접한 내용을 추측하는 것이 바람직하다. 능숙한 읽기 과정에서, 사전을 보기 위해 읽기를 중단하면 능숙한 읽기가 방해를 받는다. 왜냐하면 이야기나 내용의 흐름이 수시로 중단되어 글의 전개를 이해하는 데 방해가 된다.

Luppescu & Day는 일본 대학교 학생들을 대상으로 실험을 한 결과, 단편소설을 읽을 때 사전을 이용하면 2배의 시간이 걸린다는 사실을 발견했다. 이때, 동기가 부여된 능숙한 독해자의 경우처럼, 모르는 단어가 나오면 단순히 표시했다가 단원이 끝날 무렵 다시 돌아가 몇 개의 단어를 찾아보는 것이 자발적 다독법의 올바른 방법이라고 본다. 대개 사전을 찾는 단어 수는 가급적 적은 것이 좋다. 자발적 다독에서 사전을 자주 찾는다는 것은 교재가 학습자에게 너무 어렵거나 부적합하다는 것을 의미하기 때문이다.

(6) 다독에 대한 읽기 지도

다독에서는 초반에 교사가 주제나 주요 문제 등을 끄집어 학생의 관심을 불러일으키는 것이 중요하다. 1-2권으로 이렇게 다독의 방법을 소개한 후에 시간이 지나감에 따라 학생 스스로 이러한 기능을 떠맡고, 그들 스스로 토론을 이끌어 가게 한다. 학급 상황에 따라 책의 순환 주기는 1-3주 정도로 지속된다. 이 정도 기간이면 대체로 책을 1권 이상 읽을 수 있기 때문이다. 내용 중심 접근은 관심 있는 내용을 중심으로 언어 학습이 이루어져야 하며, 언어 그 자체에 대한 교사 중심의 설명식 수업은 다독 목적에 부합하지 않는다.

다독의 읽기 지도는 개인이나 소규모 단위로 이루어지며, 학습자의 관심이나 흥미 정도에 따라 장르나 저자의 선택은 유동적이어야 한다. 교사는 학생들을 위해 책을 고르지 말고, 어디에서 관심 있는 책을 찾는지를 학생들에게 알려준다.

읽기 지도에 많이 활용되는 읽기방법이 지속적 묵독이다. 지속적 묵독이 교실 밖에서도 지속적으로 되도록, 교실이나 도서실로부터 책이 자유로운 대출이 되도록 한다.

또 다른 방법은 '독서클럽'을 만드는 것이다. 이것은 토론 내용은 주제와 관련, 구성이나 등장인물의 성격 그리고 자신의 경험 관련 이야기 등을 자유로이 토론하는 것이다.

그룹 구성은 읽기의 관심 분야나 읽기의 효율성에 따라 학생들이 결정을 하도록 한다. 이렇게 몇 달이 지나면, 읽기 습관이 변하거나 다른 집단의 책을 선호하게 되어, 학생들은 그룹을 바꾸고 싶어 하게 된다. 학생들은 대화에 익숙할 만큼 자주 만나는 것이 좋으며, 독서 모임이 다독의 읽기 과정에 통합된 역할을 할 수 있어야 한다. 토론은 3-5명이 적당하며, 너무 많을 경우에는 소극적인 학생들은 초조하거나 두려운 감정을 갖게 되어 학생들의 참여가 어려워진다.

4. 자발적 다독법을 통한 통합적 영어교육

자발적다독법은 기존의 '형태' 중심이었던 정독법에서 탈피하여 '의미' 중심으로 읽기의 패러다임을 바꾸는 것으로, 언어를 배우는 과정을 언어 현상에 대한 개별적이고 분석적인 학습이 아닌, 인간의 사고와 정신에 기초하여 언어의 창조성의 원칙에 입각한 언어 생성 과정에 그 초점을 두고 있다. 또한 자발적 다독법은 실제성을 갖춘 흥미 있고 어렵지 않은 수준의 텍스트를 의미생성론적인 관점에서 접근함으로서 담화 구조의 비판적 이해를 통한 사고력과 언어의 창의성을 목적으로 한다.

아울러, 독서일기(Reading Diary)와 같은 비판적 사고력을 도모해 주는 읽기를 씀으로써 쓰기 능력의 향상을 기대할 수 있으며 자발적다독법에 주로 많이 쓰이는 자료인 '언어학습자문학(Language Learner Literature)'의 내용이 담긴 비디오나 오디오를 수업 시간에 활용함으로써 흥미 있는 내용을 통한 듣기와 말하기의 향상을 가져온다.

더욱이 자발적다독법은 다양한 텍스트를 통한 사실적 문화의 체험과 더불어 영어 습득을 위한 요소를 생성하고 텍스트에 대한 주관적이고 비판적인 이해력을 만들며 담화 분석을 통한 비판적 읽기를 하게 된다. 따라서 텍스트에 대한 화용론적인 능력 향상과 '의미' 생산을 토대로 내용 중심으로 언어 형태를 통합하고 나아가 영어 능력의 향상도 가져오게 된다.

IX. 영어교육의 흐름과 전망

오늘날 영어교육의 현장에서, 우리가 지금까지 설명했던 모든 교수법들이 사용되고 있지만, 전 세계적으로는, 국가나 사회가 지향하는 목표에 따라 교수법의 쓰임도 다양하다. 그러나 아직도 어떤 사회에서는 문법·번역식 수업(Grammar- Translation Method)과 같이 다소 오래된 언어 교수법들이 수년간 지속되고 있는가 하면, 특정한 상업용 영어를 교육하고자 하는 기관에서는 직접 교수법(Direct Method)이 유지되고 있다.

영어 교수법의 역사적 측면에서 보면, 어떤 특정한 시기 동안에 상대적으로 더 많은 영향을 끼친 교수법도 있었다. 예를 들어, 1950년대와 1960년대 미국에서는 다른 영어 교수법이 사용되고 있었지만, 그중 청화식 교수법이 우세한 위치에 있었다. Noam Chomsky가 언어는 선천적인 언어 능력을 통해 창조적으로 습득되는 것이라고 주장했을 때, 청화식 교수법의 영향은 쇠퇴하기 시작했다. 이 쇠퇴의 뒤를 이어 영어 교수법 분야는 1970년대와 1980년대 초기의 다양한 방법론을 경험하게 된다. 이 시기 이후로 침묵교수법(Silent Way)(1972), 공동체 언어 학습(Community Language Learning)(1976), 전신반응교수법(Total Physical Response)(1977), 암시교수법(Desuggestopedia)(1978)과 같은 수많은 혁신적인 교수법들이 나타나는 시대로 들어가게 되었다.

또한, 학생들의 의사소통 능력에 대한 관심은 1980년대의 교수법들을 재통합시키며, 의사소통접근법(Communicative Approach)이 보편적으로 널리 사용되었다.

1980년대 후반과 1990년대의 영어교수 분야의 혁신은 영어 학습 과정의 특별한 관심에 의해 자극되었다. 그 지배적 관점은, 언어 학습은 언어의 형태보다는 과제의 완성이나 내용에 중심을 두는 것이었고, 실생활 문제들을 해결하는 일들과 같이, 학생들의 상호 작용을 필요로 하는 방향을 강조하는 것이었다. 따라서 학생들의 흥미나 관심을 불러일으키는 내용 선정과 실제성 자료의 사용이 교수법에 꼭 필요한 부분이 되었다.

한편, 1990년대 이후로는 언어의 4기능인 읽기 · 쓰기 · 듣기 · 말하기를 통합적이고 동시적으로 가르쳐야 한다는 전체언어교수법(Whole Language Approach)이 영어교수법 이론을 주도하고 있다. 이러한 분위기 속에서, 특히 외국어로서 영어를 배우고 있는 학습자를 위한 '자발적다독법(Extensive Reading Approach)'이라는 통합적 교수법이 현대 영어교수 이론을 함께 대표하게 되었다.

21세기에 살고 있는 우리의 영어교육을 보면, 과거보다 더욱 새롭고 효과적인 영어교육 방법을 우리에게 요구하고 있다. 또한, 과학 기술의 발전으로 이미 컴퓨터를 이용한 학습과 인터넷의 이용이 새로운 학습 전략들을 교실 현장에 적용시키고 있어, 교수법의 형태와 방법도 혁신적으로 전환될 것을 예고하고 있다. 그러나 영어교수법의 원리나 기본 방향은 우리가 앞서 토론해 왔던 이론과 실제의 내용을 기반으로 발전 될 것이라는 것은 조금도 믿어 의심치 않는 바이다.

끝으로, 영어교육에 종사하는 많은 교육자들은 보다 탄탄한 영어교육 이론 연구를 통해 그 이론들이 현장에서 일관성을 유지하고 효율적으로 적용될 수 있도록 부단한 노력을 경주해야 할 것이다.

영어교육의 원리와 경향

초판 발행 1쇄 2016년 12월 9일
지은이 신규철
펴낸곳 고려대학교출판문화원
www.kupress.com
kupress@korea.ac.kr
02841 서울특별시 성북구 안암로 145
02-3290-4230, 4232
Fax 923-6311
찍은곳 (주)동화인쇄공사

ISBN 978-89-7641-919-4 93740

값 18,000원

* 잘못 만들어진 책은 바꿔드립니다.